교육과정에 기초한

유아세계시민교육

김 영 아 · 허 미 경

창지사

현대사회를 살아가는 우리는 전 지구적인 차원의 폭발적 변화에 직면하고 있다. 21세기의 정보통신 분야의 혁명적 발전을 기반으로 전 지구는 하나의 정보망으로 연결되고 세계경제체제가 구축되고 있는 가운데, 개별 국가의 경쟁력이 초미의 관심사가 되고 있다. 글로벌화의 영향은 정치, 경제, 사회, 교육 등 다양한 측면에서 나타난다. 어느 특정한 지역이나 국가에서 발생한 문제는 더는 한 지역이나 국가의 문제가 아니라 직·간접적으로 다른 지역과 여러 국가에 영향을 미친다. 이러한 시대적인 변화와 더불어 전 지구적으로 환경, 인권, 전쟁, 빈곤 등의 문제가 증가하면서 국가 사이의 상호 의존과 공동 대응의 필요성을 여실히 보여 주고 있다.

이렇듯 세계 간 상호 의존성(interdependence)과 상호 연계성(inter-connection)의 필요성에 따라, 교육 영역은 국가 단위의 경계를 넘어 인권, 평화, 사회 정의, 문화 다양성 등 인류의 상호 발전 문제에 대해 지구적 차원의 상호 의존성을 인식하고, 지역 사회의 문제뿐만 아니라 지구의 여러 문제에 대해 관심을 갖고 협력하여 함께 해결하도록 교육하는 것, 즉 지구 공동체의 구성원으로서 바람직한 삶을 살아가도록 교육하는 것이 중요한 관심사가 되고 있다.

세계시민교육은 계층과 문화, 인종 간의 갈등과 공존 문제를 전 지구적으로 연대하고 협력할 것에 중점을 둔 교육이자, 세계인이 하나의 공동체적 시각을 갖고 세계체제를 이해하고 국제 이슈를 해결하는 데 참여하는 역량을 키우는 교육이다. 즉, 다양한 공동체가 서로 조화를 이루는 동시에 우리 모두 동등한 가치를 지닌 인간이라는 점에서 인류 공동체에 우선적인 도덕적 가치를 부여해야 한다.

1990년대 이후, 급속한 세계화의 흐름 속에 유네스코에서는 세계 평화는 교육을 통해 가능하다는 철학에 기초하여 평화교육, 인권교육, 국제이해교육, 지속가능발전교육 등의 이름으로 세계시민교육의 기초를 마련해 왔다.

그러나 유아교육에서의 세계시민교육은 아직도 미미한 상태이다. 유아는 자기중심적인 존재로 탈중심화가 이루어지는 7세 이후가 되어야 타인을 이해할 수 있다는 피아제의 주장을 근거로 관심이 적었기 때문이다. 그러나 이미 유아는 지역과 국가를 넘어 세계 속에 살고 있다. 빈번한 해외여행 혹은 지역에서도 쉽게 외국인과의 접촉하며, 인터넷으로도 세계 문화에 노출되어 있다. 이처럼 세계는 유아와 가까이 존재하고 있다. 또한, 많은 학자는 아동을 위한 세계시민교육이 사회관계에 대한 학습이 결정적으로 일어나는 영유아기에 시작되어야 한다고 강조한다.

누리과정에서도 단일화되어 가는 국제사회의 변화에 능동적으로 대처해 가는 교육이 중요함을 강조한다. 세계시민교육은 힘의 논리가 지배하는 사회의 흐름을 막고, 지구가 공동으로 떠안은 문제에 관해 책임 의식을 느끼며, 인간의 보편적이고 다양한 가치를 존중하며, 세계 문제에 흥미와 관심을 두고 문제를 해결하려는 참여의식을 갖춘 세계시민으로 성장하게 하는 데 중점을 둔 교육방향을 제공해야 한다.

이러한 맥락에서 세계시민사회에 적합한 세계시민적 자질과 역량을 기르기 위해 어떤 교육적 준비와 대응이 필요할 것인지에 대한 다각적인 모색과 더불어 유아세계시민교육의 전반적인 이론을 바탕으로 실제 유아교육현장에서 활용할 수 있는 프로그램을 삽입하여 그 활용도를 높였다.

이 책은 Ⅰ, Ⅱ부로 구성되었다. Ⅰ부에서는 세계시민교육과 유아세계시민교육의 이론에 관한 내용으로 세계시민교육, 유아세계시민교육, 누리과정과 연계한 유아세계시민교육의 내용을 다루고 있으며, Ⅱ부에서는 세계시민교육의 내용 범주별로 교육 활동의 실제를 다루고 있다.

제 1장 세계시민교육에서는 세계시민교육의 개념을 시작으로 세계시민교육의 필요성과 내용으로 구성하였다. 내용적 측면에서는 사회교과 영역에서의 세계시민교육과 도덕교과에서의 세계시민교육, 국제이해교육과 세계시민교육, 다문화와 세계시민교육 등 다양하게 다루어 세계시민교육에 있어서의 당위성과 다루어야 할 내용을 숙지할 수 있도록 하였다. 그리고 세계시민교육에서 다루어야 할 구성 요소를 옥스팜(Oxfam, 2015)의 '세계시민성 함양을 위한 연령별 교육과정'을 통해 제시함으로 세계시민교육 내용을 방향성을 제시하였다.

제 2장 유아세계시민교육에서는 유아세계시민교육의 개념 및 필요성과 목표, 유아세계시민교육의 내용, 구성 요소를 제시하였으며, 유아세계시민교육의 내용 범주로 인권교육, 타문화 이해 교육, 평화교육, 환경교육으로 구분하고 있다.

우선, 인권교육에서는 인간(나, 타인) 존중, 자유, 평등, 더불어 사는 세상으로 내용이 구성되었다. 둘째, 타문화 이해 교육에서는 자랑스러운 우리 문화, 다양한 문화의 공통점과 차이점, 다양한 문화에 대한 이해와 존중을 다루고 있다. 셋째, 평화교육에서는 갈등과 해결, 전쟁과 분쟁의 아픔, 평화를 위한 노력 등에 대한 내용을 다루고 있으며, 넷째, 환경교육에서는 우리 생활과 환경, 자연의 보존과 보호, 지구를 살리기 위한 노력으로 그 내용을 설정하고 있다.

제 3장 누리과정과 연계한 유아세계시민교육에서는 누리과정에서의 세계시민교육과 유아세계시민교육 프로그램에 대해 다루고 있다. 만 3~5세 누리과정에서 다루고 있는 세계시민교육의 내용과 유아세계시민교육 프로그램 목표, 주제 선정, 내용, 교수·학습방법, 교사의 역할, 환경구성을 제시하였다.

제 4장에서는 연간 교육 주제에 따라 세계시민교육의 '소중한 인권', '타문화 이해', '갈등에 대한 평화적 해결', '함께 가꾸는 지구환경'을 내용 범주별로 만 3세와 만 4~5세로 나누어 활동을 계획하고 실제를 제시하여 구체적으로 수업 실행방안을 이해할 수 있도록 구성하였다.

'소중한 인권'에서는 인간 존중, 자유·평등, 더불어 사는 세상의 하위 내용을 포함한 총 6가지 활동 실제로 구성되었으며, '타문화 이해'에서는 자랑스러운 우리 문화, 다양한 문회의 공통점과 차이점, 다양한 문화에 대한 이해와 존중의 하위 내용을 포함한 4가지 활동의 실제를 다루고 있다. '갈등에 대한 평화적 해결'에서는 평화로운 우리, 평화를 위한 노력, 전쟁과 평화 하위 내용을 포함하여 6가지 활동을 실제를 다루고 있다. 마지막으로 '함께 가꾸는 지구환경'에서는 우리 생활과 환경, 자연의 보존과 보호, 지구를 살리기 위한 노력 등의 하위 내용을 포함한 6가지 활동을 실제를 다루고 있다.

아직 보편화되지 않은 유아세계시민교육이 현장에 적용될 수 있도록 프로그램을 개발하고 이 책의 출판을 위해 함께 해 준 영유아와 창신제일어린이집 교사들, 김연미, 전방실, 안우철 선생님, 도서출판 창지사 관계자 분들께 감사의 마음을 전한다.

2016년 12월
저자 일동

차례

Part I

세계시민교육과 유아세계시민교육

Chapter 1

세계시민교육

1 세계시민과 세계시민교육의 개념

1) 세계시민의 개념

오늘날 사회는 세계화(globalization)라는 거대한 변화에 직면하게 되었고, 이러한 사회변화에 주체적으로 대처할 수 있는 세계시민의 자질에 대한 필요성이 제기되었다. 이 장에서는 세계시민의 개념을 정의하기에 앞서, 시민이 어떤 의미인지 시민에게 요구되는 자질과 특성은 무엇인지 살펴보고자 한다.

시민의 개념은 18세기에 일어났던 '시민혁명'을 계기로 본격적으로 등장하였다. 근대 이후, 시민은 사회의 중심을 이루는 구성원으로서의 권리와 의무를 가진 사람을 의미하였다. 시민혁명 당시에는 상업, 공업을 통해서 부를 축적한 계층으로 국한되었지만, 시간이 흐르면서 모든 사람을 보편적으로 지칭하는 개념으로 자리 잡게 되었다. 따라서 시민은 자발적이고 능동적인 의사와 행동으로 근대 국가에 주체로서 참여하고 국가를 이루는 구성원이라고 할 수 있다. 즉, 시민은 구성원으로서의 지위를 보장받으며 자연스럽게 완성되는 것이 아니라, 시민으로서 제 역할을 하며 살아가야 하며 법이나 정치적으로 보장되는 형식적인 지위 이상을 의미한다. 흔히 쓰는 '시민답지 못하다', '시민의식이 없다'라는 말 역시 외적으로 보장되는 지위 이상의 무엇이 있음을 암시한다고 할 수 있다(김영인·설규주, 2008).

시민은 '시민으로서의 지위'와 '시민권', '시민성'을 모두 가지고 있어야 하는데, 그중 시민성(시민에게 공통적으로 나타나는 가치관, 행동양식)은 타고난 것이 아니라는 점을 주목해야 한다. '인간성' 또는 '개성'과 '시민성'을 구분하여 사용하는 이유가 여기에 있다. 개성이 개인의 본질적인 사람다움이나 개별적인 특성을 말하는 사적인 개념이라면, 시민성은 좀 더 공적 성향을 띠는 것으로 교육이나 사회화와 같이 의도된 활동을 통해 '함양'되어야 하는 것이라는 의미가 내포되었다.

시민의 라틴어원으로 알려진 'civitas' 역시, 공동체 의식을 가진 시민 또는 공동체의 구성원 등으로 해석하고 '국가나 공동체를 구성하는 개인이나 제도가 구성원으로서 수행해야 하는 역할'이라는 뜻으로 사용된다. 즉, 시민성은 독립된 개인을 전제로 한 개념이기보다는 관계로 묶여진 사회의 구성원을 전제하며, 그들에게 요구되는 행동방식이나 자질을 의미한다고 볼 수 있다(김왕근, 1995a).

시민의 자질은 윤리적 행동의 중요성 및 공동체주의를 삶의 철학으로 여기며, 그 합리성을 기반으로 한 개인의 권리와 의사 결정 능력을 강조한다. 박상준(2012)은 시민의 자질에 관해 현대 시민사회에서 요구되는 자질을 '공적 시민'이라는 용어로 설명하고 있다. 성숙한 시민은 사적 이익을 추구하면서, 다른 한편으로 지역주의를 거부하고 보편적인 것을 위해 행동하고, 개인뿐만 아니라 모든 인류를 대표하는 보편적 기준에 적합하게 행동한다. 이런 성숙한 시민의 행동양식이나 가치관은 공공선에 대한 관심과 보편적 가치에 의해 행동하는 공적 시민의 자질과 일치한다(박상준, 2012). 장원순(2009)은 시민성을 '관계의 산물'로 설명하고 있는데, 나의 존재가 부모 양쪽의 관계에서 기인한 것처럼 특정 대상의 정체성 역시 어떤 특정 속성에서만 비롯되는 것이 아니라 관련된 요소 사이에 존재하는 '관계의 산물'로 보아야 한다고 말한다. 그러므로 시민성 역시 공동체 구성원에게 요구되는 자질이라는 본연의 틀과 시공간적 맥락이 결합된 관계를 통해 살펴볼 필요가 있다고 하였다. 서용선(2010)은 듀이(Dewey)의 이론에 근거하여 경험이론, 탐구이론과 민주주의이론이라는 세 가지 배경을 마련하고, 시민성은 이러한 속성이 중첩된 결과물이므로, 시민에게 공통적으로 나타나는 가치관과 행동양식인 시민성 개념의 재구성 과정을 통해 시민성 교육의 방향을 제안하였다.

결국, 20세기 후반에 이르러 시민은 특정 정치 공동체 내에서 부여된 일정한 권리를 통해 지위를 부여받는 존재일 뿐만 아니라 그 정치 공동체에 참여함으로써 가능하게 되는 존재로 이해되면서, 수동적인 시민의 자격에 대한 개념을 벗어나 적극적인 시민으로서의 책임과 덕목이 부각되기 시작하였다. 오늘날 '시민'은 역사적 배경과는 다르게 민족을 단위로 구성된 국민국가의 구성원을 포괄적으로 일컫는 말로 쓰이게 되었다. 최근에는 지구화 추세와 충돌하며 국가시민으로서의 개념에서 세계시민으로 시민성 개념이 진화하여 지위(status), 활동(activity), 정체성(identity), 그리고 이상(ideal)이라는 네 요소를 가진다.

국제화의 측면에서 도입된 세계시민 개념은 국제적, 글로벌, 간문화적이라는 세 가지 측면을 모두 갖는다(Green, 2012). 첫째, 국제적 측면은 국가 간의 경계를 넘어서서 전 세계에 대해 공동체적 시각으로 국제적인 이해를 하는 것, 둘째, 세계적 문제에 대해 국가 경계를 초월하고 상호 의존이 강조되는 글로벌적 인식을 의미하는 글로벌 측면, 셋째, 지구촌 체계나 이슈, 문화, 언어 등에 대하여 국내에서와 세계에서의 문화 차이에 관한 이해나 지식을 강조하는 간문화적 측면을 말한다. 이러한 의미에서 진정한 세계시민에게 요구되는 자질은, 공동체의 이익에 있어 직접 행동하는 참여자로 인간의 권리와 평화, 사회정의를 지키려고 헌신하며, 종교나 인종, 성 등에 상관없이 모두를 존중하며, 인간의 불평등을 줄여나가고자 하는 동시에 환경을 보호하는 등의 행동에 책임감을 가져야 함을 의미한다(Thomas, 2009).

지리적 경계에 따른 국민국가 구성원으로서의 지위와 권리, 의무가 근대적 시민성의 핵심이라면, 현대는 전 지구적 의식과 책임감을 지닌 존재로서의 세계시민성에 관한 관심이 증대하고 있다(변종헌, 2012). 이러한 세계시민은 인류가 직면한 위기상황을 지구적 협동과 실천으로 해결하려는 전 지구적 의식과 책임감을 가지고 있어야 하며, 지구 생태계나 여러 가지 인권, 전쟁 등의 문제를 해결하기 위해서는 특정 국가의 입장을 초월하여 인류 전체의 관점에서 보편적인 가치를 추구하며 행동하는 시민성의 함양이 요구되고 있다(Heater, 2004; 변종헌, 2006a).

이처럼 국민국가와 관련이 깊은 전통적 시민성과 달리, 지금의 세계화 질서에서는 세계시민성의 개념이 요구되고 있으며, 세계화에 따라 시민성의 개념은 국민, 국가의 차원에서 지구적 차원으로, 정치적 영역에서 사회문화적 영역으로 확장되고 있다(이민경, 2013). 이러한 세계 질서의 변화에 따라 사회교육에서 양성해야 할 시민상의 모습에서도 변화를 맞이하였다. 세계화의 진행으로 탈국가적 시민성이 대두되고, 보편적인 가치를 추구하는 세계시민성이 요구되며, 이러한 시민성은 지역시민성을 동시에 추구하면서 조화와 상호 보완을 유지해 나가는 것이 필요하다(설규주, 2001).

또한, 세계시민이 가져야 하는 시민으로서의 자질은 지구촌 사회의 상호 의존성을 인정하고 타인에게 책임감을 갖고 대하며 도덕성과 윤리적인 태도를 겸비하는 것이다(Keeping & Shapiro, 2008). 즉, 전 인류에 대해 존엄과 평등이라는 도덕적 가치의 신념을 갖는 것이다. 세계시민성은 지구 공동체 구성원에게 사랑을 실천함으로써 표현되며, 이로 인해 세계시민교육은 평화교육, 권리교육, 인간성 교육, 환경교육, 지속 가능한 미래를 위한 교육에 근원을 두게 된다(Prentice, 2005). 세계화가 진행되면서 지구에서 살아가는 우리들은 서로의 결정이나 행동에 영향을 받으며, 공동체적 운명이나 문화를 공유하고, 그것을 인식하지 못하는 경우에도 우리는 지구촌 사회에 참여하고 있는 셈이다(Kronfli, 2011).

(1) 포크(Falk)의 세계시민의 개념

포크(1994)는 세계시민의 개념을 다섯 가지로 범주화하였다. 첫째, 세계정부 없는 세계시민은 무의미하며 현실적으로 강력한 통제력을 지향하는 개념으로, 세계국가 혹은 세계정부를 실현해야 한다. 둘째, 오늘날 세계화의 결과로 초국가적 의식을 가지는 것으로, 국가의식은 초월적이지만 세계 차원의 책임감은 다소 결여된 특징을 보인다. 셋째, 지구환경 위기에 직면하여 국가들이 위기의식을 가지고 협동해야만 산업문명의 지속이 가능함을 주장하는 위기의식을 공유하는 세계시민이다. 넷째, 기존의 영토 국가와 세계적으로 통합된 정치 체제의 중간 단계로써 지역적 또는 대륙 간 통합 시민으로서의 의식을 가진 세계시민이다. 다섯째, 환경, 인권, 여성운동에 있어서 국가를 초월하자는 운동은 이러한 문제들이 더 이상은 어느 한 국가만의 문제가 아니라는 개념이다.

포크는 다섯 번째 부류를 가장 바람직한 세계시민으로 분류하였다.

(2) 히터(Heater)의 세계시민의 개념

히터(1996)는 세계 공동체의 구성원이 가지는 세계시민의 개념을 네 가지로 구분하였다. 첫째, 사해동포주의로 대표되는 인류 공동체의 일원으로서의 세계시민이다. 둘째, 제 1차 세계대전 이후 연방주의자로 대표되는 세계정부를 건설하여 구체적으로 실천하는 세계시민이다. 셋째, 개인이 속한 국가보다 높은 수준의 도덕률에 의해 개인이 구속되어야 한다는 생각을 가진 세계시민이다. 넷째, 세계정부 수립과는 상관없이 지구 책임 의식을 가진 세계시민이다.

(3) 전희옥의 세계시민의 개념

전희옥(2006)은 세계시민을 현실적으로 한 국가의 국민임을 자각하면서 동시에 보편성을 인정하며 다양성을 추구하고, 세계사회의 한 구성원으로서 문제를 조망하고, 협동적으로 자신의 역할과 의무를 충실히 담당하며, 문화적으로 관대히 다루며, 비판적이고 체계적으로 사고하며, 평화적인 갈등 해결, 환경보호, 인권존중, 정치 참여 등에 있어서 지식, 기능, 가치 등을 겸비하고 이를 바람직한 방향으로 실천할 수 있는 사회 구성원을 의미한다고 보았다.

(4) 옥스팜(Oxfam)의 세계시민의 개념

영국 옥스팜은 1997년에 『세계시민을 위한 교육과정(1997)』을 처음으로 출판하였으며, 이후 2006년과 2015년에 학교 교육현장에서 적용할 수 있는 세계시민교육의 교육과정과 개념 틀을 지속적으로 갱신하였다. 옥스팜(2015)에서 정의하는 세계시민은 다음과 같다.

- 더 넓은 세계에 대해 알고 세계시민으로서의 자기 역할을 이해하는 사람
- 다양성을 존중하고 가치롭게 여기는 사람
- 세계가 어떻게 작동하고 있는지를 이해하는 사람
- 사회정의에 열정적으로 헌신하는 사람

- 지역 수준부터 글로벌 수준까지 다양한 수준의 공동체에 참여하는 사람
- 더 평등하고 지속 가능한 세상을 만들기 위해서 다른 사람과 협업하는 사람
- 자신의 행동에 책임을 지는 사람

이상에서 살펴본 세계시민의 정의를 종합해 보면, 세계시민교육과 관련하여 지향해야 할 세계시민은 포크의 세 번째 부류에 속하는 세계시민이며, 히터가 분류한 네 번째 유형으로, 인류가 직면한 위기상황을 전 지구적인 관점에서 접근하고 협동과 실천을 통하여 해결하고자 하는 지구적 책임 의식을 가진 시민이다.

국제비정부기구(INGO)와 같은 글로벌 공동체로 구성된 세계시민사회는 민주주의의 세계적 확대라고 표현할 수 있다. 국민국가의 개별 시민은 경계를 초월하여 인권, 환경, 발전, 기아, 전쟁, 빈곤, 차별 등의 공유된 의제를 개발하고 목표를 설정하여 민주적 절차와 논리에 따라 가치를 실현하는 세계시민사회의 구성원이 되고 있다. 이는 글로벌 거버넌스 체제를 표방하는 유엔(UN) 산하의 유네스코(UNESCO), 유니세프(UNICEF) 등의 전문기관뿐 아니라 엠네스(Amnesty), 그린피스(Greenpeace), 옥스팜, 국제인권연맹(International federation of human right), 정의로운 직업(Jops with justice), 월드비전(World vision), 국경 없는 의사회(Medecins sans frontieres) 등 다양한 활동으로 나타난다(김용신, 2013). 이처럼 세계시민사회는 민주시민성을 글로벌 수준으로 구체화한 것이라고 볼 수 있으며, 세계시민성의 실체를 확보하게 해 준다(Armstrong, 2006).

결론적으로, 시민성의 개념은 지위, 활동, 정체성의 요소뿐 아니라 공동체 평화와 정의의 가치에 중심을 둔 개념으로 변화를 거쳐 왔으며, 세계시민으로서의 이상을 반영하는 데 많은 관심을 기울여야 한다. 왜냐하면, 전통적인 세계시민의 개념은 인간이나 개인보다는 '특정 공동체의 구성원'을 의미했지만, 지구 공동체 구성원으로서의 세계시민성은 특정한 정치적, 법적 맥락을 넘어 인간사회에서 인간으로서의 올바른 삶을 추구하는 것이기 때문이다. 따라서 세계시민성이 추구하는 세계시민으로서의 이상은 보편적인 인간으로서의 이상이며, 세계시민성은 인류의 보편적 가치를 지향해야 한다.

2) 세계시민교육의 개념

18세기 시민혁명 이후 현재까지 구축되어 온 시민의 개념은 개별 사회에서의 시민으로서 그 역할과 태도를 수행하는 것을 의미한다. 하지만 세계화가 가속화되면서 시민의 활동 범위가 세계 무대로 확장됨에 따라 세계시민의 개념에 관한 시대적 요청이 제기되었고, 세계화 시대에 적합한 세계시민성을 함양하기 위한 세계시민교육이 세계화에 대응하는 교육 과제로 대두되기 시작하였다. 이 장에서는 세계시민교육의 개념과 그 특징을 살펴보자.

세계시민교육이란 세계시민(global citizen)을 길러 내기 위한 교육 또는 세계시민성(global citizenship)을 함양하기 위한 교육이라고 할 수 있으며, 세계시민교육은 세계화로 인하여 국가적 단위를 넘어선 전 지구적인 도전과제와 이슈에 관한 이해, 그리고 이러한 도전과제에 대해 교육을 통해 효과적인 대응 방안을 모색하기 위한 목표가 있다. 즉, 세계시민교육은 정보통신 기술의 발달과, 세계화의 진전으로 빠르게 변하고 있는 시대적 정황과, 지구촌 구성원 간의 상호 의존도가 증대되는 21세기라는 시대적 맥락 속에서 출현한 교육이다.

또한, 세계시민 혹은 세계시민성은 국가를 초월한 세계정부의 수립을 통해 획득되는 법적 신분(legal status)이라기보다는 보편적 인류애를 추구하는 사회집단의 기풍(ethos)을 의미한다(유네스코 아시아·태평양 국제이해교육원, 2014). 따라서 세계시민성은 세계시민으로서의 법적 권리와 지위를 주장하는 것이 아닌 "서로에 대한 연대감과 집단적 정체성을 경험하고 세계 차원의 집단적 책임감을 가지는 사람들이 느끼는 국제사회와 인류에 대한 소속감과 더 많은 관련이 있다"고 볼 수 있다(최종덕, 2014; 유네스코 아시아·태평양 국제이해교육원, 2014).

세계시민교육은 국제이해교육(education for international understanding), 국제교육(international education), 세계시민교육(global education), 비교교육(comparative education), 다문화 교육(multicultural education), 문화 간 교육(intercultural education), 평화교육(peace education), 환경교육(environment education), 인권교육(human education),

발전 또는 개발교육(development education) 등 많은 용어로 혼용되었다. 이 중 다문화 교육, 국제이해교육, 세계시민교육은 함께 사는 법을 배우는 측면에서는 같은 의미를 지니지만 그 범위를 정의하는 부분에서는 차이가 있으므로 개념의 정리가 필요하다.

먼저, 다문화 교육은 '한 국가 내'에서 존재하는 다양한 문화의 차이나 갈등을 해결하기 위해 다양한 문화를 존중하는 교육을 통해 국가 내에서 더불어 잘 사는 것을 목적으로 한다(김선미, 2000; 장인실, 2006). 국가 내 민족 간의 갈등 해소와 공존을 모색하기 위해 시작된 교육으로, 다양한 집단 간의 차이점이나 공통점에 대한 이해보다는 이들의 개성과 독특성을 존중하고, 평등과 다양성 내에서 통합하고, 정의를 중시하는 민주주의 교육 실천에 목표를 두어 인종과 성, 상하 계층 간의 차별을 없애려는 교육을 의미한다(Banks, 2008; Gay, 1992).

국제이해교육은 제 2차 세계대전 후 '전쟁은 사람의 마음속에서 시작한다'는 문구를 통해 유네스코를 중심으로 시작되었다. 국경을 초월하여 전 세계인이 하나의 공동체적 시각을 갖고 세계 문제를 이해하고 해결하는 방법을 찾는 교육이라고 할 수 있다. 즉, 국제이해교육은 세계 여러 나라가 공통으로 겪는 세계 문제에 대한 학습과, 경제·환경·문화·정치·기술적으로 상호 연결된 세계체제에 관한 학습이자 문화 간 이해의 증진을 위한 학습으로, 다른 나라 문화를 이해하고 인정하는 것뿐만 아니라 타인의 관점에서 세상을 바라볼 수 있는 세계적 시각에 대한 교육을 가리킨다(Tye, 1999).

세계시민교육은 세계적 이슈 및 사건, 관점 등을 가르치고 배우는 것과 관련된 학문 분야를 지칭하는 용어로 사용되었다(Hicks, 2003). 세계시민교육은 국가 간 이해 협력 차원을 넘어 세계를 대상으로 세계를 이해하고 전 인류에 대한 이해를 증진시키고 인류의 공동 번영에 이바지하기 위한 교육이다(차경수, 2000). 따라서 세계의 다른 지역의 문화 및 사람과 세계의 상호 의존성을 이해하는 것에 초점을 둔다는 점(Merryfield, 1998)에서는 국제이해교육과 동일하나, 국제이해교육은 국가를 하나의 단위로 인식하여 국가 간의 관계에 초점을 두는 데 비해, 세계시민교육은 세계를 하나의 단위로 인식한다는 점에서 차이를 보인다. 다시 말하면, 세계시민교육은 국제이해교육보다 포괄적 개념으로, 국가 간의 경계를 넘어서서 전 세계에 관한 공동체적 시각을 가지고 세계인으로서 더불어 살아가도록 돕는 데 목적이 있다고 본다.

세계시민교육에 관한 여러 학자의 개념을 살펴보면 다음과 같다.

한베이(Hanvey, 1976)는 세계시민교육의 개념을 여러 측면으로 제시하였다.

- 관점 의식(perspective consciousness) : 다른 이들이 우리와는 다른 세계관을 지니고 있음을 의식하고 평가하는 것
- 지구적 의식 상태(state-of-the planet awareness) : 글로벌 이슈나 사건에 관한 깊이 있는 이해를 도모하는 것
- 간문화적 인식(cross-cultural awareness) : 문화 간 차이와 유사성을 통해 세계 문화의 특징을 이해하는 것
- 세계적 역학 관계에 대한 지식(knowledge of global dynamics) : 상호 의존적인 패턴으로 연관된 복합적 국제 관계를 인식하는 것
- 인류 선택에 관한 인식(awareness of human choices) : 지역적, 국가적, 국제적 환경에서의 각각의 실천에 관한 대안적 행동 전략을 검토하는 것

메리필드(Merryfield, 1998)는 세계시민교육의 개념을 일곱 가지로 분류하였다.

- 인류와 세계를 역동적, 유기적, 상호 의존적인 체계로 이해
- 세계 문제를 이해
- 다양한 문화와 복합적 관점을 이해
- 세계적 문제를 해결하는 데 필요한 책임감과 기능의 이해
- 역사를 통한 인류의 상호 연관성 이해
- 간문화적 이해와 상호작용, 의사소통을 추구

- 편견을 제거하는 지속적 성장을 도모하고 비판적 맥락에서 도덕교육을 추구

한베이와 메리필드의 세계시민교육 개념의 공통점은 세계시민이 갖추어야 할 의식(지식·이해)과 이에 필요한 기능적 행동양식, 그 행동양식의 기반이 되어야 할 세계시민의 가치와 태도를 상호 연계적으로 추구할 것을 강조하는 점이다.

국내 연구자에 의해 수행되는 세계시민교육의 개념을 살펴보면 다음과 같다. 차경수(2000)는 세계시민교육을 "인류의 생활이 지구상 어디서나 서로 연결되어 있는 세계체제를 이해하고, 이러한 상호 의존성 가운데서 인류 전체의 번영을 위하여 개인과 사회의 주어진 역할을 창조적으로 수행하고 문제 해결을 위한 지도력을 기르는 교육"이라고 정의한다. 강동연(2001)은 세계교육에 관해 "세계를 하나의 전체적 사회 체제로 보고, 그 속에 존재하는 국가, 인류가 상호 의존하고 있다는 인식을 통해 인권, 자유와 같은 보편적 가치의 함양과 국경을 초월하는 인류 전체의 사회적 문제를 확인하고 그 해결을 모색하는 능력과 태도, 가치를 육성하고자 하는 교육"으로 정의한다. 김왕근(1999)은 "세계시민교육이란 지역적인 특수성과 지역적 가치보다 전체적으로 통용되는 보편적 원리에 관한 인지적 판단 기준을 함양하는 교육"으로 그 의미를 설명한다.

유네스코(2015)에서는 세계시민교육이라는 추상적 개념을 각국 현지의 교육현장에 적용할 수 있게 세계시민교육의 개념 틀을 〈표 1-1〉과 같이 제시하였다.

유네스코(2015)가 제시한 개념 틀을 보면, 학습 범위는 인지적 영역, 사회·정서적 영역, 행동(실천)적 영역으로 나누어 구분하고 보편적인 핵심 주제와 주요 학습 결과, 학습 자질을 담은 내용으로 정리하였다.

따라서 세계시민교육은 세계화 시대에 세계시민으로 살아가는 데 필요한 자질을 기르고, 국가 또는 국가중심적인 국제 관계로부터 벗어나 세계 차원의 관점 함양을 위한 교육을 의미한다. 세계시민의 자질을 세계시민으로서 가져야 할 지식, 기능, 가치, 사회참여 등으로, 세계화 시대의 변화에 대응하고 인류 공동의 가치를 지향하는 개인이 지녀야 할 필수 요소이다.

〈표 1-1〉 유네스코의 세계시민교육의 개념 틀

<table>
<tr><th>학습 범위</th><th colspan="2">인지적 영역</th><th colspan="2">사회·정서적 영역</th><th colspan="2">행동(실천)적 영역</th></tr>
<tr><td>주요 학습 결과</td><td colspan="2">• 학습자는 주요 지역, 국가 및 글로벌 이슈, 그리고 다양한 국가와 집단 간의 상호 연계성과 상호 의존성에 관한 지식을 습득하고 이해
• 학습자는 비판적으로 사고하고 분석하는 기술을 익힘</td><td colspan="2">• 학습자는 인권을 기반으로 한 가치와 책무감을 공유함으로써 인류 공동체에 소속감을 경험
• 공감 능력을 기르고, 연대감을 고취하며, 다름과 다양성을 존중하는 태도를 함양</td><td colspan="2">• 학습자는 더 평화롭고 지속 가능한 세상이 되도록 지역, 국가 및 지구적 차원에서 효과적이고 책임감 있게 행동
• 학습자는 필요한 행동을 실행에 옮기고자 하는 동기와 의지를 함양</td></tr>
<tr><td>학습자 주요 자질</td><td colspan="2">• 잘 알고 비판적 문해력을 보유
① 지역, 국가 및 세계의 이슈, 거버넌스 시스템과 구조를 앎
② 세계와 지역 사안의 연결성과 상호 의존성 이해
③ 비판적 질문과 분석을 위한 기술을 개발</td><td colspan="2">• 사회적으로 연결되어 있고 다양성을 존중
④ 정체성, 관계와 소속감을 기르고 관리
⑤ 인권을 기반으로 한 가치와 책임감을 공유
⑥ 다름과 다양성을 인정하고 존중하는 태도를 키움</td><td colspan="2">• 윤리적으로 책임감 있고 적극적으로 참여
⑦ 적절한 기술, 신념, 가치, 신념과 태도를 구현
⑧ 평화롭고 지속 가능한 세계를 위해 개인적, 사회적 책임감을 보임
⑨ 공공선을 위한 동기와 의지를 개발</td></tr>
<tr><td>주제</td><td colspan="2">① 지역, 국가와 세계의 체계와 구조
② 지역, 국가와 세계 수준의 공동체의 상호작용과 연결에 미치는 이슈
③ 근원적인 권력의 인수와 역학</td><td colspan="2">④ 다양한 수준의 정체성
⑤ 다른 공동체와 이들의 상호 연결성
⑥ 다름과 다양성을 존중</td><td colspan="2">⑦ 개인적, 집단적으로 취할 수 있는 행동
⑧ 윤리적으로 책임감 있는 행동
⑨ 적극적인 참여와 행동을 취하기</td></tr>
<tr><td>연령</td><td>유치원 및 취학기
(만 5~9세)</td><td colspan="2">초등
(만 9~12세)</td><td colspan="2">중등
(만 12~15세)</td><td>고등
(만 15~18세)</td></tr>
</table>

출처 : 유네스코(2015).

2 세계시민교육의 필요성과 내용

1) 세계시민교육의 필요성

세계화와 정보화로 대변되는 시대적 변화 속에서 정치, 경제, 사회, 문화 등 제반 영역에서 세계적인 접촉과 교류가 급증함에 따라 지구 차원의 상호 의존이 심화되고 있다. 한 지역이나 한 국가에서 발생한 문제는 더는 그 지역이나 국가의 문제가 아니라 직·간접적으로 다른 지역과 국가에 영향을 미친다. 이와 같이 환경, 전쟁, 빈곤, 인권 등의 많은 문제가 특정 지역이나 국가의 범위를 넘어 전 지구적 차원에서 상호 협력과 공동 대응의 필요성이 점점 커지고 있다.

21세기와 미래사회에서는 '국경과 지역에 제한되는 문제'라는 인식이 점점 사라지는 추세이다. 따라서 세계적 차원의 상호 의존성을 인식하고 지역사회의 문제뿐만 아니라 세계 여러 문제에 관심을 갖고 협력하여 함께 해결하도록 교육하는 것, 즉 세계 공동체의 구성원으로서 바람직한 삶을 살아가도록 교육하는 것은 중요한 관심사가 되었다. 점차 세계시민교육은 세계화, 신자유주의 등을 통한 세계적 변화와 통합의 역기능 등에 토대를 두고, 또 다른 반성과 변화를 요구한다. 앞으로 세계시민교육은 세계화를 위한 시민교육이나 신자유주의에 근거한 시민교육 혹은 서구 중심의 세계주의에 근거한 시민교육을 극복하고, 세계화와 신자유주의로 인한 병폐나 모순을 해결하면서 인류의 공존과 공영을 지향하고 전 지구적 의식과 책임을 강조하는 방향으로 나아가야 한다.

뱅크스(Banks, 2008)는 시민을 다음과 같은 네 가지 수준으로 구분하여 시민교육의 방향과 필요성을 제시하고 있다.

- 법적 시민(legal citizen) : 국가에 대한 권리와 의무를 갖지만 정치 체제에 참여하지 않는 시민
- 최소 시민(minimal citizen) : 관례적 후보와 관례적 쟁점에 대해 지역 선거와 국

가 선거에서 투표하는 시민

- 활동적 시민(active citizen) : 기존의 법과 관례를 실현하기 위해 투표를 넘어서서 활동하는 시민. 관례적인 시민
- 변형적 시민(transformative citizen) : 관례적 권위의 가치와 원칙을 넘어서서 도덕적 원칙과 가치를 실현하기 위해 행동을 추구하는 시민

뱅크스(2004)에 따르면 깊은 시민성, 즉 변형적 시민성(transformative citizens)을 목표로 하는 시민교육은 학생들이 문화, 국가, 지역, 그리고 세계를 동일시하도록 발달시키고, 공동체와 국가, 세계 속에서 사회정의를 증진하려 할 때 요구되는 지식과 기술을 습득하도록 돕는다.

현재 직면한 기후 변화, 군비 증강, 빈곤, 질병 등의 위기는 한정된 영토에 머무르거나 인종, 종족, 성으로 분할되는 국가 범주를 넘어서는 세계 수준의 과제이다. 이러한 도전적 과제를 해결함에 있어 거의 유일하면서 현실적인 희망을 줄 수 있는 것이 교육이다.

세계시민교육은 좀 더 정의롭고 평화로우며 지속 가능한 세계를 지향하려는 현실세계의 노력이다(Schattle, 2008). 즉, 세계시민교육은 세계시민성을 함양하는 시민교육 차원에 중점을 두며, 문화의 다양성, 관용, 형평, 인권, 발전, 정의를 기본 요소로 한다.

따라서 세계시민교육의 목표는 세계적 관점을 전제로 민주주의와 발전, 인권의 실현을 가능하게 해 주는 가치, 태도, 행동의 함양을 통하여 세계 수준의 평화를 구축하는 것이다. 또한, 협동, 비폭력, 인권존중, 문화 다양성, 민주주의, 관용 등의 내용을 포함하며, 사회정의와 인권을 고양하기 위한 비판적 사고와 의식적 참여 활동에 기초한 교육적 접근으로 정리할 수 있다(Osler & Vincent, 2002). 즉, 세계민교육은 세계적 관점, 평화, 정의, 문화, 다양성, 발전, 생태적 사고, 민주주의, 형평주의, 의식적 참여 등을 독려하는 데에 필요한 교육이다. 다양한 지구의 환경 위기에 대응하여 세계 각국의 정부나 국제기구 간의 긴밀한 협력이 요구되는 오늘날 정세에는 세계시민적 자질이 그 어느 때보다 절실히 요구된다.

일부 시민은 국가 이익을 추구해야 하는 정부나 현실적인 한계가 있는 국제기구에 이런 위기 관리를 맡기기에는 문제가 심각하다고 느낀다. 따라서 국가를 초월한 시민운동에 의해 활성화된 세계시민사회가 이런 문제의 해결에 적극 관여하는 경향이 있다(노찬옥, 2001). 앞으로의 세계는 각국 정부, 국제기구, 세계시민사회 등의 적극적인 참여로 세계질서와 세계 문제를 해결해 나가는 세계적 관리가 중요해지고, 이것의 효율적 운영이 인류의 운명과 직결될 것이다.

시민성 교육은 사회과의 목표로 설정되어 지금까지 중요한 영역으로 인식되고 있다. 왜냐하면, 이는 오늘날 사회에 세계화, 지구촌의 이동 증가에 따른 국가시민성 문제, 민족주의에 관한 부정적 측면, 보편적 인권의 발달, 환경 문제의 위기, 국제법에 반하는 현재의 움직임, 유전학의 과학적 진보 등이 다각도로 영향을 미치고 있기 때문이다(Prentice, 2005). 미국 전국사회과협의회(NCSS: National Council for the Social Studies)에서 사회과의 핵심 요소로 제시한 열 가지 중 아홉 번째가 '글로벌 사회와의 연결'이다. 지구촌의 상호 의존이라는 오늘날의 상황은 지구촌과 세계사회의 연결을 이해하고, 국가적 이해관계와 지구촌의 우선권 간의 빈번한 갈등도 이해해야 하는 할 필요성이 생기게 되었다. 그리하여 학생들에게 평화, 인권, 무역, 지구 생태계 등과 같은 중요한 문제를 포함하여 개인적·국가적·지구촌의 의사 결정이나 상호작용, 결과 등을 체계적으로 고민해 볼 기회를 제공해야만 할 것이다(Stockard, 2007).

결국, 세계시민교육은 각 국가가 실시하는 민주시민교육의 연장으로 세계화 현상에 적응하고, 나아가 세계 공동체의 구성원으로서 역할을 수행하고, 인류 공동 목표 달성에 이바지할 수 있는 자질을 육성하고자 하는 데에 그 필요가 있다. 세계시민교육의 목표는 민족의 다양성, 문화적 다원주의(pluralism), 상호 의존성 증대, 그리고 천연 자원이 제한된 세계에서 효과적으로 살아가는 데 필요한 지식, 기능, 가치 및 태도를 함양하도록 하는 것이라 하겠다.

2) 세계시민교육의 내용

세계시민교육은 전 지구적 사안에 관심을 두고 지식을 습득하여, 그 사안에 따른 책임과 실천을 강조하고, 사회정의와 평등의 추구, 다양성 존중, 지구적 상호의존성의 이해, 분쟁 해결과 평화 추구, 지속 가능한 개발 추구 등을 모두 포괄하는 인류의 보편적 가치를 무엇보다도 중요하게 여겨야 한다. 세계시민주의는 다양성을 인정하기 때문에 특정 지역이나 국가에 대한 관심이나 충성을 배제하지 않지만, 인류 전체나 보편적인 도덕 가치에 대한 충성이 일차적이라고 본다(김지현·손철성, 2009). 따라서 세계시민교육은 개개인의 정체성을 형성하는 다양한 관계을 허용하면서 보편적 가치를 중요하게 인식해야만 한다.

뱅크스(2008a)는 기존 시민교육의 방향이 학문적 지식 중심 — 기존 전통적인 기득권에게 안정적인 지식 위주 — 으로 되어 한계가 있다고 주장하며, 변혁적인 시민교육의 방향을 제안하였다. 이 개념은 세계시민에게 요구하는 자질인 착한 시민성의 특성인 공동체 문제에 관심을 갖고 행동하는 성향을 강조한다는 측면과 깊은 관련이 있다. 또한, 뱅크스(2004)는 시민교육의 목표는 사려 깊고 명확한 정체성(identification)을 개발에 있다고 주장하였다. 세계시민교육은 학생이 각 국가 간의 상호 의존성을 이해하고, 다른 국가에 대해 태도를 명확히 하며, 세계 공동체에서 반성적인 정체성을 개발해야 한다고 보았다. 이러한 과정에서 그는 문화적, 국가적, 세계적 인식이나 정체성의 섬세한 균형감을 개발해야 한다고 보고, 그 관계를 구조화하여 [그림 1-1]과 같이 나타내었다(Banks, 2004).

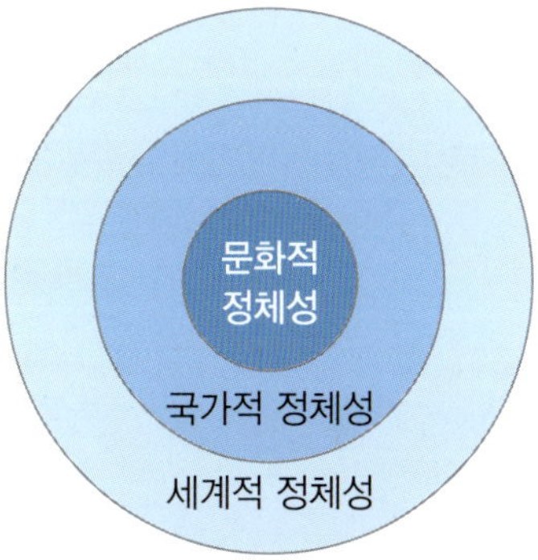

[그림 1-1] 문화적, 국가적, 세계적 인식 및 정체성 범주

출처 : 뱅크스(2004).

세계적 정체성이 국가적 정체성을 포함하고, 가장 안쪽에 위치한 문화적 정체성까지 포함하고 있다. 이 세 영역은 포함관계이면서 상

호 연관되어 서로 발달에 도움을 준다고 보았다.

세계시민교육의 내용 체계는 세계시민으로서의 자질을 기르기 위한 내용과 함께 기존의 시민교육과 비교해 볼 때 더 넓은 관점에서 교육이 이루어져야 함을 시사한다. 현대사회는 서로 복잡하게 얽힌 세계의 여러 현상이 공존하기 때문에, 세계시민교육은 학습자가 세계시민으로서의 인식을 내면화하고 여러 사회 상황을 합리적으로 수용할 수 있는 기능을 길러 발전된 삶을 이루는 데에 초점을 두어야 한다.

세계시민교육은 세계화 시대에 세계시민으로 살아가는 데 필요한 자질, 즉 세계시민의식을 기르는 교육이다. 세계 여러 나라가 공통으로 겪는 세계 문제나 세계 쟁점에 관한 학습과, 문화·생태·경제·정치·기술적으로 상호 연결된 지구 체제에 관한 학습이 이루어져야 한다. 세계시민교육의 내용에 관한 여러 학자의 정의를 살펴보면 〈표 1-2〉와 같다.

〈표 1-2〉 세계시민교육 내용

<table>
<tr><th>학자</th><th colspan="2">세계시민교육 내용</th></tr>
<tr><td>김현덕
(1997)</td><td colspan="2">• 문화적 배경이 다른 이웃을 이해하고 존중하는 것을 학습
• 타인의 관점과 마음으로 세계를 바라볼 수 있어야 함
• 타인이 우리와 다르게 인생을 바라볼 수도 있음을 인정함
• 다른 나라 사람도 우리와 똑같은 욕구와 결점을 가지고 있음을 인정함</td></tr>
<tr><td>뱅크스
(2004)</td><td colspan="2">• 세계시민교육에 대해 문화적 공동체, 국가, 지구적 차원의 집단으로부터 학생들의 사고와 정체성을 분명히 하는 데 도움이 됨
• 학생들에게 그들이 살고 있는 세계나 국가를 더 민주적이고 정의롭게 하기 위한 지식, 기능, 태도를 학습시킬 수 있음</td></tr>
<tr><td rowspan="4">크니에프
(Kniep,
1986)</td><td>지식</td><td>• 역사적 전망을 제공하고 유형과 체제를 인식하며 사회참여를 위한 기반으로서 기능</td></tr>
<tr><td>기능</td><td>• 과학적 조사 도구를 사용하는 기술의 획득</td></tr>
<tr><td>가치</td><td>• 상호 의존적이며 민주적 사회의 시민으로서의 역할에 대한 기준 제공</td></tr>
<tr><td>사회참여</td><td>• 민주적 제도 안에서 스스로 권리, 책임을 자각하며 참여함</td></tr>
</table>

<table>
<tr><th>학자</th><th colspan="2">세계시민교육 내용</th></tr>
<tr><td rowspan="2">유엔</td><td>권리</td><td>• 안전한 생활
• 평등한 대우
• 어느 정도의 생계를 유지하고 복지를 마련할 기회
• 평화적 방법을 통해 다른 점을 정의하고, 그대로 보존하는 것
• 모든 수준에서의 체제 관리에 참여하는 것
• 불의가 성행하는 것을 막기 위한 자유롭고 공평한 요구를 수행하는 것
• 정보에 평등한 접근
• 지구의 공유 자원에 평등한 접근</td></tr>
<tr><td>책임</td><td>• 공동선에 공헌할 것
• 자신의 행동이 타인의 안전과 복지에 어떤 영향을 미치는지 생각해 볼 것
• 성적 평등을 포함한 평등을 증진할 것
• 지속 가능한 개발을 추구하고 지구의 공유 자원을 보호함으로써 미래 세대의 이익을 보호할 것
• 인류의 문화적·정신적 유산을 보존할 것
• 부패를 없애기 위해 노력할 것</td></tr>
<tr><td>차경수
(2000)</td><td colspan="2">• 세계체제에 대한 인식 높이기
• 다양한 시각으로 타문화 이해하기
• 세계 여러 문화의 공통점과 차이점을 인식하기
• 지구 전체의 문제와 현황에 대한 이해 높이기
• 세계의 문화 발전에 이바지하는 역할 수행, 문제 해결을 위한 지도력 함양</td></tr>
<tr><td rowspan="4">전희옥
(2006)</td><td>인권
존중</td><td>• 인간은 평등하며, 자유와 권리가 있음을 인식
• 편견과 차별 등 불평등한 사회의 구조에 관한 비판적 이해
• 더불어 사는 세계를 형성하는 데 이바지할 수 있는 능력과 태도</td></tr>
<tr><td>세계
평화</td><td>• 갈등과 전쟁의 위험성을 이해
• 반(反) 평화의 현실에 대한 평화적 해결 방법을 모색
• 지역, 국가, 세계 차원의 평화 실현을 위해 적극적으로 참여</td></tr>
<tr><td>타문화
이해</td><td>• 다른 나라와 문화의 다양성과 보편성을 이해
• 세계시민으로서 문화 정체성과 다른 문화를 수용하는 방법
• 민족문화와 인류 문화의 발전에 이바지하는 능력과 태도</td></tr>
<tr><td>세계적
문제</td><td>• 세계에서 발생하는 다양한 문제 현상을 이해
• 문제를 해결할 수 있는 능력과 태도</td></tr>
</table>

세계시민교육은 단순히 국제적으로 좋은 일을 하도록 하는 의미가 아니라 전 지구적 차원에서의 의사 결정 과정에 영향력을 행사할 수 있도록 하는 것을 내용으로 해야 한다. 즉, 전 지구적 문제를 이해할 수 있도록 하고, 권력과 자원을 가지고 있는 자들이 전 지구적으로 책임 있는 방식으로 행동하도록 영향력을 행사하는 것을 포함한다(이태주, 2000). 유엔에서는 세계시민교육에 포함해야 할 내용으로 모든 인류가 공동으로 지향해야 할 가치를 생명존중, 자유, 정의와 평등, 상호 존중, 배려, 도덕적 인격 등으로 제시하고 있다. 크니에프(1986)는 세계시민교육의 목표를 제시하며 학생들에게 다음 다섯 가지 분야의 인식을 확대하고 그것을 학습해야 한다고 주장하였다.

- 다른 사람과 나의 견해가 다를 수 있다는 것
- 지구에서의 국가를 인식하는 것
- 간문화적 인식을 발전시켜야 한다는 것
- 세계체제와 매커니즘에 대한 세계적 변화에 대한 인식
- 세계화에 따른 개인·국가·인류가 직면하고 있는 문제에 대한 인식

또한, 세계시민교육의 목표 설정에 있어, 여러 단체와 학자는 인권존중, 세계평화, 타문화 이해, 세계적 문제 등을 제시한다. 이 목표에는 세계 평화와 개인의 역할과 가치 형성의 중요성이 잘 나타나 있으며, 이는 세계시민교육의 내용으로 정립되어야 한다. 세계시민교육은 사회·경제·정치 등에서 각각 다르게 정의하고 있지만, 공통적인 것은 국가 영역을 넘어서는 의식을 토대로 교육이 이루어져야 하는 것이다. 결론적으로, 세계시민교육의 내용은 세계를 하나의 전체 사회로 보고, 다른 나라와 다른 문화의 사람들이 상호 의존하고 있다는 인식을 길러주고, 인권·자유와 같은 보편적 가치를 함양하고, 국경을 초월하는 인류 전체의 사회 문제를 확인하고 그 해결 방안을 모색해 가는 능력, 태도, 가치를 육성하는 것이다.

세계시민교육은 상호 연결성, 상호 의존성, 다양한 관점 등과 같은 기본 개념은 동일하나 실행에서 나라별로 차이를 보인다. 영국과 캐나다는 부와 가난, 권력과 억압, 평화와 갈등, 인간 권리, 불공평, 불평등 같은 사회적이고 정치적인 이슈에 초점을 두는 한편, 미국은 문화적인 유사점과 차이점에 초점을 두어 조화를 강조하며 인간의 공통적인 욕구나 의복, 음식, 예술 같은 보편적인 현상에 초점을 둠으로써 인간은 차이점보다 유사점이 많음을 강조한다.

세계시민교육이 어떤 내용을 다루어야 할 것인지에 대해 학자마다 다양한 분류 방식을 내세우고 있지만, 그 구체적인 내용을 제시함에서는 크게 다르지 않음을 알 수 있다. 대부분 인권과 관련한 내용, 정치·경제 체제에 연관된 내용, 환경 관련 내용, 타문화 이해와 관련한 내용 등이 세계시민교육에서 주된 주제로 다루어지고 있음을 확인할 수 있다. 또한, 이러한 주제는 해결해야 할 문제의 형태를 띠는 것을 확인할 수 있다.

세계시민교육의 내용 영역에 포함할 기본 내용을 선정하기 위하여 기존의 여러 학자가 제안하는 체계는 〈표 1-3〉과 같다.

〈표 1-3〉 세계시민교육의 내용 영역

학자	내용 영역	관련 주제
파커 (Parker, 1991)	평화와 안전	군비 경쟁, 동서 관계, 국제 폭력, 식민 정책
	국가 및 국제적 개발	기아, 빈곤, 인구 과잉, 남북 문제
	환경 문제	산성비, 하천 오염, 열대우림 황폐
	인권존중	인종 차별, 원주민·정치범·종교적 박해
김경수·김석우 (2009)	다문화 사회	문화의 이해, 문화 교류, 다문화 공생
	글로벌 사회	세계화와 지역화, 다국적 기업, 정보 체계, 정보 격차
	지구적 과제	인권침해 및 보장, 지역 개발과 환경, 평화, 개발
	미래로의 선택	역사 인식, 미래 지향적 사고, 민주시민의식, 공동체 의식, 국제협력 활동, 시민운동

학자	내용 영역	관련 주제
노숙영 (2005)	세계체제	세계 정치, 경제, 국제기구, 평화, 사회 변동
	다문화 이해	문화의 개념 및 내용, 전통 및 이질 문화, 문화 교류 및 전승, 문화 수용의 자세
	인권	소수 노동자의 인권, 여성·어린이 학대
	환경	환경오염, 자원 문제
전희옥 (2006)	인권존중	보편적 가치, 인권 문제, 인간 가치
	세계 평화	평화와 안전, 국제협력
	타문화 이해	각 집단의 다양한 가치, 다문화 이해, 개방적인 의사소통
	세계적 문제	평화와 안전 관련 문제, 국가적·국제적 발전 문제, 환경 문제, 인간의 권리에 관한 문제
김진희 (2011)	정치	인간 권리 및 존엄성, 인권 및 자유 신장, 국가 간 상호 이해 및 협력
	경제	세계 자유 시장 속에서의 국제협력, 경제 활동의 세계화, 상호 의존의 이해
	사회·문화	민족 문화 양식 이해, 문화 상대주의
	환경	환경보호의 이념과 방법, 환경 파괴와 인간 생존 간의 관계

(1) 사회교과 영역에서의 세계시민교육

① 교육과 사회교육

사회화라는 개념에는 기존 사회의 문화를 내면화하고 적절한 사회적 행동을 학습한다는 의미가 함축되어 있다. 사회적 차원에서의 사회화 교육은 사회의 존속을 위해서 필요하다. 듀이(1966)는 "사회집단을 구성하는 각각 구성원이 태어나서 죽는 것이 원초적이고 불가피하다는 사실이 교육의 필연성을 규정한다"고 역설하였다. 사회의 존속에 있어서 사회화가 중요한 이유는 그 사회의 동질성을 유지하는 기능 때문이라고 할 수 있다. 뒤르켐(Durkheim, 1985)은 사회가 존속하려면 그 구성원 사이에 동질성이 충분히 유지되어야 하는 점을 강조하며, 사회 동질성의 중요성을 피력하였다. 또한, 뒤르켐(1985)은 교육은 어릴 때부터 집단생활에 필요한 기본적인 동질성을 형성시킴으로써 사회의 동질성을 유지함과 동시에 강화하는 기능을 해야 하며, 한 사회의 공통적인 감성과 신념, 집단의식을 새로운 세대에 내면화시키는 것이라고 교육의 개념을 정립하였다.

사회와 관련한 교육의 역할은 사회질서 유지와 사회개선·변화로 구분해 볼 수 있다. 교육이 사회질서를 유지하는 데 기여해야 한다는 입장에서는 현 사회질서를 긍정하고, 현 상태를 보존하려는 노력을 한다. 하지만 교육이 사회개선·변화에 기여해야 한다는 입장에서는 사회가 지닌 문제, 모순에 착안하여 사회를 개선·진보시킬 원동력으로서의 교육을 요구한다. 따라서 교육은 후세가 살아갈 미래사회에서 요구되는 제반 지식이나 능력, 가치관, 태도 등을 습득하게 하여 잠재력과 적응력을 키우는 본질적인 목적을 가진다.

그러므로 교육을 담당하는 조직이나 교육방법이 변화하는 사회와 미래의 발전 방향에 따라 달라져야 하는 점은 우리 사회가 인식해야 할 중요한 부분이다. 시대적 변화에 따라 교육은 정형화된 틀을 거부하고 다양한 교육적 틀을 요구받고 있으며, 이 시대에 적합한 지식 교육하기 위해서는 사회 환경의 변화를 주지하고 거기에 대비해 나가야 한다.

현재 21세기 사회는 지식과 정보의 폭발적인 증가와 정보·통신 기술의 급속한 발달로 지식의 창출·축적·활용을 자극하여 지식 기반 사회로의 진입을 촉진하고 있으며, 이에 대처할 수 있는 교육 패러다임의 변화를 요구하고 있다. 지금까지의 교육 패러다임이 기존의 지식을 단순히 이해하고 기억하는 것을 중시하였다면, 현대사회에서 교육은 무엇보다 새로운 지식을 창출하는 능력이 중요하다. 즉, 기존 지식을 근거로 새로운 지식을 창출하고, 획득한 지식과 정보를 바탕으로 문제를 정확하고 신속하게 파악하여 문제를 창의적으로 해결할 수 있는 지식과 능력이 요구된다(강기수, 2006).

이러한 요구에 발맞추어 현대사회의 교육은 지식의 수집과 전달을 통해 효과적으로 적용하고 활용할 수 있는 비판적 사고와 창의적 사고, 문제 해결력 등의 사고를 기르는 데 주안점을 두어야 한다.

흔히 사회와 학교 교육은 더불어 변화하는 것으로 여겼으며, 과거·현재·미래 사회 등 각각의 사회에 속하는 교육도 다르게 변해 왔다. 교육은 기본적으로 공공재(公共財)를 창출하는 공공선(公共善)에 이바지하는 사회적인 과정이라는 인식을 바탕으로 한다. 따라서 교육내용이 지역이나 문화의 차이에도 불구하고 표준화되고, 집단적인 교수·학습이 일반화되어진 것도 같은 맥락에서 공통적인 문제점으로 지적할 수 있다.

21세기 새로운 교육 체제에서는 개개인이 평생에 걸쳐 정보와 지식을 효율적으로 활용하고 창출할 수 있는 기본 능력을 함양해 주어야 하며, 무한 경쟁의 지구촌 사회에서 상호 협력할 수 있도록 세계시민으로서의 자질을 길러 주는 교육에 역점을 두어야 한다. 이런 패러다임의 변화에 따른 현대사회에서의 교육은 원활한 소통이 이루어질 수 있는 조직 구조와 운영 체제를 필요로 하며, 사회 제 부문에서 국가가 경쟁력을 확보할 수 있으며, 지식을 끊임없이 창출하여 부가 가치를 증대할 수 있도록 역동적 기제가 마련되어야 한다.

② 사회교과 교육과정에서의 세계시민교육

사회과는 사회현상과 문제를 파악하는 데 필요한 지식과 정보를 획득·분석·조직·활용하는 능력을 기르며 사회생활에서 나타나는 여러 문제를 합리적으로 해결하기 위한 탐구 능력, 의사 결정 능력 및 사회참여 능력(교육과학기술부, 2012)을 기르는 것을 목표로 한다. 즉, 사회과 교육과정은 단순히 지식을 가르치는 것이 아니라 사회적 필요와 긴밀한 관계가 있다. 따라서 사회과 교육과정에서는 사회과를 "사회생활에 필요한 지식과 기능을 익혀 이를 토대로 사회현상을 올바르게 인식하고 사회 구성원에게 요구되는 가치와 태도를 지니게 함으로써 민주시민으로서의 자질을 갖추도록 하는 교과"라 규정한다(교육과학기술부, 2012).

정보·통신 및 항공·교통 기술의 발달로 오늘날 사회는 국가 간 인적·물적 교류가 활발해지고 새로운 국제 문제가 발생하면서 정보사회(information society), 세계사회(global society)로 변화하였고, 이러한 지구촌 시대가 도래하면서 사회과 교육은 상호 의존의 심화와 더불어 밀접하게 연결된 세계를 제시해야 하는 교육적 책무성을 지니게 되었다(Hicks, 2003).

세계화의 빠른 속도 변화로 시민교육이 국가 구성원으로서의 시민뿐만 아니라 국가를 넘어선 지역 또는 지구촌 구성원으로서의 시민교육에 대한 요구도 등장하였다. 이러한 사회적 변화는 시민교육을 위한 핵심 교과인 사회과에 새로운 과제를 부여하였다. 기존의 사회과의 핵심 과제가 민주주의 국가의 주권자인 시민 양성이었다면, 21세기의 사회과에서는 시민의 범위가 확대되어 국가 공동체의 구성원뿐 아니라 지구촌 공동체의 구성원으로서의 자질 함양까지도 포괄하는 사회과 교육의 등장을 요구하고 있다.

따라서 전통적으로 학생들이 자신이 속한 사회에서 유능하고 바람직한 시민이 되도록 하는 데에만 목적을 두었던 사회과 교육은, 학생이 속한 사회가 특정 지역과 국가에 국한되지 않고 세계사회로 확장됨에 따라 세계사회에서 좀 더 넓은 시각에 입각하여 이해하고, 합리적으로 문제를 해결하며, 능동적으로 대응할 수 있는 세계시민을 길러내야 할 의무를 지게 되었다.

최근 우리나라 사회과 교육은 글로벌 다문화로 인한 사회변화 양상과 외국인 근로자, 결혼 이민자, 북한이탈주민, 유학생 등인 이주자의 대거 유입으로 새로운 사회 구성원에 관한 시민교육이 커다란 관심사로 논의되고 있다. 이러한 시대적 경향을 반영한 사회과 교육과정이 2011년에 고시되었고, 추구하는 기본 인간상은 자주인, 창의인, 문화인, 세계인으로 요약할 수 있다. 민주시민교육을 기본 방향으로 하는 사회과 교육의 성격은 세계시민으로서의 가치, 태도 등을 중시하고 있음을 알 수 있다(교육과학기술부, 2011).

미국의 전국사회과협의회에서는 사회과 교육의 기본 목적은 유아가 상호 의존성이 증대되는 세계에서 이성적이고 참여하는 시민이 되도록 돕는 것이라고 말하며, 지식, 기능, 가치, 참여의 네 가지 사회과 목적을 제시하였다. 또한, 미국 전국사회과협의회(1994)에서는 전체적인 사회과 목적, 제안, 자료, 교수전략에 세계적 시각(global perspective)을 반영해야 함을 강조한다. 에반스(Evans, 1987)는 아동이 전 지구적 관점으로 세계를 보고, 인간의 상호 의존성을 이해하도록 돕는 것이며, 정치, 사회, 경제를 이해하도록 돕는 것으로 보았다.

미국 전국사회과협의회는 세계시민의식을 달성하기 위한 사회과 측면의 교육과정에서 세계화 영역을 증가시키고 확정해야만 하는 필요성을 강조한다. 이는 사회과 교육의 기본 목표를 상호 의존성이 점차 증대되는 세계에서 자비롭고, 합리적이며, 참여하는 시민이 되도록 준비시키는 것으로 보았기 때문이다. 즉, 사회과 교육에서는 세계체제로서 세계를 바라보고 이해할 수 있도록 하며, 참여 속에 내재된 이익과 비용, 권리, 책임을 인식하면서 그 체제 안에서 참여자로서의 인식을 스스로 할 수 있는 내용을 담아야 한다고 보았다.

미국 오하이오 주립 대학의 메리필드 교수가 제시한 미국의 사회과 교육에서의 세계화 교육을 위하여 고려해야 할 교육과정 내용은 〈표 1-4〉와 같다.

〈표 1-4〉 메리필드가 제시한 사회과에서의 세계화를 위한 교육내용

주요 내용	세부 내용
인간의 가치	• 보편적인 인간의 가치와 다양한 인간의 가치 • 다양한 전망을 인식 • 인간의 가치와 행동 문제
세계체제	• 경제·정치·생태·기술의 체제 • 세계적·역동적인 지식 • 세계적인 거래 성격 • 서로 다른 세계체제와의 관련성
세계적 이슈와 문제	• 지구에 대한 인식 상태 • 평화와 안전 보장 • 빈곤, 농업 전망, 여성 문제, 기술 이전 등 다방면의 발전 문제 • 식량과 기아 문제

주요 내용	세부 내용
세계적 이슈와 문제	• 인권 문제 • 세계적인 인구 이동 문제(피난민, 이민 등) • 환경 문제(환경오염, 천연자원, 생태계 유지, 폐기물 처리 등) • 자원 보존 등의 에너지 문제 • 교육과 문자 해독 문제 • 경제 문제(무역협정, 해양 소유권 문제, 국제적인 채무 등) • 분배 및 분포 문제(재산, 기술, 정보, 식량, 자원, 무기 등) • 도시화 문제 • 교통 및 의사소통 문제 • 군사 문제(무기 개발 및 판매, 우주의 이용, 군비, 원조, 테러 등) • 이슈와 문제의 상호 연관성
세계적인 역사	• 시간의 경과에 따른 상호 의존성의 가속화 • 현재 문제의 선행 문제 • 세계체제의 진화 • 시간의 경과에 따른 세계체제의 변화
여러 문화에 대한 인식	• 다른 관점에서 다른 문화와 세계를 학습하는 경험 • 문화의 다양성, 복잡성을 인식 • 세계체제에서의 자신이 속한 문화의 역할 이해 • 문화적 가치와 세계를 보는 관점
인간의 선택에 대한 인식	• 개인, 조직, 지역사회, 국가, 경제·정치적 집단에 따른 인식 • 과거 및 현재의 행동과 미래의 대안 • 인간 행동의 복잡성 인식
분석 및 평가 기능의 발전	• 정보를 수집·분석·이용하는 능력 • 비판적 사고의 기능
참여의 전략	• 다른 문화의 경험 • 의사 결정하는 실천의 기회 제공 • 실제 삶의 문제를 다루는 경험

특히, 세계시민의식을 달성하기 위한 사회과 교육 측면에서 미국 전국사회과협의회(1994)는 사회과 교육과정의 세계화 영역을 증가하고 확장해야 하는 필요성을 강조한다. 그 내용은 〈표 1-5〉와 같다.

〈표 1-5〉 미국 전국사회과협의회의 사회과 교육과정에서의 세계시민교육 내용

주제	내용
세계의 다양한 행위자	• 다국가적 단체, 종교, 집단 • 과학적이고 문화적인 기원 • 국제연합의 대행자 • 지역, 주, 연방정부 대행자의 특징과 영향
인류는 세계 환경의 완전한 한 부분	• 천연자원에 한 인류의 근본적인 의존 • 천연자원의 제한 • 지구 생태계의 본질 • 인류 문화에 있어 생태학적 법칙의 영향
현재의 사회, 정치, 생태학적 사실과 대안적 미래 사이의 연계	• 과거·현재·미래사회의 관련성 • 가능한 대안적 미래 • 현재를 올바로 선택할 수 있는 능력 향상
세계적 사건에 시민 참여	• 개인과 가정이 세계적 사건에 영향을 줄 수도 있고, 영향을 받을 수 있음 • 세계적 사건에 대해 효과적이고 확실하게 반응하는 데 필요한 이해와 기능, 태도
교육적 변화의 실제	• 완벽한 평가를 통해 세계시민교육을 독려하게 하고 문제 상황에 당당하게 직면하게 함 • 구체적 실천 단계를 통해 프로그램을 강화함 • 세계시민교육에서 성공적 실험이 확대됨 • 새로운 독창성이 자극되도록 함

③ 초등학교 사회교과 교육과정에 나타난 세계시민교육

제 7차 교육과정의 사회과 종합 목표인 일곱 가지 핵심 요소(교육인적자원부, 2002) 중에서 세계시민교육과의 관련성을 찾아보면, 첫 번째 목표인 개인의 발전 및 국가, 사회, 인류의 발전에 기여할 수 있는 민주시민의 자질 육성과, 네 번째 목표인 세계의 여러 모습 이해에서 그 직접적인 연관성을 찾을 수 있다. 특히 민주시민의 자질을 키우는 것은 사회과의 궁극적인 목적으로, 사회과를 통해 기르려는 민주시민은 개인의 자아실현이나 행복 추구를 국가의 이상이나 목표와 조화시켜 나가는 동시에 인류의 발전에도 기여하는 세계시민에 대한 인식을 강조

한 것이라고 볼 수 있다. 이는 급변하는 세계사회에서 필요로 하는 세계시민의 자질을 다룬 것으로 사회과 목표에서 세계시민교육의 필요성이 제시됨을 알 수 있다.

내용적 측면에서는 사회변화와 미래사회를 준비하기 위해 정보화·세계화·민주화의 시대적 요구를 반영한 부분과, 통일, 환경, 경제, 세계이해, 민족문화 정체성, 진로교육 등 국가 사회 발전의 지표가 될 수 있는 영역, 이른바 국가·사회적 요구사항을 반영한다고 제시된 부분에서 세계시민교육과 관련된 부분을 찾아볼 수 있다.

그리고 교수·학습방법에서는 민주시민교육, 환경교육, 성교육, 통일교육, 경제교육, 근로정신함양 교육, 민족문화 정체성 교육, 국제이해교육, 대중매체 교육 등을 다루도록 하는 부분, 각 지역의 국가적 특성에는 자연환경 및 산업상의 특색뿐만 아니라 역사·종교·문화적 측면에 대한 명시, 도시화·정보화·세계화 등의 현대사회의 변화 추세를 실증적 자료를 중심으로 분석할 수 있도록 명시한 부분에서 세계화 시대에 대비하여 여러 나라의 생활 문화를 우리 생활과 비교하고, 정치·경제·사회문화 등 여러 측면에서 우리와의 관계를 파악하며 환경·생태·자원 문제 등의 해결을 위해 국제협력의 필요성을 깨닫게 하는 것으로 볼 수 있다.

제 7차 교육과정에서의 내용을 살펴보면, 사회과는 사회생활에 필요한 지식과 기능을 익혀 이를 토대로 사회현상을 올바르게 인식하고, 민주사회 구성원에게 요청되는 가치와 태도를 지님으로써 민주시민으로서의 자질을 갖추도록 하는 교과이다. 사회과에서 육성하고자 하는 민주시민은 사회생활을 영위하는 데 필요한 지식을 바탕으로 인권존중, 관용과 타협의 정신, 사회정의 실현, 공동체 의식, 참여와 책임 의식 등의 민주적 가치와 태도를 함양하고, 나아가 개인·사회 문제를 합리적으로 해결하는 능력을 길러 개인의 발전은 물론, 사회·국가·인류의 발전에 이바지할 수 있는 자질을 갖춘 사람으로 기술되어 있다.

사회과는 지리, 역사 및 제반 사회과학의 개념과 원리, 사회 제도와 기능, 사회 문제와 가치, 연구 방법과 절차에 관한 요소를 통합적으로 선정·조직하여 사회현상을 종합적으로 이해하고 탐구한다. 국토 이해를 바탕으로 우리 민족의 역사와 활동에 관한 종합적인 파악과 현실에 관한 역사적인 시각에서 이해하며, 한국인으로서의 정체성과 세계시민으로서의 가치·태도 등에 관한 요소를 중시한다. 또한, 다양한 정보를 활용하여 사회현상에 관한 지식을 발견하고 문제를 해결하는 데 필요한 비판적 사고력과 창의력, 판단력, 의사 결정력 등의 신장을 강조한다. 이를 위한 다양한 탐구방법을 활용하여 학습자 스스로 학습하는 기회를 갖고, 흥미와 관심을 고려하여 개개인 수준에 적합한 경험을 제공하는 효율적인 교수·학습 전략을 지향한다. 그리고 학교 특성에 따라 지역성과 시사성을 고려하여 지도한다.

초등학교 교육과정에서는 학생이 주변의 사회적 사실과 현상에 관심과 흥미를 느끼며, 생활과 관련된 기본적 지식과 능력을 습득하고, 창의적인 자세로 일상생활을 할 수 있도록 한다. 이를 위해 학생은 사회적 사실과 현상을 이해하는 데 필요한 기본 사실과 개념을 배우고, 자신의 주변 환경이나 문제에 적용할 수 있는 사고력과 사고를 사회적 행동으로 실천할 수 있는 적극적인 태도를 길러야 한다고 명시되었다.

사회교과의 전반적인 목표는 사회현상에 관한 기초적 지식과 능력은 물론, 지리, 역사 및 제반 사회과학의 기본 개념과 원리를 발견하고 탐구하는 능력을 익혀 우리 사회의 특징과 세계의 여러 모습을 종합적으로 이해하며, 다양한 정보를 활용하여 현대사회의 문제를 창의적이며 합리적으로 해결하고, 공동 생활에 스스로 참여하는 능력을 기르는 데 있다. 또한, 이를 바탕으로 하여 개인과 사회, 국가, 인류의 발전에 기여할 수 있는 민주시민의 자질을 기른다고 명시되어 있다. 내용을 살펴보면 〈표 1-6〉과 같다.

〈표 1-6〉 제 7차 교육과정에서의 사회교과 교육내용 체계

학년	역사 영역	지리 영역	일반사회 영역
3학년	• 우리가 살아가는 곳 • 사람들이 모이는 곳	• 우리 고장의 정체성 • 이동과 의사소통	• 고장의 생활문화 • 다양한 삶의 모습
4학년	–	• 우리 지역의 자연환경과 생활 모습 • 우리 지역과 관계 깊은 곳 • 여러 지역의 생활	• 주민 자치와 지역사회의 발전 • 경제생활과 바람직한 선택 • 사회변화와 우리 생활
5학년	• 하나 된 겨레 • 다양한 문화가 발전한 고려 • 유교 전통이 자리 잡은 조선 • 조선사회의 새로운 움직임 • 새로운 문물의 수용과 민족운동 • 대한민국의 발전과 오늘의 우리	–	–
6학년	–	• 아름다운 우리 국토 • 환경을 생각하는 국토 가꾸기 • 세계 여러 지역의 자연과 문화	• 우리 경제의 성장과 과제 • 우리나라의 민주 정치 • 정보화, 세계화 속의 우리

현행 초등학교 사회교과서의 3학년부터 6학년까지의 학년별 세계시민교육 내용은 〈표 1-7〉과 같다.

〈표 1-7〉 사회교과서에 제시된 학년별 세계시민교육 내용

학년	세계시민 관련 단원명	주제	내용 요소	세계시민교육 영역
4-1	2. 우리 시·도의 발전하는 경제 1 우리 시·도의 자원과 생산 활동	1) 세계로 열린 경제	• 해외 경제 협력 사례 • 해외 진출 노력 • 자원개발과 상품 생산 실적	경제 교류
		2) 서로 도움을 주는 경제 활동	• 우리나라와 다른 나라와의 경제적 협조	경제 협력
5-2	1. 우리나라의 경제 성장 2 세계로 뻗어가는 우리 경제	1) 세계 속의 우리 경제	• 경제 환경에 따른 우리의 경제정책 파악하기 • 무역의 이점과 우리나라의 무역 활동 조사해 보기 • 수출 증대를 위해 노력할 점 알아보기	경제 교류
		2) 우리 기업의 해외 진출	• 해외에서 활동하고 있는 우리 기업의 활동 알아보기 • 우리 기업이 세계로 진출하기 위한 분야와 좋은 수출 상품을 만들기 위한 노력 알아보기	경제 교류
	2. 정보화 시대의 생활과 산업	1) 달라져 가는 생활 모습	• 생활에 필요한 정보를 얻는 곳 • 생활에서 정보의 중요성 • 정보화로 생활의 변화 모습	정보화 능력
6-2	1. 우리나라의 민주 정치 3 국민의 권리와 의무	2) 보호해야 할 인권	• 인권을 지키기 위해 도움을 필요로 하는 사람들 • 인권을 지키기 위한 노력	인권 문제
	2. 함께 살아가는 세계 1 변화하는 세계 여러 나라	1) 세계를 한눈에	• 세계 여러 나라의 모습 알아보기	세계이해
		2) 우리와 관계 깊은 나라들	• 중국, 일본과 우리나라와의 관계 조사하기 • 미국, 러시아와 우리나라의 관계 조사하기	세계이해

학년	세계시민 관련 단원명	주제	내용 요소	세계시민교육 영역
6-2	2. 함께 살아가는 세계 **1** 변화하는 세계 여러 나라	3) 더 가까워지는 세계 여러 나라	• 세계 여러 나라의 분류 • 세계 여러 나라의 특징과 생활모습	세계이해
	2. 함께 살아가는 세계 **2** 지구촌 속의 우리나라	1) 인터넷으로 하나가 된 지구촌	• 세계를 지구촌이라 하는 까닭 • 교통과 통신 및 과학·기술의 발달이 지구촌 생활에 미치는 영향	국제협력
		2) 지구촌의 여러 문제	• 다양한 세계 문제 • 지구촌 문제를 해결하기 위한 노력	세계 문제
	3. 새로운 세계에서 우리가 할 일 **1** 세계 속의 대한민국	1) 자랑스러운 우리 문화	• 세계에 자랑할 만한 우리 문화 • 우리 문화의 세계화 방안	우리 문화에 대한 자긍심
		2) 세계 속에 한국을 심는 사람들	• 세계 속의 한국인의 활동 분야 • 세계를 무대로 활동하는 한국인의 모습	세계 지향

초등학교 사회교과서에 제시된 세계시민교육 내용을 정리해 보면, 교과서 내용 구성상 초등 3학년 교육과정에는 세계시민교육 관련 내용이 없었다. 학습 범위는 대부분 고장(지역)에만 맞추어져 있으며, 세계적 시각에서 지구촌의 다양한 가치를 인식하고 상호 의존 체계를 이해하기 위한 지구사회적 관점에서의 지도 내용을 다루지 않으며, '희소성과 갈등' 내용이 '인간과 사회' 영역에 포함되어 있다. 5~6학년에서 세계시민교육 관련 내용을 볼 수 있으나, 세계시민교육 관련 학습 내용은 사실상 6학년 2학기에 우리와 관계 깊은 세계 여러 나라, 지구촌 사회에서의 다양한 문화적 요소, 지구촌의 여러 가지 문제와 다양한 해결 방법 모색에 관한 내용이 제시되었다.

2015년 개정된 초·중등학교 교육과정(교육부 고시 2015-74호)에는 3학년 교육과정에 '문화, 편견과 차별, 타문화 존중'이라는 내용이 명시되어 사회변화로 나타난 일상생활의 모습과 특징을 조사하고 다양한 문화가 확산되면서 발생하는 문제를 탐구한다고 명시되어 있을 뿐, 세계시민교육에 관한 내용이 초등학교 저학년 교육과정에는 여전히 다루지 않음을 알 수 있다.

④ 사회교과에서의 세계시민교육 내용 요소

세계시민은 세계사회의 한 구성원으로서 문제를 조망하고, 협동적으로 자신의 역할과 의무를 충실히 하며, 스스로 한 국가의 국민임을 자각하며, 보편성을 인정하고 다양성을 추구하는 사람을 의미한다. 그리고 문화적 차이를 수용하고, 비판적이고 체계적으로 사고하며, 평화적인 갈등 해결과 환경보호, 인권존중, 정치 참여 등에서도 지식, 기능, 가치 등을 겸비하여 바람직한 방향으로 실천할 수 있는 사회 구성원을 의미한다.

학교 교육에서 세계시민교육은 현대사회의 국제화, 세계화, 지식 기반화에 따른 교육적 측면에서의 접근이 요구된다. 세계화로 다민족 사회가 형성되면서 여러 민족과 문화가 함께 어울려 공존할 수 있도록 추구해야 하며, 사회과에서는 세계시민문화 교육을 비중 있게 다루어야 하고, 현대사회가 요구하는 세계시민 육성을 위하여 한 국가와 세계사회에서 자문화 생활과 타문화 생활을 바르게 이해하고 실천적으로 사회에 적응할 수 있는 교육과정을 실천할 수 있어야 한다. 또한, 다양한 문화와 생활방식을 형성하며 살아가는 사람들의 인간으로서 존엄성을 객관적으로 인식하고, 이를 실제 생활에서 실천할 수 있는 세계시민의 자질을 갖추도록 해야 한다. 즉, 다른 사회문화 사람과 우리나라에 현재 거주하는 외국인 및 외국에 거주하는 우리나라 사람 등의 인권 가치를 인정할 수 있도록 지도한다.

또한, 개인과 집단 및 국가 간 세계 평화 의식을 고양하여야 하며, 다양한 민족이 지향하는 문화를 객관적으로 이해할 수 있는 교육이 필요하다. 사회과에서는 학습자 스스로 자아 정립과 삶의 방식, 사회적 관계를 형성하는 과정에서 자신이 속한 문화뿐만 아니라 서로 다른 문화에 대하여 올바른 지식과 기능, 가치 등을 갖출 수 있도록 해야 하며(Guichum Zong, 2002; 김선미, 2002), 세계화로 야기되는 문화 정체성과 자아 정체감의 혼란에 대응할 수 있는 능력을 길러 주는 내용을 포함해야 한다.

미국의 세계교육을 위한 연구협회(The study commission on global education, 1987)는 〈교육의 세계적 관점(*Global Perspectives in Education*)〉 보고서를 통해 세계적 관점을 기르기 위한 네 가지 기본적 주제를 제시하였다. 첫째, 물리적, 생물학적, 경제적, 정치적 대화와 평가 방식에 관한 이해를 통해 상호 연관된 체계로 세계적 문제 분석하기, 둘째, 세계 문명과 역사에 관한 기본 지식을 이해하고 그 흥망성쇠를 통해 현대 문명의 발달을 지리학적으로 이해하기, 셋째, 자신의 사회와 문화, 역사, 주변국과의 역사적 관계, 정부 구조의 원리와 가치를 이해하고 이를 통해 문화체계와 다양한 가치를 배우기, 넷째, 다양한 분야(사회, 예술, 윤리 등)의 학습에 참여하여 분석적, 창의적, 종합적 사고를 통해 체계적인 공공 정책을 만드는 시민으로 성장하기이다(Tye, 1999).

전희옥(2006, 재인용)은 학교 사회과 교육에서 세계시민교육 영역의 범위에 관한 여러 학자(Kniep, 1986; 권오정, 1987; 남상준, 1989; Social Science Education Consortium, 1993; Banks, 1994; 차경수, 2000; 유네스코, 2003; 전숙자, 2002)의 논의를 종합하여 인권존중, 세계 평화, 다문화 이해, 세계적 문제 영역을 추출하였으며, 각 영역별 목표를 중심으로 세계시민교육 내용 요소를 살펴보면 다음과 같다.

가. 인권존중

인권은 '인간이기 때문에 당연히 갖는 자연법적인 권리'이며 자유, 평등, 보호, 박애 등의 보편적 가치와 '자신의 개인적인 영역'에서 타인, 세계 여러 다른 사람에게까지 확장되는 것이다. 세계화와 국제화에 따라 중요한 것은 세계 여러 민족과 지역, 문화 이해를 위한 교육을 실시할 때, 중립적이고 보편적인 이해를 위해서는 인권 개념이 확립되어야 한다는 것이다. 결론적으로, 사회과 문화교육을 통한 인권교육은 공동체와 국가, 상호 의존적인 세계에서 견문이 넓고 활동적인 시민이 되도록 하는 중요한 요인이 된다(Tarrow, 1991). 인권존중 영역의 하위 주제로 보편적 가치, 인권 문제, 인간 가치 등을 들 수 있다.

나. 세계 평화

평화는 전쟁과 대비되는 개념으로, 평화교육에서도 전쟁 방지가 큰 비중을 차지해 왔지만, 최근 평화는 '전쟁 없는 상태, 물질적 정신적 빈곤을 극복하는 것, 구조적 폭력을 제거하는 것'의 세 가지 유형으로 나누어 정의한다(Hicks, 1993). 즉, 평화는 국가와 민족 간의 전쟁 및 폭력적 갈등 문제 해결을 중시하는 전통적 개념으로부터 벗어나 사회정의와 삶의 질이 보장되는 상태를 지향하는 포괄적 개념이라고 할 수 있다. 평화교육은 전쟁을 거부하는 사고를 키우며, 자신을 인식하고, 인간의 존엄성과 인간의 자유를 스스로 깨닫고 지켜 나가도록 하는 교육이기도 하다. 평화의 개념을 정리하면 다음과 같다(박성구, 1991; 홍순정 외, 1999).

- 개인적인 내면상태의 조절 능력을 갖게 하는 동시에 평화를 추구하는 마음을 갖게 하는 것이다.
- 타인존중, 협동, 공존, 배려의 가치를 이해하여 상호작용 당사자 간 평화적 관계를 유지하고 발생된 갈등을 평화적으로 해결할 수 있는 능력을 도모하는 것이다.
- 평화 문화를 형성시키는 것이다.
- 평화 실천의 내용으로, 개인적·사회적·국가적·우주적 차원에서 평화 관련 정보를 이해하고 의식하며 평화를 실천하는 것이다.

세계 평화의 하위 항목으로 평화와 안전, 국제협력 등을 들 수 있다.

다. 타문화 이해

타문화의 이해는 자국 문화와 타문화, 두 문화 사이의 관계를 발견하는 것으로부터 출발하며, 타문화의 이해 과정은 타문화와의 접촉과 이해, 다른 문화와의 상호작용 확대로 이어진다(권오정, 1987; 장원순, 2004). 자국 문화의 척도로 다른 나라 문화를 평가하기보다 타문화 속에서 그 문화를 실제로 느낄 수 있게 하는 것이 올바른 문화교육이다. 타문화의 이해에서 중요한 것은 주류 문화에 하위 문화를 통합하려는 것이 아니라 다른 문화를 모두 존중하는 다문화 교육으로 이루어져야 한다. 즉, 문화의 다양성과 특수성을 세계적으로 이해하고 실천하는 데 초점을 두어야 한다. 다문화 교육은 다양한 문화적 배경과 관심, 요구와 필요 등을 존중하는 다원주의적 가치관을 전제로 한다(차경수, 2000). 타문화 이해의 하위 항목으로 각 집단의 다양한 가치, 다문화 이해, 개방적인 의사소통 등을 들 수 있다.

라. 세계적 문제

세계는 전쟁, 환경 문제, 빈곤 등 지구적 차원의 문제를 안고 있다. 이러한 문제는 세계적인 차원에서 각국의 협력 없이 특정 국가가 해결하기는 어렵다는 것을 공감하고, 실천할 수 있는 교육이 필요하다. 지구촌 차원의 지속적인 세계 문제에 대한 학습을 통해 학습자는 개인, 집단, 국가 차원의 상호 의존과 다양한 행위자가 문제 해결에 어떤 영향을 주는지를 명확하게 인지할 수 있게 된다고 본다. 세계 문제의 하위 내용 요소로 평화와 안전 관련 문제, 국가적·국제적 발전 문제, 환경 문제, 인간의 권리에 관한 문제 등을 들 수 있다. 이를 구체적으로 정리하면 다음과 같다(Kniep, 1986; 전숙자, 2002; 노찬옥, 2005).

- 평화와 안전 : 테러리즘, 식민주의, 독재주의, 무기 경쟁, 동서 관계
- 국가적, 국제적 발전 문제 : 과잉 인구, 남북 문제, 기술 문제, 국가 부채
- 환경 문제 : 공해, 산성비, 열대우림 파괴, 핵폐기물 처리, 어업권
- 인간의 권리 : 인종 차별, 정치적 감금, 종교적 학대, 피난민 문제

세계시민교육 내용 요소를 살펴본 결과, 학자마다 사용하는 언어와 영역 간의

차이는 나타날 수 있지만, 세계시민으로서 자신과 자신이 속한 집단의 이익만을 생각하지 않고 국경의 한계를 넘어 전 지구적인 식견을 가지고 세계라는 공동체의 공동의 번영을 위한 사고와 행동을 의미한다. 즉, 세계의 모든 사람은 동등한 인간임을 이해하고, 동등한 인간으로서 평등한 권리와 자유를 갖고 있다는 인권 존중의 마음을 갖게 되는 것이다.

(2) 도덕교과에서의 세계시민교육

① 도덕교과 교육과정에서의 세계시민교육

도덕교과의 목표는 인간의 삶에 필요한 도덕규범과 예절을 익히고, 인간과 사회, 자연과의 관계 속에서 바람직한 도덕적 책임과 의무를 이해하며, 다양한 문제에 대한 민감성과 사고력 및 올바른 판단력의 향상과 함께 이를 실천할 수 있는 능력을 발달시키는 것에 있다. 또한, 국민 개개인의 바람직한 가치관 확립과 더 나아가 우리 사회와 더불어 세계의 발전에도 이바지할 수 있는 능력을 기르는 교과이다.

급변하는 우리 사회에서는 사회적, 문화적 변화와 지구적 차원의 환경 위기에 상응하는 도덕적 측면의 성숙이 요구되고 있다. 사회와 국가, 더 나아가 지구 공동체에서 세계시민으로서 도덕규범과 도덕적 인성을 갖추게 해 주는 교육이 요구된다. 다원화와 세계화 추세는 다양한 도덕적 문제를 야기하며, 이에 따른 문제의 해결을 위해 각국이 가진 도덕적 가치관의 차이와 다양성을 존중하는 태도의 함양이 필요하다. 또한, 개인의 가치관과 국가 정체성 확립, 사회 공통의 도덕적 가치 기반을 확고히 하려는 노력도 필요하다. 특히, 지구온난화로 인한 기후 변화, 오염, 분쟁 등의 다양한 문제는 더는 어느 한 나라만의 문제가 아니며 전 지구적으로 의식이 고조되는 상황이다. 이에 도덕교과는 학생이 윤리적인 측면에서 올바르게 환경 문제를 인식하게 하고 그 해결에 필요한 올바른 도덕적 판단 능력과 적극적인 실천 역량을 습득하게 한다.

누스바움(Nussbaum, 2003)은 오늘날의 세계화 시대에 민주적 시민권이나 국가적 시민권보다는 세계시민권이 시민교육의 중심이 되어야 하는 이유를 제시하였다.

첫째, 세계시민주의 교육을 통해 자기 자신에 관해 더 많은 것을 배울 수 있다. 자기중심적인 이해와 방법을 통해 얻게 되는 사실은 자신에 관한 무지의 결과로 이어진다고 보고, 무엇이 더 중요한지를 판단하는 데 있어서 다른 사람의 관점에서 자신을 바라볼 때 본질을 왜곡하지 않고 바른 결단을 내릴 수 있다는 것이다.

둘째, 세계시민주의 교육을 통해 국제적 협력이 필요한 문제를 해결하는 지식을 제공할 수 있다. 국경을 초월하는 전 지구적인 계획과 지식, 그리고 미래에 대한 공유는 필연적으로 국가의 운명이 국가만의 문제가 아니라고 본다. 따라서 도덕교과에서 다루는 환경 윤리와 생태 윤리 역시, 넓게 보면 세계시민교육의 내용까지 다룰 수 있다. 단순히 환경보호 차원을 넘어 국가 간의 협력을 위해 내가 살고 있는 곳과 다른 나라의 생태와 환경 문제에 관심을 두며, 더 나아가 전 지구적인 위기를 어떻게 해결할 것인가에 대한 고민을 공유한다.

셋째, 세계시민주의 교육을 통해 세계 다른 지역의 도덕적 의무를 깨닫는다. 모든 인간은 태어날 때부터 동등하고 각각의 권리를 부여받았으며, 이는 나에게뿐만 아니라 다른 세계와 더불어 그 세계를 위해서 무엇을 할 것인가를 도덕적으로 심사숙고해 보아야 한다. 특히, 사고의 범주가 자기 영역에만 국한되어서는 안 되며, 정치·경제 문제를 결정하는 데 있어 다른 사람들의 생활권과 자유, 행복 추구권을 진지하게 고려해야만 한다. 이러한 맥락에서 볼 때 타인에 대한 동정 혹은 자비심은 세계시민으로서 당연히 가져야 하는 의무이다.

누스바움(2003)은 세계시민주의 교육을 효과적으로 실현하는 것은 다양한 문화적 배경의 학생들이 자신의 문화 공동체와 지역, 국가, 나아가 세계 공동체의 시민으로서 살아갈 수 있게 지식과 기술, 가치를 가르치는 것이라고 하였다. 즉, 세계시민주의 교육이야말로 진정한 평등과 정의를 지향하는 세계시민적 관점과 가치를 학생들에게 가르칠 수 있다고 보았다.

즉, 타문화의 관점을 이해하고 존중하며 문화적 차별을 지양하는 세계시민적 자질의 함양은 도덕과 교육의 세계시민교육으로 이루어질 수 있다. 이러한 교육을 통해 학생들이 세계에 다양한 문화가 존재함을 잘 이해하고, 세계시민으로서의 정체성과 전 지구적 윤리를 형성할 수 있다. 또한, 어느 특정 국가의 이익이나 정체성을 추구하는 논리나 자본주의 혹은 사회주의 등으로 나누어지는 이데올로기의 차원이 아니라, 개별 문화, 종교, 이념을 넘어 개개인의 정체성을 세계시민사회의 일원으로 규정하고 전 지구적으로 통용 가능한 의식과 윤리를 가져야 한다는 것을 의미한다.

이동수와 손혁상(2008)은 냉전 종식과 정보화의 가속으로 세계화의 추세는 전 세계를 하나로 묶고, 동시에 단일한 국가나 지역 안에서는 해결할 수 없는 여러 갈등이 일어나는 상반된 현상이 나타나고 있으며, 오늘날의 이러한 위기를 극복하기 위해 세계시민으로서의 의식을 형성해야 함을 주장하였다. 그에 따르면, 오늘날 요구되는 지구적 차원에서의 윤리의식이란 다양성의 바탕에서 공통적으로 받아들여질 수 있는 원칙 혹은 가치라고 하였다. 이는 구체적으로 비폭력, 생명존중, 다양성, 관용, 평화, 정의, 평등, 타인존중, 책임감, 공동체 의식, 배려 등을 꼽을 수 있다. 이러한 가치야말로 세계시민교육적 측면의 도덕교육에서 중점적으로 다룰 수 있는 가치이다.

도덕교육의 방법적 측면에서 살펴보면, '덕목중심 도덕교육'과 '원리중심 도덕교육'이 있다. 덕목중심 교육은 각 나라의 문화적 특징, 세계시민으로서의 가치 덕목을 중심으로 고민이 선행되어야 한다. 도덕교과에서 강조하는 덕목은 바로 관용과 배려이다. 원리중심 도덕교육은 성품보다는 실천에 관심을 두며, 특정 행동이 도덕적인지를 판단하고 정당화하는 능력을 기르는 것을 목표로 한다. 즉, 덕목중심 도덕교육이 이론적이라면 원리중심 도덕교육은 실천적인 성격을 띠며, 당연히 도덕교육은 덕목중심 도덕교육과 원리중심 도덕교육이 함께 이루어져야 함을 전제로 한다.

현행 교육과정의 고등학교(2~3학년) 일반 선택과목인 '시민윤리'의 내용에서 국가 발전과 지구 공동체 윤리영역에 포함된 '세계시민으로서의 올바른 자세'에서는 지구 공동체가 당면한 윤리적 상황과 시민윤리의 보편적 적용으로 지구 공동체 윤리의 특성을 이해하고, 세계시민으로서 지녀야 할 바람직한 능력과 태도를 지닐 것을 학습내용으로 다루고 있다. 하지만, 교과서 내용을 보면 세계시민 사회의 역할이나 지구 공동체 윤리의 개념, 인권과 다양성 존중의 필요성을 피상적인 개념 정의에만 집중하는 경향을 보인다. 이러한 학습방식은 학생들에게 세계시민의식을 함양하기보다는 세계시민의 자질과 전 지구적인 윤리 가치를 지식으로써만 학습하게 되는 문제점이 있다.

도덕교육의 주된 내용을 세계시민교육으로 볼 때, 무엇보다도 앞서 열거한 비폭력, 생명존중, 다양성, 관용, 평화, 정의, 평등, 타인존중, 책임감, 공동체 의식, 배려 등의 전 지구적인 윤리 가치가 학생에게 내면화되어야 함을 전제로 한다.

② 초등학교 도덕교과 교육과정에 나타난 세계시민교육

세계화 시대를 맞이하여 기존 도덕교육의 방향에 관한 논의가 다시 고찰되고, 학생들이 가지고 있는 가치를 명료화하게 도우며, 도덕교육은 단지 지식을 전달하는 일이 아니라 실천의 문제임을 인식하는 전환이 필요하다. 제 7차 교육과정에서 도덕교과 교육의 주된 목적이 한국인으로서 바람직한 삶을 살아가는 데 필요한 기본생활습관과 도덕규범을 익히는 것을 명시하는 것으로 보아, 도덕교과 교육과정이 바람직한 한국인 양성을 기본으로 한다는 것을 알 수 있다. 그러나 세계시민을 양성하기 위한 보편적인 도덕규범의 교육을 완전히 배제하는 것은 아니다. 즉, 제 7차 교육과정에서의 도덕교과는 세계시민으로서 바람직한 삶을 살아가는 데 기본이 되는 보편적인 가치를 참고하고, 그 테두리 안에서 한국인의 도덕규범을 추구하면서 양자의 조화를 모색한다고 볼 수 있다.

제 7차 교육과정에 따르면, 도덕교과 교육에서 세계시민의식과 관련된 교육은 일정 부분 한계를 지닐 수밖에 없다. 왜냐하면, 도덕과 교육과정이 세계시민의 양성을 목적으로 하는 것이 아니라 바람직한 한국인 양성을 기본 목적으로 하고 있기 때문이다. 따라서 도덕과 교육에서는 한국이라는 문화의 특수성을 근거로 한 특수 윤리교육이 강조될 수밖에 없었고 교육과정상 세계시민의식의 함양을 위한 교육은 부분적으로 다루어지는 한계를 지닌 것으로 보인다.

제 7차 도덕교과 교육과정을 살펴보면 다음과 같다. 먼저, 도덕교과는 인간의 삶에 필요한 도덕규범과 예절을 익히고, 자신뿐만 아니라 사회와 관련된 도덕 문제를 주체적으로 성찰하고 실천하도록 하여 자신의 삶을 바람직하게 영위하도록 하며, 나아가 우리 사회와 세계의 발전에 이바지할 수 있도록 도와주는 교과이다. 이를 위해 학생들에게 기본적인 도덕규범과 예절을 실천하는 습관을 길러 주고, 다양한 도덕 문제를 합리적으로 해결할 수 있는 도덕적 사고력과 판단력을 길러 주는 데 중점을 둔다.

다음으로, 우리 사회는 물질적 발전과 급속한 사회변화에 상응하는 도덕적·정신적 발전이 요구된다. 특히, 급격한 다원화와 정보화 추세에 따라 이념 갈등·가치 갈등·세대 갈등 등의 문제가 심화되며, 그에 따른 개인의 가치관 혼란 및 사회 분열 양상이 날로 확대되고 있다. 도덕과는 이러한 문제의 해결을 위해 개인의 가치관 확립과 사회의 공통적인 도덕적 가치 기반의 공고화를 그 중심 과제로 삼는다. 이를 위해 도덕교과는 인간의 삶에서 발생하는 다양한 도덕 문제, 즉 도덕적 주체로서의 나와 관련된 도덕 문제, 우리·타인·사회와의 관계에서 발생하는 도덕 문제, 국가·민족·지구 공동체와의 관계에서 발생하는 도덕 문제, 자연, 초월적 존재와의 관계에서 발생하는 도덕 문제 등을 직접적이고 체계적으로 다룬다. 도덕 문제는 삶의 전 영역에 걸쳐 발생하기 때문에 도덕교과에서는 윤리학적 접근을 중심으로 하되, 연관된 여러 학문의 접근방법도 활용한다. 또한, 도덕적 사고력과 판단력의 향상과 더불어 일상생활에서의 도덕적 실천을 지향하며, 도덕교과 수업뿐만 아니라 인성교육 등 다양한 학교 활동과도 연계·지도한다. 따라서 도덕교과는 학생이 다양한 도덕 문제를 성찰하고 탐구하여 바람직한 가치관을 확립하고, 각자 자율적이고 통합적인 인격을 형성하도록 교육하는 데 역점을 둔다.

도덕과의 목표는 자신과 타인, 사회, 국가, 민족 및 자연과의 관계를 올바르게 이해하여 삶에 필요한 도덕규범과 예절을 익히며, 생활 속에서 제기되는 여러 가지 도덕 문제를 합리적으로 해결해 나갈 수 있는 도덕적 사고력과 판단력, 실천 동기 및 능력을 함양하여 자율적이고 통합적인 인격을 형성하는 것이다.

〈표 1-8〉은 제 7차 초등교육과정에서의 도덕교과 교육내용 체계를 살펴본 것이다.

〈표 1-8〉 제 7차 초등교육과정에서의 도덕교과 교육내용 체계

주요 가치 덕목	정직, 자주, 성실, 절제, 책임, 용기, 효도, 예절, 협동, 민주적 대화, 준법, 정의, 배려, 애국·애족, 평화·통일, 생명존중, 자연애, 사랑			
영역	3학년	4학년	5학년	6학년
도덕적 주체로서의 나	• 도덕 공부는 이렇게 해요 • 소중한 나의 삶	• 정직한 삶 • 자신의 일을 스스로 하는 삶	• 최선을 다하는 생활 • 감정의 올바른 관리 • 반성하는 삶	• 자긍심과 자기계발 • 자기 행동에 대한 책임감 • 용기 있는 행동
우리·타인·사회와의 관계	• 가족 사랑과 예절 • 감사하는 마음의 표현 • 친구 간 우정과 예절	• 약속을 지키는 삶 • 공중도덕 • 인터넷 예절	• 이웃 간의 도리와 예절 • 서로 돕는 생활 • 대화와 갈등 해결 • 게임 중독의 예방	• 준법과 규칙 준수 • 공정한 행동 • 남을 배려하고 봉사하는 삶
나라·민족·지구 공동체와의 관계	• 나라의 상징과 나라 사랑 • 분단의 배경과 민족의 아픔	• 우리나라·민족에 대한 긍지 • 통일의 필요성과 우리의 통일 노력	• 북한 동포 및 새터민의 삶 이해 • 재외동포에 대한 관심	• 편견 극복과 관용 • 우리가 추구하는 통일의 모습 • 평화로운 세상
자연, 초월적 존재와의 관계	• 생명의 소중함	• 올바른 자연관과 환경보호	• 참된 아름다움	• 사랑과 자비

〈표 1-8〉에서 알 수 있듯이 초등학교 3학년에서부터 중학교 3학년까지의 도덕교과의 공통 목표는 자신과 우리·타인·사회, 국가·지구 공동체, 자연·초월적 존재와의 관계에 대한 올바른 이해를 바탕으로 인간의 삶에 필요한 도덕규범과 예절을 익히는 것이다. 그리고 삶의 다양한 영역에서 발생하는 도덕 문제에 대한 민감성을 기르고 도덕적 사고력과 판단력, 도덕적 정서, 실천 의지 및 능력을 통해 도덕적 덕성을 함양하여, 자율적이고 통합적인 인격을 형성한다(교육과학기술부, 2012)고 명시되었다. 또한, 도덕교과에서 다룰 수 있는 세계시민교육 목표를 인간과 환경의 문제, 문화의 다양성과 보편 가치, 국제 경쟁과 협동의 필요성, 평화와 의사소통, 한국 문화의 세계화와 국제 활동 참여 등으로 제시되어 있다.

현재 운영되는 제 7차 교육과정 도덕교과서의 세계시민교육 관련 내용은 〈표 1-9〉와 같다.

〈표 1-9〉 제 7차 초등교육과정에서의 도덕과 세계시민 관련 내용

학년	초등교육과정의 세계시민 관련 단원명	주제	내용 요소	세계시민교육 영역
3-2	❸ 자연은 내 친구	환경보호	• 환경을 보호하기	환경교육
4-2	❹ 자랑스러운 우리 문화	민족문화	• 민족문화 유산	문화 간 이해
4-2	❺ 내 나라 내 조국	안보	• 국가안보를 위한 바른 자세	평화교육
5	❿ 우리 문화와 세계 문화	문화 교류	• 올바른 국제 문화 교류	타문화 이해
5	❼ 서로 다른 주장	정의	• 민주적 절차(소수 의견 존중)	인권교육
5	❺ 서로 존중하는 태도	타인 배려	• 타인의 권익 존중	인권교육
6	❼ 자연 사랑	자연보호	• 자연보전과 애호	환경교육
6	❿ 평화로운 지구촌	평화	• 세계 평화와 인류 공영	평화교육
6	❷ 소중한 생명	생명존중	• 생명을 소중히 하기	인권교육
6	❻ 아름다운 사람들	타인 배려	• 타인에 대한 배려와 봉사	인권교육

도덕과는 교육과정에서 그 성격을 세계사회의 일원으로서의 역할과 책임을 파악하게 하여 한국인, 나아가 세계시민으로서의 바람직한 삶을 살아가는 데 도움을 주는 교과로 규정하고 있다. 그러나 『도덕과 교육과정 해설서』에는 국가 간의 교육, 외래 문화 수용의 올바른 태도 확립, 해외 동포들과의 일체감과 협력 방안을 탐색하며, 더 나아가 세계인류 공동체의 일원으로서 세계 평화에 이바지할 수 있도록 하는 등의 내용 선정에 세계시민교육 관련 내용이 기술되어 있지만, 구체적인 내용 체계나 지침이 없다. 또한, 내용이 편파적이거나 이론적 학습에 치중하고 있어 다양한 측면에서의 접근과 좀 더 풍성한 내용으로 다루어질 필요가 있다.

③ 세계시민교육에 있어서의 도덕과 교육과정의 방향

교과로서의 도덕과 교육은 학생들의 도덕성을 향상시키는 일이며, 도덕과 교육을 통해 도덕적 원리나 규범의 합리성을 이해하고, 구체적 상황에서 발생하는 도덕적 문제를 올바르게 판단하고, 이를 내면화하고 실천하려는 태도를 기른다. 도덕교과에서 다루는 내용은 모든 생활 영역과 관련된 문제이며, 여러 다른 교과 교육을 통해서 획득된 지식과 능력과 태도를 통합하여 자신의 가치관이나 인격의 형성에 중요한 기능을 한다고 볼 수 있다.

하지만 현재 도덕교육은 매우 열악한 상황이다. 지나친 학습 위주 성과 위주의 교육에 대한 인식은 학생들이 비도덕적 행위를 하면 도덕교육이 잘못됐다고 비난하지만, 도덕 교육을 위한 시간은 일주일에 한 시간만을 할애하고 있을 뿐이다. 더욱이 우리 사회의 직업적 전문인을 포함한 교육 관계자들이 도덕교육을 해도 도덕적 행태에 변화가 없으니 도덕교육은 그 역할을 못 하고 있다고 비판한다. 이러한 상황으로 미루어 보면, 우리 사회와 일부 교육 관계자들은 도덕교육의 개선에 기대가 없는 것처럼 보인다.

대부분 교육과정의 목적과 내용은 철학, 정치 이념과 경제, 문화 등의 사회적 요구에 의해서 결정된다. 이 가운데서도 도덕과 교육과정은 가치관과 세계관에 기초하여 인간의 실천적 행동을 다루는 과목으로, 시대적 특성과 미래 지향적인 방향성을 제시하고, 그에 근거하여 교육과정의 개발이 이루어진다. 하지만 그 시대가 추구하는 도덕적 인간상이 시대의 요구에 따라 도덕의 본질적 가치가 변하는 것은 아니므로, 도덕교육의 목적과 교육과정은 도덕적 덕목이나 가치의 본질적 변화보다는 그 사회가 추구하는 가치관이나 행동양식을 지향하고 있음을 알 수 있다.

과거에 교육은 도덕적 역량을 강조하였으나, 현 사회와 경제에서 교육은 지식 성취도(knowledge achievement)와 기술의 성취·발달(skill development : reading and mathematics etc.) 정도가 곧 학업 성취도로 인정되는 교육을 중시하고 있다. 데세코(DeSeCo[1], 2003)가 제안하는 핵심 역량은 개인 생존과 사회의 기본적 기능을 함양하는 것, 성공적 삶(a successful life)과 올바른 사회의 기능(a well-functioning society)에 적합한 능력을 갖추는 것에서 출발하여 교육의 방향성을 잡는 것이다. 따라서 교육은 생산적 경제, 민주적 과정, 사회적 결속(cohesion)과 평화를 성취할 수 있는 시민을 양성하는 것이다. 개인 차원의 능력은 노동시장, 정치적 과정, 사회 연결망에 성공적 참여, 의미 있는 인간 관계, 삶 전반에서 만족하는 것을 포함한다.

또한, 유니세프(2014)에서는 삶의 기능(life skills)을 개인이 일상생활에서 요구와 도전을 효과적으로 다루는 적응 행동과 긍정적 행동의 심리적 능력으로써, 태도, 동기, 가치가 포함되는 도덕적인 능력이라고 정의하고 있다. 이에 따르면, 21세기 학습자를 위한 핵심 역량(essential skills for twenty-first century learners)은 문해력(literacy), 수(數) 능력(numeracy), 정보와 통신 기술(information and communication technology : ICT) 능력, 사고력(critical and creative thinking), 개인적·사회적 능력(personal and social capability), 윤리적 이해력(ethical understanding), 다문화 이해력(intercultural understanding)을 강조한다.

경제협력기구 산하의 데세코 위원회가 발표한 핵심 역량은 일곱 가지 덕목

---

1) Definition and Selection of Competencies Theoretical and Conceptual Foundations.

을 강조하고 있는데, 협동, 관용, 인권존중, 인격, 신뢰, 충성(loyalty), 정직이다(DeSeCo, 2003). 데세코가 제시한 핵심 역량은 성공적인 삶과 바람직한 사회를 이루기 위한 능력에 대한 문제 의식으로써 교육에 접근하고 있음을 알 수 있다. 교육은 생산적 경제, 민주적 과정, 사회적 결속과 평화를 성취할 수 있는 시민을 양성하는 것이다. 데세코는 세 가지 핵심 역량의 영역으로 첫째, 사회적으로 다양한 집단에서 상호작용하기(interacting socially heterogenous groups), 둘째, 자율적으로 행동하기(acting autonomously), 셋째, 상호적으로 도구 사용하기(using tools interactively)를 제시하고 있다.

도덕적 핵심 역량으로써 데세코가 제시한 일곱 가지 덕목은 위의 세 가지 핵심 영역을 전제로 작동하게 하는 중요한 역할을 한다. 왜냐하면 사회 내의 다양한 집단에서 상호작용하기 위해서 협동, 관용, 신뢰, 정직 등이 필요하며, 자율적으로 행동하려면 인격, 정직, 신뢰, 인권존중 등의 덕목이 필요하고, 상호적으로 도구를 사용하려면 인권존중, 인격, 협동, 관용 등이 요구되기 때문이다(이명준, 2014).

세계시민교육은 인류사회의 공동체의 일원으로서, 다른 사람들에게 도덕적 의무가 있음을 인식하고 실천할 수 있는 시민을 기르는 것에 그 목적이 있다. 따라서 모든 인류에 대한 의무감, 책임감을 가진 지구적 책임 의식의 교육을 지향해야 한다. 즉, 현대사회가 처한 각종 위기, 환경 문제, 평화 및 안전 문제, 인구와 빈곤 문제에 관심을 갖는 것은 물론, 무엇을 해야 하는지에 관한 논의 역시 함께 이루어져야 한다.

또한, 문화적 차이도 구체적으로 논의해 보아야 한다. 현재 초등교육과정에서 타문화에 관한 규범적 지식만 가르치고 있을 뿐 어떠한 실천 방향을 구체적으로 제안하지 않고 있다. 세계시민교육을 주장하는 이들은 문화적 차이를 넘어 공통 목표와 가치를 발견하는 일이 어려운 일이므로 문화적 차이를 충분히 배워야 한다고 역설한다(Nussbaum, 2003). 즉, 다양한 세계 문제와에 직면했을 때 그 문제를 해결하기 위한 직접적 사례로 정치, 사회, 문화, 역사를 충분히 알게 하며, 다양한 문화 속에서 공동의 가치를 발견할 수 있는 눈을 기를 수 있는 실제적인 교육방법의 고려가 필요하다.

결국, 교육을 통해 아이들 스스로가 세계시민으로서의 자신을 인식하고, 어떤 상황에서 무엇을 해야 할지 결정할 때 다양한 정체성의 요구를 고려하고, 다양한 측면의 결과를 예측할 수 있는 세계 윤리를 획득할 수 있는 가치와 태도를 길러 주어야 한다. 즉, 도덕과 교육에서는 국가시민성과 세계시민성 간의 적절한 조화와 중용의 방법을 모색해야 하며 세계 윤리의 이론적 기초를 세분화하고 모든 교육과정에서 유기적으로 연계되어야 하고, 무엇보다 실천 중심적인 내용을 선정해야 한다.

(3) 국제이해교육과 세계시민교육

① 국제이해교육의 개념

국제이해교육은 제 2차 세계대전 후 유네스코의 창립과 함께 탄생하였다. 유엔은 세계 평화를 유지하기 위해서 교육의 역할이 중요함을 인식하고, 1946년 유네스코를 창설하였다(아시아·태평양 국제이해교육원, 2005). 국제이해교육(education for international understanding)은 국제이해를 위한 교육이라는 명칭 사용을 수용한 용어로, 유사 용어로 발전되다가 1950~1953년에 세계시민교육(education for world citizenship), 1953~1964년에는 세계 공동 사회에서 생활하기 위한 교육(education for living in a world community), 1955년 이후에는 국제이해와 국제협력을 위한 교육(education for international understanding and co-operation), 1960년에 국제 정세가 다극화되고 분쟁이 계속되자 국제이해와 평화를 위한 교육(education for international understanding and peace)이라는 용어가 사용되기도 하였다.

이외에도 영국의 핸더슨(Handerson)은 세계를 위한 교육(education for world understanding)이라고 하였으며, 히터는 세계학습(world study)을 사용하였다. 경제협력기구는 문화 간 교육(inter cultural education), 미국 하와이동서센터는 간문화적 교육(cross-cultural education) 또는 초국가 간 교육(trans-national education), 지구사

회교육(global education)이라는 용어를 사용하고 있다. 영국에서 유행한 개발교육(development education), 일본에서 높은 관심을 사고 있는 해외·귀국 자녀 교육, 그리고 평화교육(peace education), 환경교육(environmental education), 미래교육(future education) 등도 국제이해교육에 포함시켜야 하는 용어이다(권오정, 1986).

1970년에 들어서면서 인구, 식량, 자원, 환경, 에너지 등을 점차 세계 공통 문제로 의식하고 전 지구적 차원에서 국제이해교육을 접근하였다. 이에 유네스코는 1974년 제 18차 총회를 열고 '국제이해, 협력 및 평화와 인권, 기본적 자유에 대한 권고(the recommendation for international understanding, co-operation and peace and education relating to human rights and fundamental freedom)'를 통하여 인구, 식량, 자원, 환경, 에너지 등을 점차 세계 공통 문제로 의식함을 목적으로 이루어지는 교육을 모두 '국제이해교육'이라고 표현할 것을 제안하였고, 유네스코 회의에서도 이와 같은 기본 원칙은 재확인되었으며, 지금까지 그대로 유지되고 있다(아시아·태평양 국제이해교육원, 2005).

유네스코는 1974년 이후 국제 합의에 의해 '국제이해교육'이라는 용어를 공식적으로 사용하였으며, 학계에서는 국제이해교육을 '다문화 이해 교육, 세계화 교육, 세계이해교육, 세계시민교육, 국제화 교육' 등과 같은 용어와 혼용한다. 우리나라와 일본, 중국은 유네스코가 공식적으로 채택한 국제이해교육이라는 용어를 사용하나, 북미나 유럽은 세계교육(global education)으로 쓰고 있다(안종협, 2008).

또한, 국제이해교육은 "세계의 상호 의존성의 이해를 증진시키기 위한 문화 간 이해 교육, 세계적 관점에 관한 교육, 세계체제 교육, 세계 문제 및 이슈에 관한 교육을 포함하는 세계시민교육"으로 정의할 수 있다는 입장(주해연, 2006)과 "국제이해교육이라는 명칭이 일국 차원의 세계이해로 그 의미가 축소되는 과정을 압축적으로 보여 주며, 이러한 의미 축소를 타개하기 위한 대안적 개념으로 등장한 것이 세계시민교육(education for global citizens)"이라는 입장(강성훈, 2010)이 있다.

진시원(2009)의 연구에서는 세계시민교육에 포함되는 개념으로 국제이해교육을 설명하고 있으며 〈표 1-10〉과 같다.

〈표 1-10〉 국제이해교육과 세계시민교육

대 영역	• 세계 관계 교육(국제 정치 교육, 국제 관계 교육) • 세계교육(국제교육)		
중 영역	• 국제이해교육		
소 영역	• 세계화 교육 • 교차 문화 교육 • 평화교육 • 환경교육	• 세계시민교육 • 다문화 교육 • 인권교육	• 문화 간 교육 • 다인종 교육 • 개발교육

출처 : 진시원(2009).

유네스코 아태교육원(APCEIU, 2003)에서 '국제이해교육'은 전 세계인류가 더불어 잘 사는 세상을 만들기 위하여 타국가의 민족, 생활습관을 포함한 문화를 올바르게 이해하며, 민주주의와 인권, 사회정의와 평등 속에서 지속 가능한 발전과 세계 평화를 유지하는 세계시민의 자질을 향상하기 위한 교육이라고 정의하고 있다.

즉, 국제이해교육의 개념은 우리의 삶이 다른 나라 및 세계와 연결되어 있는 것을 이해하도록 도와주는 교육으로, 전 세계인이 국경을 초월하여 하나의 공동체적 시각으로 세계 문제를 이해하고 해결하는 방법을 찾는 교육이라고 할 수 있다. 모든 인간이 함께 사는 세상을 만들기 위하여 다른 나라와 민족의 문화와 생활습관 등을 바르게 이해하며, 민주주의와 인권, 사회정의와 평등의 가치 위에서 지속 가능한 발전과 평화로운 세계를 일구어 내는 세계시민의 의식과 자질을 향상하는 교육이라고 할 수 있다(한국국제이해교육학회, 2015).

② 국제이해교육의 목표

유네스코 한국위원회에서는 1974년 유네스코에서 설정한 권고문에서 국제이해교육 목표를 설정하였다. 그 목표는 국제사회에서 한국인으로서 필요한 능력과 성향을 반영하여, 국제적인 협력과 경쟁력을 동시에 기르는 데 있다. 또한, 국제이해교육의 개념을 지구사회 교육, 국제화 교육, 다문화 및 문화 간 교육, 평화교육 등을 포괄하는 개념으로 재구성하고, 목표를 종합하여 한국의 특수한 입장과 문제 의식이 반영되도록 하였다. 이에 따라, 국제이해교육의 목적을 "기초적인 국제적 소양과 국제적 역량을 갖춘 한국인의 양성"이라고 하였다(유네스코 한국위원회, 1996).

유네스코 아태교육원(2003)은 "국제이해교육이란 모든 사람이 더불어 사는 세상을 만들기 위해 다른 나라와 민족, 문화와 생활습관 등을 바르게 이해하고 민주주의와 인권, 사회정의와 평등의 가치 위에서 지속 가능한 발전과 평화로운 세계를 일구어 내는 세계시민의 의식과 자질 함양을 목표로 한다"고 밝히고 있다. 다시 말해, 국제이해교육은 모든 사람이 더불어 사는 세상을 만들기 위해 다른 나라와 민족, 문화와 생활습관 등을 바르게 이해하고 민주주의와 인권, 사회정의와 평등의 가치 위에서 지속 가능한 발전과 평화로운 세계를 일구어 내는 세계시민의 의식과 자질 함양을 목표로 한다(유네스코 아태교육원, 2003).

또한, 한 사회, 문화, 민족, 인종에 국한되는 것이 아니라 범주적 경계를 넘어선 인류를 보편적인 시각으로 국내외 문제의 상호 의존성을 인식하고 비판하는 능력을 키워 주는 교육이라고 할 수 있다. 그리하여 자기(자국민) 중심적인 사고에서 벗어나 타인, 타문화, 타 민족(국가)을 존중하고 이해함으로써, 궁극적으로 인권과 평화, 사회정의, 지속 가능한 발전 및 국경을 초월해 전 세계인이 공동체적 시각을 갖고 세계 문제를 이해하고 해결하는 방법을 찾는 것을 목적으로 한다.

따라서 오늘날 과거 역사를 재고하여 현재사회가 가진 문제 해결을 위해 도전하고 미래사회를 정의롭게 여는 세계시민교육은, 20세기 전쟁의 세기를 마감시키고 21세기 평화의 시대를 열기 위한 평화교육의 중요한 축을 구성하게 한다(Juanes, Garcíia & Péerez-Manjarrez, 2013).

유네스코 한국위원회는 한국적 상황을 고려하여 국제이해를 달성하는 목표로 세계의 평화, 각 국가 간의 상호 이해와 협조, 각국의 생활양식, 인권 및 자유의

존중, 인구 증가와 환경보호, 세계 평화를 위한 제반 국제기구 등에 관한 이해와 태도에 관련한 다음과 같은 열 개 항의 일반 목표를 설정하였다(유네스코 한국위원회, 1988).

- 세계 속의 한국임을 이해시킨다.
- 세계화 실현의 첫걸음으로서 국제이해교육의 필요를 절감케 한다.
- 세계 평화를 파괴하는 제 요인을 분석하고 이의 평화적 해결을 이해 통찰력을 기른다.
- 정치, 경제를 중심으로 한 오늘의 복잡한 세계 정세를 정확히 파악하기 위해 필요한 사회과학적 탐구 능력을 기른다.
- 우리나라를 다른 나라에 알리고 다른 나라를 이해하는 상호 이해의 중요성을 인식시킨다.
- 세계 각국의 전통과 생활양식에 관한 흥미와 이해를 돕고 각국 문화의 고유성을 존중하는 태도를 기른다.
- 세계인류의 생존과 공존에 관련된 인권 및 자유를 존중하는 태도를 함양한다.
- 인구의 증가, 환경의 파괴 및 공해가 인간에 미치는 영향을 이해하고 환경보호에 노력하는 태도를 기른다.
- 평화적인 세계를 지향하여 조직 운영되는 제반 국제기구의 목적, 활동, 업적에 관해 깊은 이해를 가지도록 한다.
- 영속적인 평화 실현을 위한 세계적인 노력에서 자기 나라의 역할을 이해하고 학생 각자의 책임을 수반하게 한다.

이는 국제이해교육의 필요성 인식을 바탕으로 세계 속에서의 한국을 이해하고 국민의 개성과 주체성을 갖고, 우리 민족 전통과 문화를 존중함과 동시에 세계 각국 문화의 고유성을 존중해야 한다는 입장을 밝히고 있다. 더불어 세계인류 문제를 공유하고 함께 해결하려는 문제 의식과 평화의 실현을 위해 적극적으로 참여하며, 국제적 문제에서도 능동적인 태도로 국제화, 세계화를 이끄는 한국인으로서의 주체성과 세계적 보편성을 갖춘 세계인을 향한 목표로, 세계화 인재의 자질 양성에 있어서 적합한 목표라고 할 수 있다.

이어 유네스코 한국위원회는 1996년에 '기초적인 국제적 소양과 국제적 역량을 갖춘 한국인'을 양성하기 위하여 다음과 같은 아홉 개 항의 일반적 목표를 제시하였다.

- 지구사회 가족 의식(sense of global family)과 지구촌 의식(planet awareness)을 기른다.
- 인종과 문화의 다양성인 문화상대주의(cultural relativism)적 관용성을 함양한다.
- 세계의 상호 의존성(interdependence)과 상호 관계의 과정을 이해한다.
- 넷째, 국제적 의사소통 능력(global competency)과 태도를 기른다.
- 국제적으로 해결해야 하는 문제(global issues)를 이해하고 탐구하는 능력을 기른다.
- 변화하고 있는 세계 속의 한국의 위상과 역할을 이해한다.
- 사회적·개인적 문제 해결에 있어서 세계사회적 시각과 미래 지향적 시각의 중요성을 인식한다.
- 한국 문화의 세계화와 국제사회 문화 속에서 문화 주체성의 필요성을 인식한다.
- 지구사회 체제와 각종 국제협력기구의 역할을 이해한다.

이렇듯 국제이해교육은 단순히 국제적 이해를 높이기 위한 교육이 아니라 국제이해와 협력, 국제평화와 인권, 기본적 자유를 함양하는 교육을 의미한다. 또한, 최근에는 타문화를 이해하고, 협력을 강화하는 모든 교육적 활동뿐만 아니라 평화교육, 인권교육 등을 모두 포함한 총체적 교육 활동을 의미한다. 이는 국제이해교육이 앞에서 고찰한 국제화 교육, 세계교육, 개발교육, 간문화 또는 다문화 교육의 의미를 포함하는 광범위한 개념 내용을 가지고 있음을 말해 준다.

③ 국제이해교육의 내용과 영역

탈냉전 이후 신자유주의에서 시작된 국제적 위기가 심화되면서 국제이해교육과 연관되는 문화적 다양성(다문화), 지속가능발전(환경), 평화, 인권 및 세계시민성의 필요성이 더욱더 강조되었다(Fujikane, 2003; Hayen, 2013). 국제이해교육은 세계화 시대에 국가경쟁력 강화를 위한 타문화 이해나 외국어 역량 강화 교육 혹은 정보화 교육을 의미하기보다는, 상호 의존성이 심화된 오늘날 국제사회가 합의한 세계인권선언의 기준에 맞추어 세계시민적 책무와 권리를 균형 있게 갖추는 복합적이고 비판적인 세계시민교육(유네스코, 2013)이라고 할 수 있다.

이런 맥락에서 유네스코 권고 제 4조에서는 국제이해교육이 무엇을 다루어야 하는지 다음과 같이 제시한다.

- 국제적인 차원과 세계적인 시각을 모든 단계 및 형태의 교육에 반영한다.
- 국내의 소수민족 문화와 다른 국가들의 문화를 포함하여, 모든 민족과 그들의 문화, 문명, 가치 생활방식을 이해하고 존중한다.
- 민족과 국가 사이의 글로벌한 상호 의존성이 증대되고 있음을 자각한다.
- 다른 사람과의 의사소통 능력 배양한다.
- 개인, 사회집단과 국가는 권리뿐만 아니라 서로 의무도 있음을 자각한다.
- 국제 연대와 협력의 필요성을 이해한다.
- 지역사회, 국가 및 세계의 일반적 문제 해결에 개인이 자발적으로 참여한다.

글로벌 상호 의존성의 증대와 시민적 권리와 의무를 자각하고, 우리 문화와 다른 민족의 문화를 다 같이 존중하며, 소통의 확대를 통하여 세계적 이슈를 국제적인 차원과 세계적인 시각에서 접근하고 해결하도록 도와주는 자발적인 참여적 국제 연대가 국제이해교육의 핵심이라고 할 수 있다.

이에 따라, 전 지구적으로 모든 배타적 정책에 반대하여 인권을 보장하고 민주주의를 발전시켜 나가는 보편적 세계시민교육이야 말로 유네스코를 포함한 대부분 국가의 교육 지향점이기도 하다(이주옥, 2007; Osler & Starkey, 2003). 국제이해교육은 다양한 정체성을 인정하며, 학습자로 하여금 자신의 상황과 국가 및 세계적 상황 사이의 연결고리를 이해할 수 있게 하는 비판 학습(유네스코, 2009)을 중심으로 한다.

국제이해교육은 소속 국가에 대한 국민의 의무와 권리에 초점을 둔 시민교육에서 한 걸음 더 나아가 구성원의 다양성을 인정하고, 모두를 위한 보편적 인권과 평등에 초점을 둔다. 이는 단순히 민족집단 간의 조화로운 균형을 추구하기보다는 그들 간의 긍정적 상호작용을 극대화하기 위하여 각자가 놓인 상황을 전 지구적인 상호 의존 관계로 연결시킨다. 이러한 맥락에서, 한 사람의 시민이 소속 국가를 포함한 다양한 수준의 공동체에 소속감을 동시에 가지는 복합적 정체성으로 이어지게 하는 것이기도 하다(변종헌, 2001; Banks, 2008).

조이스와 니콜슨(Joyce & Nicholson, 1979)은 인류 공동의 문제는 세계적 상호 의존 관계에 있으므로 상호 협력을 통해서만 해결될 수 있다는 관점에서 국제이해교육을 위한 필수 조건으로 다음과 같은 내용을 제안하고 있다.

- 세계 생활을 함께 하는 개인과 주체의 다양한 이해관계에 의한 갈등에 타협할 수 있는 시각을 제공한다.
- 복합적인 세계사회의 현상을 현시에 가깝게 파악할 수 있게 한다.
- 각각의 문화가 고유성을 가지고 성장하며, 서로 풍요롭게 할 수 있는 다원주의를 촉진한다.
- 지리, 문화적으로 다른 사람들과 도덕적 공감을 통하여 세계적 시각에 기초한 국제시민 정신을 갖도록 한다.
- 인간의 의미에 관한 올바른 인식과 세계 상황을 개선하는 데 있어 노력이 좋은 결과를 가져올 수 있다는 믿음을 조성해야 한다.

'국제교육의 교육과정과 교과서 개발을 위한 지침(Guideline for curriculum and textbook development in international education)'에서는 국제이해교육을 교육현장에서 실천하는 데 필요한 구체적인 목표와 내용을 다음과 같이 제공한다.

- 지식 : 전쟁과 평화에 관련된 지식, 인권과 관련된 지식, 발전과 관련된 지식, 환경에 관련된 지식, 국제이해 및 문화 간 이해에 관련된 지식, 국제기구에 관련된 지식(유네스코 회의, 1999)
- 태도 : 자기존중, 타인존중, 생태계 우려, 정의와 평화에 대한 책임, 열린 마음, 공감의 형성, 유대감(유네스코 회의, 1999)

유네스코 아시아·태평양 국제이해교육원(2013)에서 개발한 국제이해교육 과정은 다문화 이해, 세계화 문제, 인권존중, 평화로운 세계, 지속 가능한 발전 영역으로 제시하며 그 내용은 〈표 1-11〉과 같다.

〈표 1-11〉 국제이해교육 과정의 학교별 내용 체계

내용 영역	초등학교	중학교	고등학교
다문화 이해	• 타문화에 흥미와 관심 • 타문화 이해와 수용 • 소중한 우리 문화	• 다양한 문화의 이해 • 문화 간 장벽 허물기 • 문화의 공통성 • 문화 교류와 체험	• 문화의 총체적 이해 • 문화의 생성과 변화 • 다문화 이해와 공존 • 자연 및 문화유산의 보존 • 문화 교류와 문화 정체성
세계화 문제	• 지구촌 우리 마을 • 세계화의 두 얼굴 • 세계화와 우리	• 일상생활 속의 세계화 • 세계화의 빛과 그림자 • 세계화와 한국 • 세계화와 국제 질서	• 세계화와 우리의 삶 • 세계화와 지역화 • 세계화와 시대의 도전 • 세계화와 반대 움직임 • 세계화와 나의 무대
인권존중	• 소중한 인권 • 편견과 차별 없는 세상 • 더불어 살아가는 세상	• 인간의 존엄성 • 가난한 나라 친구들의 고통 • 사회적 차별 • 인권 보호를 위한 노력	• 민주주의와 인권 • 생활 속의 인권 • 지구촌 인권 상황 • 인종주의에 대한 투쟁 • 인권 향상을 위한 국제 연대
평화로운 세계	• 생활 속의 갈등 • 전쟁/분쟁이 주는 고통 • 평화를 어떻게 만들 것인가?	• 세계의 갈등과 분쟁 • 평화를 위협하는 요인 • 평화의 문화 확산 • 평화로운 세상 만들기	• 평화의 이해 • 끝나지 않는 전쟁 • 평화적 질서는 가능할까? • 평화를 위한 국제기구 • 한반도의 평화

내용 영역	초등학교	중학교	고등학교
지속 가능한 발전	• 자연과 우리 생활 • 개발과 지구 • 지구와 더불어 사는 우리	• 경제 발전과 환경오염 • 몸살을 앓는 지구 • 지구를 살리는 운동 • 지구를 살리는 새로운 삶의 방식	• 국경 없는 환경 문제 • 자원 고갈과 인류의 미래 • 지속 가능성을 둘러싼 갈등 • 지속 가능 발전을 위한 지구적 노력 • 자연으로 돌아가라.

출처 : 유네스코 아태교육원(2003).

국제이해교육에 대한 내용을 연구자 별로 살펴보면, 한베이(1976)는 세계를 바라보는 시각에 대한 인식, 지구상황에 대한 인식, 문화 간 인식, 세계의 역동성에 대한 지식, 인간의 선택에 대한 인식으로 제시하며, 타이(1999)는 세계 문제, 세계체제, 문화 간 이해, 세계적인 시각을, 크니에프(1986)는 인간 가치에 대한 학습, 세계체제에 대한 학습(세계 경제 체제, 세계 정치 체제, 세계 생태 체제, 세계 과학 체제), 세계적 차원의 이슈에 대한 학습을 제안한다. 김현덕 외(2005)는 세계적 시각 및 관점, 문화 간 이해, 세계체제, 세계적 문제나 이슈 등을 제시하고 있으며, 유네스코 아태교육원(2003)에서는 다문화 이해, 세계화 문제(세계화와 지역화, 세계시민), 인권존중, 평화로운 세계, 지속 가능한 발전 영역을, 정두용 외(2003)는 국제이해 및 협력교육, 평화교육, 인권교육, 민주주의 교육, 관용교육 등을 제시하고 있다.

이상에서 살펴본 국제이해교육의 내용을 종합해 보면, 국제이해교육에서 강조하고 있는 것은 세계의 상호 의존성, 상호 연계성이며, 다른 나라 사람들과의 더불어 잘 살기 위한 교육이다. 세계체제에 대한 문제나 자문화와 타문화를 개별적으로 교육하기보다는 세계 문제 간의 상호 연계성과 문화 간 상호 연계성에 중점을 두어야 한다. 즉, 국제이해교육은 세계 문화의 다양성을 기초로 하여 세계화와 상호 의존적인 세계체제의 이해에 초점을 두고 있다. 국제이해교육의 기본 영역인 세계체제의 문제, 세계 평화, 지속 가능한 발전의 가치관 등은 문화 간 이해를 통해서 배울 수 있게 된다. 따라서 문화 간 이해 교육이 먼저 잘 이루어질 때 국제이해교육의 목표가 실현될 수 있을 것이다. 더 나아가 재외동포의 언어교육 내용 또한 이에 발맞추어 세계시민으로서의 문화 간 의사소통 능력 차원으로 확대해 나가야 한다.

국제이해교육은 국제협력 및 평화와 본질적으로 분리될 수 없으므로, 개인의 인권 및 기본적 자유 존중과 국가 간의 선린우호 원칙에 기초해야 한다. 즉, 국제이해교육과 연관되는 문화적 다양성(다문화), 지속가능발전(환경), 평화, 인권 및 세계시민성의 필요성이 더욱 강조된다.

모든 교육과정의 내용을 살펴보면, 국제이해교육은 총체적이고 다원주의적 입장에서 타문화를 이해할 수 있는 내용이 포함되어 있어야 하며, 세계시민으로서의 자질을 갖추어야 한다는 관점에서 세계화 현상은 국제이해교육의 활성화를 요청하게 된다. 오늘날 세계화 시대를 살아가야 하는 우리의 아이들은 국제이해교육을 통해 오늘날의 세계를 지구적, 다(多)학문적 차원의 시각으로 바라보는 혜안을 길러야 하는 문제에 직면해 있다. 따라서 정보화, 세계화, 개방화 추세와 더불어 국가 간의 상호 의존성이 증대됨에 따라 국가 간 이해에 바탕을 둔 국제협력 및 국제 경쟁 관계를 파악하고 변화에 능동적으로 대처할 수 있어야 한다. 즉, 국제이해교육은 21세기 평화의 시대를 열기 위한 평화교육의 중요한 축을 구성하는 데 필요한 교육이다.

(4) 다문화와 세계시민교육

① 다문화 교육의 개념

문화란 삶을 더욱 풍요롭고 편리하게 만들어 가기 위해 사회 구성원들에 의해 습득, 공유, 전달되는 행동 양식 또는 생활양식의 과정에서 이루어 낸 물질적 혹은 정신적 재산으로 의식주를 비롯하여 언어, 풍습, 도덕, 종교, 학문, 예술 및 각종 제도를 모두 포함한다. 이러한 인간의 삶을 나타내는 문화는 시간과 장소에 따라 생성, 변화, 소멸하고 서로 맞물려 부딪치면서 생성된다. 따라서 한 나라나 한 집단의 구성원은 개인의 주변 상황, 시대, 사람들에 의해, 또는 자신의 인식 수준 등에 따라 가치관이 다르게 형성되고, 그 사회를 대표하는 주류 문화가 존재하고 보편적으로 공유하는 문화가 존재하지만, 어느 문화를 우수하다거나 열등하다고 순위를 매길 수는 없다.

이러한 문화적 다양성을 인정하고 존중하는 것에서 출발한 다문화 교육은 문화적 다양성의 이해와 존중, 동등한 공존을 주창하는 이념을 바탕으로 어느 한 집단이나 민족만의 우월성을 인정하지 않으며, 정치·경제·사회·문화·언어적 불평등을 바로 잡아가고자 하는 일종의 국민 통합 혹은 사회 통합의 이데올로기로서 구체적인 정책을 유도해 내는 지도 원리를 바탕으로 시작되어야 한다. 즉, 다문화 교육은 국적·체류 자격·인종·문화적 배경·성·계층적 귀속감 등과 관계없이 인간으로서의 보편적 권리를 누리고, 각각의 특수한 삶의 방식을 존중하며 공존할 수 있는 다원주의적인 사회·문화·제도·정서적 인프라를 만들어 내기 위한 노력으로 이루어져야 한다.

김영옥(2002b)은 다문화 교육을 여러 나라 문화와 인종 또는 비주류 문화를 교육과정에 포함하는 것만이 아니며, 이것을 기초로 궁극적으로는 다양한 집단이나 사람들과 상호작용하는 방법을 가르치는 것이라고 하였다.

마르티니엘로(Martiniello, 2002)는 다문화 교육의 정의를 일반적으로 인간사회의 다양성, 즉 인구학적·문화적 다양화를 지칭하는 것으로 한 나라 안에 여러 문화가 공존하는 것에 대한 바람직한 방향을 제시하기 위한 교육이라고 하였다.

베이커(Baker, 1994)에 따르면, 다문화 교육이 소수민족의 시민권운동을 모태로 하여 더욱 광범위한 교육적 접근으로 각 문화를 존중하는 교육이며, 다문화의 개념은 나이와 성, 언어, 장애, 종교 등으로 제시할 수 있고, 다문화 요소의 다양성을 가치 있는 자원으로 인정하며 확장해 주는 교육이라고 정의한다. 즉, 다른 문화를 단순히 인정하는 것뿐만 아니라 더 나아가 개인차와 인종, 민족, 종교, 성별, 사회, 경제적 수준, 나이, 능력, 신체적 조건 등 개인과 여러 집단 간의 다양성까지도 모두 포함하는 더욱 넓은 개념이다.

이처럼 다문화 교육은 문화의 개념만큼이나 다양한 의미가 있는 것을 볼 수 있다. 다문화 교육의 정의에 관한 학자들의 견해는 다문화 교육의 목적·접근 방법·영역 등의 측면에서 합일점을 찾지 못하고 있다. 하지만 현재 미국 학자 사이에 다문화 교육이 다양성과 다원주의에 기초를 두고, 민주주의·평등·인간의 권리·사회정의 등에 기반을 둔 개념이라는 데에는 의견의 일치를 보인다.

다양한 학자의 다문화 교육에 관한 정의에 근거하여 세계시민의 자세를 위한 다문화 교육의 특징을 정리해 보면 다음과 같다.

- 평등을 추구하는 철학 개념이 교육과정 내에 포함되어야 한다.
- 특정한 인종이나 소수집단만을 위한 교육이 아니라 모든 학생이 다양한 사회에서 살아가기 위한 필수 교육이다.
- 사회적 공평과 평등의 발달을 촉진하는 사회정의 교육이다.
- 학생의 비판적 사고와 주체적인 활동 및 의사 결정을 강조하는 사회 실천교육이다.
- 다문화 교육은 세계사회에서 효율적으로 상호작용할 수 있는 필수적인 지식과 기술을 제공하는 기본 교육과정이다.
- 학교를 비롯한 교육기관의 구조를 바꾸는 교육개혁운동이다.
- 전체적이고 다양한 교육과정이며, 역동적이고 지속적인 교육 활동의 경험이다.
- 문화의 다양성 존중과 이해를 위한 교육과정을 통해 문화·사회적 차별을 해결한다.

이러한 특징을 종합해 보면, 다문화 교육이란 문화적 다양성을 가치 있는 자원으로써 지원하고 확장하는 교육으로, 서로의 차이점을 뛰어넘어, 서로의 가치를 존중하고 공정하게 대할 수 있게 하는 교육을 의미한다. 또한, 문화, 민족, 성, 사회적 계층의 배경에 따른 다양한 문화나 사고방식의 존재를 당연하게 여기고, 서로 다른 문화로 인한 행동이나 사고방식의 차이를 수용하고 이해할 것을 강조하는 세계시민교육 속의 다문화 교육에 관한 정의라고 할 수 있다.

세계시민성 함양을 위한 다문화 교육의 개념을 살펴보면 다음과 같다.

- 문화적·지역적 정체성을 확립하고, 사회의 일원으로서 자존감을 갖고, 참여하고 실천하는 것이다.
- 평등한 관점에서 다양한 문화를 수용할 수 있는 문화 다양성 존중과 이해 및 수용 능력을 함양하는 것이다.
- 소수집단에의 편견과 차별을 감소시키는 것이다.
- 소수집단을 위한 교육이 아닌 모두를 위한 교육이다.
- 전 지구적 관점으로, 한 사회나 국가 안에서뿐만 아니라 세계에서 살아갈 수 있는 세계시민의 역량을 함양하는 것이다.
- 이론의 학습뿐 아니라 성찰하고 실제 생활에서의 실천과 행동을 강조하는 것이다.

결국, 세계시민을 위한 다문화 교육은 다문화 요소의 다양성을 가치 있는 자원으로 인정하며 확장해 주는 교육이다. 넓은 의미로는 인간이 살아가며 주변 환경과 상호작용하며 관계를 맺는 과정에서 기본적으로 갖춰야 할 태도를 기르는 것이며, 좁은 의미로는 서로 다른 문화에 속해 있는 사람들이 서로의 차이점을 인정하고 가치를 존중하여 의사소통해 나갈 수 있도록 타인에게 개방적·수용적·반편견적인 태도를 지니도록 하는 교육이다. 즉, 개인과 집단 간의 다양성을 인정하며 다문화 사회에서 생존하기 위하여 다양한 문화, 민족, 성, 그리고 사회적 계층의 배경을 가진 유아가 다름의 이해와 차이의 극복을 이루어 교류와 소통의 주역으로서 더불어 사는 다음 세대를 육성하는 것이라고 할 수 있다.

② 다문화 교육의 목표

세계화로 인한 다문화 현상과 지구 공동체 문제에 대한 관심이 증대되면서 최근 세계시민교육에 대한 관심도 커지고 있다. 우리 사회가 21세기형 선진 시민사회로 발돋움하기 위하여, 리더로 활동하게 될 학생들은 높은 수준의 세계시민의식과 올바르고 긍정적인 문화 다양성 태도를 함양하는 것이 필요하다(김정화·박선혜·조상미, 2010). 뱅크스(2008)는 다문화 교육과 세계시민교육을 같은 맥락에서 설명한다. 학생들이 국경을 넘어 다양한 문화에서 기능할 수 있는 간문화적인(cross-cultural) 역량을 기르고 지구에 사는 모든 사람이 어떻게 서로 깊게 관계를 맺고 서로 연관된 운명을 갖게 되었는지를 이해하도록 돕는 세계시민교육은 다문화 교육 속 내용을 세계시민성에 맞게 연결해 나가면 된다고 보았다.

슬리터와 그런트(Sleeter & Grant, 2009)는 다문화 교육의 이념은 사회변화에 있고, 이는 사회에서 소외된 이들을 단순히 통합하는 것이 아니라 사회 전체의 조직을 변경하는 것이라고 역설하였다. 이 이념을 구성하는 개념으로 크게 '문화적 다원주의'와 '기회 균등'이라는 두 가지 요소를 언급하였다. 문화적 다원주의는 소수집단의 다양성을 유지하고 차이를 존중하며 소수집단의 구성원들은 자신의 독창적인 정체성을 포기하지 않고 사회에 적극적으로 참여할 기회를 주는 것이며, 기회 균등은 평등성의 원칙에 따라 모든 이가 공평한 교육의 기회를 가질 수 있는 권리를 말한다. 즉, 다문화 교육은 다양한 인종, 민족, 문화집단의 학생들을 위한 교수 전략일 뿐만 아니라 모든 학생의 교육 평등을 증진하기 위해 문화를 재구조화하고 '학습방식, 능력, 지식의 본질에 대한 패러다임의 전환'을 포함하는 교육개혁운동으로도 볼 수 있다(Banks, 2009).

뱅크스(2004)가 제안한 다문화 교육의 목표는 다음과 같다. 첫째, 타문화, 타인종의 관점에서 자신의 문화를 봄으로써 자아인식(self-understanding)을 형성한다. 둘째, 문화와 민족을 올바르게 인식하도록 돕는다. 셋째, 유아가 간문화적(cross-cultural) 유능감을 기르는 데 도움을 준다. 넷째, 유아의 학습 능력과 사고력 향상에 도움을 준다.

또한, 뱅크스(2014)는 다문화 교육의 목적을 다음과 같이 기술하고 있다.

- 개인이 다른 문화의 관점으로 자신의 문화를 바라봄으로써 자기 이해를 증진하는 것이다.

- 학생들에게 문화적·민족적·언어적 대안을 가르친다.
- 모든 학생이 자문화와 주류 문화, 타문화가 공존하는 다문화 사회에서 요구되는 지식과 기능, 태도를 습득하게 한다.
- 소수 인종·민족집단이 그들의 인종·신체·문화적 특성 때문에 겪는 고통과 차별을 감소시키는 데 있다.
- 학생들이 전 지구적이고 평평한(flat) 테크놀로지 세계에서 살아가는 데 필요한 읽기와 쓰기, 수리 능력을 습득하도록 돕는다.
- 학생들이 자신이 속한 문화 공동체와 국가적 시민 공동체, 지역 문화, 전 지구적 공동체에서 제 구실을 하는데 필요한 지식, 태도, 기능을 다양한 인종, 문화, 언어, 종교집단의 학생들이 습득하도록 도와준다.

멜렌데즈와 벡, 플레쳐(Melendez, Beck, & Fletcher, 2000)는 다문화 교육의 목표를 다음의 일곱 가지로 제시하고 있다.

- 반 인종 편견 교육(anti-racist education) : 차별적인 습관과 행동의 인식 및 차별에 반대하는 행동을 하도록 하며, 공평과 평등 감각을 증진한다.
- 기초 교육(basic education) : 다문화 사회와 세계사회에서 효율적으로 상호작용하는 필수 지식과 기술을 제공한다.
- 모든 유아에게 중요한 교육(important for all students) : 자신의 문화적 특성과 관계없이 필수적인 교육과정이며, 다문화 경험이 부족한 교육과정은 '잘못된 교육'이다.
- 널리 미치는 영향력(pervasive) : 모든 교육과정의 영역에 골고루 퍼져 있으며, 다문화를 중점으로 통합하지 않으면 어떤 교육과정도 적절하고 효과적이지 못하다.
- 사회정의적 교육(education for social justice) : 사회적 공평과 평등의 발달을 촉진한다.
- 하나의 과정(a process) : 태도와 가치를 경험하고 명료화하는 과정이다. 다문

화 교육은 사회적 현실을 경험해 볼 수 있도록 격려하는 데 필수적이고 역동적이며 지속적인 경험이다.

- 비판적인 교육(critical pedagogy) : 지식을 탐구하고 다양한 시각으로부터 아이디어와 사건을 고려한다. 사건을 비판적으로 탐구하고 공평함과 평등을 추구하며 분석하도록 격려한다.

그 외의 다른 학자들이 제시한 다문화 교육의 목표는 〈표 1-12〉와 같다(김영옥, 2002b, 재인용).

〈표 1-12〉 다문화 교육의 목표

학자	목표
클라인과 첸 (Klein & Chen, 2001)	• 자신과 다른 사람의 문화와 가치를 존중하도록 가르치기 • 다문화, 다인종 사회에서 성공적으로 기능하도록 돕기 • 피부색 같은 인종주의에 영향 받은 유아의 긍정적인 자아 개념 발달시키기 • 문화적으로 다양한 사람의 차이점, 유사점을 긍정적 방법으로 경험하도록 돕기 • 다양한 문화의 사람과 함께 하는 경험을 지원하고 강화하기
슬리터와 그런트 (1999)	• 성, 사회적 계층, 민족적·인종적·문화적 특성과 상관없이 학교에서 동등하게 배울 기회를 제공하기
렘지와 디만-스파크 (Ramsey & Derman-Sparks, 1992)	• 정체성, 편견, 협력의 기회를 제공하기 • 유아의 지식과 자아 개념, 집단의 정체감을 형성할 수 있도록 하기 • 다양한 배경을 지닌 사람들과 편안한 상호작용을 할 수 있도록 증진하기 • 편견에 관한 비판적인 사고를 촉진시키며, 자신과 타인을 방어할 수 있는 능력을 기르기
한국교육개발원 (KEDI)	• 한국적 전통의 보편화를 세계적 가치로 유지·발달시키고 민족의 정체성을 내면화하기 • 세계 공동 문제에 관심을 가지도록 하고, 이를 해결할 수 있는 능력을 신장시키기 • 외국 문화와 풍습을 충분히 이해할 수 있는 교육을 실시하기
디만-스파크 (1989)	• 성, 인종, 민족, 장애, 사회·경제적 배경, 종교를 초월하여 모든 사람을 존중하며 특정 부분에 편견을 갖지 않도록 교육하기

학자	목표
렘지 (1987)	• 문화, 편견, 정체성, 다양성, 관계를 증진시키기 • 성, 인종, 문화, 계층, 계급, 개인의 정체성을 발달시키며 다양한 집단 내에서 구성원을 인식하고 수용하기 • 나와 다른 것에 대한 개방성, 흥미, 차이를 포함하여 가까이하려는 의지, 협력에 대한 사회적 관계를 형성하기 • 자율적이고 비판적인 분석가나 활동가가 될 수 있도록 하기 • 학교와 가정 간의 능률적인 상호 관계를 증진시키기
골닉 (Gollnick, 1980)	• 문화적 다양성의 장점과 가치를 촉진하기 • 자신과 타인에 대한 인간 권리와 존중을 촉진하기 • 대안적 생활 선택 촉진하기 • 사회적 정의와 공평한 기회 촉진하기 • 집단 간의 힘의 분배에서 평등 촉진하기

출처 : 김영옥(2002b), 재인용.

다문화 교육이 다양한 영역의 관심과 노력에 힘입어 이주자나 소수자를 위한 '특별한 교육'이거나 '문화 접촉을 통한 타문화 이해' 수준을 넘어 사회 구성원들이 지녀야 할 다문화 사회에서의 가치와 태도, 실천의 의미로 확장되어 온 것은 매우 긍정적인 변화이다. 포괄적 의미에서 교육의 사회적 기능과 역할은 사회 구성원으로 살아가기 위한 지식 영역과 바람직한 신념과 태도를 아우르는 가치 영역, 사회개혁을 위한 시민을 양성하기 위한 실천적 영역을 포함한다. 또한, '세계화' 혹은 '다문화 사회'라는 새로운 변화는 단순히 문화와 가치의 충돌이나 갈등의 문제를 넘어서는 사회, 정치, 경제적 영역에서부터 문화, 사회심리, 정서 등 다양한 영역과 연관되어 있는 복합적인 성격을 지닌다(이민경, 2010).

따라서 교육의 장에서 이러한 변화를 어떻게 해석하여 다루어야 하는지, 어떤 교육적 비전과 목표를 설정해야 하는지, 이를 위해서는 어떤 내용을 포괄해야 하는지, 어떤 가치와 실천적 태도를 독려해야 하는지 등 복합적인 과제가 주어진다. 교육의 궁극적 기능 중 하나로 사회통합을 들 수 있다. 교통과 통신의 발달로 다문화 사회로의 진입은 새로운 사회변화이며, 이러한 변화에 직면한 사회 구성원들에게 공동체 가치와 태도를 교육하는 것이라고 할 수 있다. 다문화 세계시민교육은 불평등한 권력 체계에 끊임없이 질문하며 지구 차원의 정의 문제를 주제로 세계시민성을 기르는 교육으로서, 민주주의 시민을 기르는 데 목표를 둔 지금의 학교 교육의 문제점을 재고해 보게 한다.

③ 다문화 교육의 내용 및 영역

다문화 교육의 내용적 측면에서는 반편견 교육이나 세계 교육, 국제이해교육 등을 구분하기가 사실상 어렵다. 왜냐하면, 한국의 다문화 교육 연구에서는 국제이해교육 등 유사 용어와 특별한 개념 구분 없이 사용해 왔으며 최근에는 다문화 교육과 동일시하는 경향이 강하기 때문이다. 일부 국제이해교육 전문가가 다문화 교육과 국제이해교육의 차이를 구분한 시도가 있었지만(김현덕, 2007), 이 구분이 일반화되지는 않고 있다.

현장에서도 유아교육기관, 학교, 일반 가정, 다문화 가정 자녀를 대상으로 다문화 교육을 시행하고자 하여도 모델로 삼을 수 있는 교육과정이 없어서 교육과정의 편성이나 교재 개발과정에 많은 어려움을 겪는다. 더욱이 근본적으로는 무엇이 다문화 교육의 교육내용인지가 모호한 상황에서 국제이해교육의 영향으로 다양한 종류의 문화를 소개하고, 다양한 종류의 언어를 사용하는 데에만 관심의 초점이 맞추어져 있다.

또한, 다문화 교육을 다문화의 가짓수를 늘리는 것과 다양한 문화를 체험하는 것으로 접근하고 있는가 하면, 교육내용으로 다양한 종류의 문화와 관점 등을 부가하는 방식이어서 결과적으로 교육내용의 총체적인 문제를 해결하는 데에는 한계가 있다.

학자들은 다문화 교육을 각기 다른 내용으로 제시하고 있다. 조연순(1996)은 이념, 문제, 문화 등 세 가지 내용으로 분류하였으며, 이 내용은 기본적으로 지구촌 일원으로서의 공동체 의식과 다양성 및 상호 의존성을 중심으로 구성되어 있다. 한베이(1993)는 세계이해에 관한 관점 자각, 지구 상태의 인식, 문화 교류적 인식, 세계적 역동성에 관한 지식, 인간 선택의 인식 등을 제시하였다. 클리블랜드(Cleveland, 1986)는 기본적 인간 욕구, 세계적 변화, 국가 안보, 세계 경제의 흐름, 협동과 합의하기, 문화적 다양성과 정치적 다원주의, 리더십의 본질 등으로 분류하고 이와 관련된 지식뿐만 아니라 느낌을 지녀야 함을 강조하였다.

홀과 롬버그(Hall & Rhomberg, 1995)는 다문화 교육과 관계있는 반편견 교육의 내용을 다음과 같이 제시하였다.

- 능력(ability) : 신체적, 정신적 및 정서적 능력을 의미한다.
- 나이(age) : 늙음, 젊음, 또는 그렇게 보이는 것과 관련된다.
- 외모(appearance) : 크고 작은 키, 살찌고 마른 체형, 상처나 화상과 같은 보기 흉한 상태와 관련된다.
- 신념(belief) : 믿는 것과 믿지 않는 것을 포함한 여러 가지 제도화된 종교, 무신론, 자연과 정신주의의 힘에 대한 믿음, 정치적 신념 등을 포함한다.
- 계층(class) : 사회·경제적 지위, 개인의 생활방식을 반영하는 사회·경제적 가치를 의미한다. 계층을 결정하는 일반적인 요소는 개인의 직업, 주거의 유형, 의복, 교통수단, 교육적 배경 등이다.
- 문화(culture) : 동일 집단 내의 다른 구성원과 공유하는 삶의 방식이다. 이것은 사고방식, 신념, 언어, 휴일 및 경축일, 관습을 포함하며 타인에 대한 행위의 통합적 관점을 반영한다.
- 가족 구성(family) : 가족의 구조를 나타내며, 가족이 어떻게 구성되고 누가 가장이며, 각 구성원에게 부여된 임무가 무엇인지에 관한 내용이다.
- 성(gender) : 남성 또는 여성을 나타내며, 남성성과 여성성 및 이에 부여된 역할, 성에 의한 차별대우(sexism)와 관련된다.
- 인종(race) : 각 인종은 여러 종족집단을 통합한 것으로 피부색, 머리 형태, 얼굴과 몸의 형태 등 유전적으로 같은 조상, 신체적 특성 등으로 연결된 사람들의 집단을 나타낸다.
- 성적 관심(sexuality) : 성적 근원과 취향을 나타낸다. 때때로 게이(gey)나 레즈

비언(lesbian) 부부 같은 가족 구성이나 동성애(homophobia) 등이 제기된다.

렘지(1987)는 문화·편견·정체성·다양성·관계 증진을, 뱅크스(1994)는 문화·평등성을, 렘지와 디만-스파크(1992)는 정체성·편견·협력을 제시한 바 있다. 이경우와 이은화(1999)는 다문화 교육의 내용을 문화 간 유사점과 차이점, 가족, 계층, 신념, 지역, 편견, 나이, 외모로 구분하였는데, 문화 간 유사점과 차이점은 다양한 문화의 독특성과 유사점, 차이점, 삶의 방식으로 특별한 날, 기념일, 습관, 언어 등을 포함하도록 한다. 그리고 가족, 계층, 신념, 지역, 편견, 나이, 외모는 다양한 가족 구조와 역할, 사회적·경제적 계층, 종교, 나이 및 세대 간의 차이, 그리고 외모에 대한 고정관념과 차별적 행동을 포함하도록 한다고 제시한다.

내용을 정리해 보면, 다문화 교육을 위한 수업에서 활용될 내용으로 다음 사항을 제안할 수 있다.

- 다문화 이해를 위해 가능하면 자신의 문화와는 다른 문화를 경험할 수 있도록 다양한 문화를 내용으로 한다. 이러한 수업을 통해 학생들은 다양성을 경험하고 이해하게 될 것이다.
- 자신의 문화를 이해할 수 있는 내용을 포함시킨다. 우리나라 학생들은 우리 음식이나 언어, 의상 등을, 다문화 가정 학생은 각자 자신의 국가 혹은 민족 문화를 학습함으로써 정체성을 확립하고, 다른 문화와의 차이를 인식하고 자긍심을 발달시킬 수 있을 것이다.
- 비정부기구, 환경, 국제평화 등 국제이해를 위한 주제를 활용한다(오은순 외, 2008).

이와 같은 내용은 다른 문화에 대한 이해를 통해 자신의 문화에 대한 이해를 돕는 내용이다. 그리고 지구 공동체 속에서 살아가기 위한 주제도 내용이 될 수 있음을 나타낸다.

김선미와 김영순(2008)은 다문화 교육의 내용으로 다음을 제시한다.

- 교사가 시민을 지도하는 데 사용되는 프로그램의 예를 알아야 하고, 실제로 학습이 이루어지는 문화와 집단의 다양성에 관한 주요 개념, 원리, 일반화, 이론의 이해가 필요하다.
- 다문화 교육을 시행하는 교사는 학생들에게 지식이 어떻게 창출되는지, 그 지식이 인종, 윤리, 성별, 개인과 집단의 사회적 지위에 어떻게 영향을 주는지를 이해할 수 있도록 해야 한다.
- 다문화 교육에서는 시민이 다른 인종에 대해 더욱더 긍정적인 반응과 태도를 지닐 수 있도록 하는 것이다.
- 다양한 인종 및 사회집단의 시민이 사회적으로 또는 교육적으로 동등한 학업 성취와 그 권한을 가질 수 있도록 기회를 제공하고 여건을 마련하는 것이다.

다문화 교육내용에 관한 여러 학자의 연구를 정리하면 〈표 1-13〉과 같다.

〈표 1-13〉 학자별 다문화 교육내용

주요 학자	교육내용			
뱅크스 & 뱅크스 (Banks & Banks, 2001)	• 성 • 사회계층	• 인종 • 종교	• 민족 • 예외성	• 언어
멜렌데즈와 벡, 플레쳐 (2000)	• 국적 • 언어	• 민족과 인종 • 성	• 종교 • 예외성	• 사회계층 • 나이
티트와 티트 (Tiedt & Tiedt, 1990)	• 문화 • 민족	• 사회적 지위 • 집단명	• 인종	• 정체성
양옥승 (1997)	• 정체성	• 다양성	• 문제 해결력	
멜렌데즈와 오즈테르타그 (de Melendez & Ostertag, 1997)	• 문화	• 민족과 인종	• 편견과 불평등	• 협력
조연순 (1996)	• 지식	• 기술	• 태도	

주요 학자	교육내용
홀과 롬버그 (1995)	• 능력 • 나이 • 외모 • 신념 • 계층 • 문화 • 가족구성 • 성 • 인종 • 성적 관심(반편견적 접근)
뱅크스 (1994)	• 인과관계 • 적응 • 충돌 • 권력 • 협동 • 사회적 조절 • 문화적 변화 • 전통 • 다양성 • 가치 • 상호 의존
오은순 외 (2008)	• 정체성 • 다양성 • 평등/정의 • 시민성 • 문화 창조성
정탁준 (2007)	• 일반적 문화 이해, 역사적 배경 • 차이에 대한 긍정적 반응, 차이에 대한 부정적 반응 • 다문화의 양태와 도덕적 문제 I·II • 존중과 관용의 태도 형성 • 편견과 차별의 극복 방안

이와 같이 논의된 다문화 교육의 개념, 목표와 여러 학자의 교육내용에 대한 견해를 토대로 다문화 교육을 정리해 보면 다음과 같다.

- 우리 사회에 존재하는 다양한 문화에 관한 지식을 바탕으로 문화적 존재로서의 자신과 다른 사람을 이해함으로써 자기 문화에 자부심을 갖고 긍정적인 자아 정체감 및 집단 정체감을 함양한다.
- 다문화 사회의 현실을 이해하고, 문화 다양성을 인식하고 이해하며 수용하는 자세를 가짐으로써 다른 문화를 수용하고 존중하는 가치 함양과 다양한 문화 이해가 가능해진다.
- 차별, 왜곡, 편견, 고정관념의 이해 및 문화 간 갈등과 충돌의 해결 방안 탐구를 통해 다른 사람을 존중하고 그와 대등한 관계를 형성하여 서로 긍정적인 관계 형성한다.

- 보편적 가치에 관한 이해를 바탕으로 지구 공동체 발전에 기여하는 것을 내용으로 공동체 전체를 존중하는 의식 확립을 통해 조화로운 발전을 기대할 수 있다.

이상에서 살펴본 바와 같이 다양한 문화 속에서 살고 있는 시대에 다문화 교육에 초점을 맞춘 교육내용은 세계 사회를 올바르게 이해하고 자문화와 타문화의 문화적 가치를 존중하는 태도와 지식, 가치관을 형성할 수 있는 내용이어야 한다.

다문화 교육내용 요소를 통한 세계시민교육의 핵심 요소를 살펴보면 〈표 1-14〉와 같다.

〈표 1-14〉 다문화 교육내용 요소

학자명	다문화 교육내용 요소			
베넷(Bennett, 2007)	• 문화 다양성의 수용과 인정 • 인간 존엄성과 보편적 인권을 존중 • 세계 공동체에 대한 책임 • 지구상의 모든 사람을 존중			
클라인과 첸(2001)	• 다문화 • 민족성 • 나이 • 사회 경제적 지위	• 주류 • 성 • 언어	• 소수 문화 • 고정관념 • 지리적 지역	• 인종 • 종교 • 직무 능력
김용신(2008)	• 소수종족과 문화 다양성 • 자존감 개발의 기회 • 의사 결정 능력 • 소수 문화집단을 위한 대안 • 정치적 효능감 • 문화 간 상호작용 • 두 가지 의사소통 체계 • 경험 학습		• 문화적 학습 스타일의 반영 • 소수집단의 문화적 경험의 총체성 • 갈등 • 사회참여 기능 • 민주주의 • 소수 언어의 정당화 • 지역 연계 학습 • 소수 문화집단에 대한 총체적 관점	

<table>
<tr><th>학자명</th><th colspan="4">다문화 교육내용 요소</th></tr>
<tr><td rowspan="4">김현덕
(2009)</td><td>문화 간 이해</td><td colspan="3">• 문화 이해와 문화 간 상호작용 이해
• 문화 간 의사소통 능력
• 정체성</td></tr>
<tr><td>다양성</td><td colspan="3">• 다양성의 인정
• 자민족중심주의 탈피
• 다양성 관점의 습득</td></tr>
<tr><td>평등과
사회정의</td><td colspan="3">• 반편견
• 평등, 인권, 사회정의
• 민주주의</td></tr>
<tr><td>세계시민의식</td><td colspan="3">• 상호 의존 및 협동심
• 세계시민
• 세계 문제와 지구상황</td></tr>
<tr><td>핵심 요소</td><td>• 문화 간 이해
• 정체성
• 상호 의존
• 종교
• 민족</td><td>• 문화 간 상호작용
• 반편견
• 인간 존엄성
• 언어
• 인종</td><td>• 다양성
• 민주주의
• 다문화의 수용
• 전통문화
• 사회참여</td><td>• 의사소통 능력
• 인권
• 성
• 소수 문화
• 의사 결정</td></tr>
</table>

다문화 교육은 민주적인 가치와 신념 아래 모든 사회 구성원의 원활한 의사소통과 동등한 기회 보장이라는 목적을 가진다. 언어, 민족, 경제적 지위, 문화적 배경이 모두 다른 다양한 사람이 한 사회 안에서 융합하며 살아가기 위한 다문화 교육은 다양한 내용 요소를 포함하고 있다. 베넷(2007)은 '문화 다양성의 수용과 인정, 인간 존엄성과 보편적 인권을 존중, 세계 공동체에 대한 책임, 지구상의 모든 사람을 존중'이라는 네 가지 핵심 가치를 제시하였다.

클라인과 첸(2001)은 '다문화, 주류, 소수 문화, 인종, 민족성, 성, 고정관념, 종교, 나이, 언어, 지리적 지역, 직무 능력, 사회 경제적 지위'를 다문화 교육의 내용 요소로 제시하였으며 더욱 포괄적인 논의로 접근하고 있다.

김용신(2008)은 다문화 교육의 핵심 개념으로 '소수종족과 문화 다양성, 문화적 학습 스타일의 반영, 자존감 개발의 기회, 소수집단의 문화적 경험의 총체성, 의사 결정 능력, 갈등, 소수 문화집단을 위한 대안, 사회참여 기능, 정치적 효능감, 민주주의, 문화 간 상호작용, 소수 언어의 정당화, 두 가지 의사소통 체계, 지역 연계 학습, 경험 학습, 소수 문화집단에 대한 총체적 관점' 등을 제시하였다.

김현덕(2009)은 네 가지 범주에 따라 다문화 교육의 내용 요소를 나누어 제안하였다. 문화 간 이해 범주에는 '문화 이해와 문화 간 상호작용 이해, 문화 간 의사소통 능력, 정체성'이 포함되고, 다양성 범주에는 '다양성의 인정, 자민족중심주의 탈피, 다양한 관점의 습득'이 있다. 평등과 사회정의 범주에는 '반편견, 평등·인권·사회정의, 민주주의'가 포함되며, 세계시민의식 범주에는 '상호 의존 및 협동심, 세계시민, 세계 문제와 지구상황'이 있다.

다문화 내용 요소에 관한 논의를 종합하면, 다문화 교육은 문화 다양성을 기르고, 소수자에 대한 관심에 초점이 맞춰진 것을 알 수 있다. 또한, 인종, 성, 종교, 언어, 민족 등에 관계없이 모두가 동등한 기회를 제공받아야 함을 강조한다. 민주주의, 의사 결정 능력, 인권 등의 내용 요소는 시민교육이나 세계화 교육의 내용 요소와 중첩되는 양상을 띤다고 결론지을 수 있다.

3) 세계시민교육의 구성 요소

세계시민교육은 기존의 시민교육과 비교할 때 학습해야 할 범위가 매우 넓고, 변화가 빠르며 그 폭이 넓다. 따라서 세계시민교육은 기존의 교육처럼 정형화된 학습을 하는 것이 아니라 가장 기초적인 자질을 학습시켜서 학습자 스스로 변화하는 사회에서 스스로 생각하고 판단하고 행동할 수 있도록 하는 것이 중요하다. 즉, 지식이 위주가 되었던 기존 학습과는 달리 기능 학습과 가치·태도 학습의 비중이 높아져야 한다.

세계시민교육을 위한 내용 요소의 토대를 마련한 한베이(1976)는 학교 교육과정을 위한 다섯 가지 요소를 제시하였는데, 다양한 관점에 관한 지각, 지구촌이라는 인식, 비교 문화적 인식, 세계적 역동성에 관한 지식, 인류의 선택에 대한 인식이다.

히터(2004)는 세계시민교육의 내용 요소를 지식, 가치, 기능 요소로 구분하고, 지식 요소로는 사실, 이해, 개인적 역할 영역으로, 가치 요소로는 자기 이해, 타인존중, 다양한 가치의 존중 영역으로 구분하였으며, 기능 요소로는 판단, 의사소통, 행동 영역으로 구분하였다(김해성 역, 2007).

메리필드 외(2010)는 세계시민으로서의 전문적 지식을 개발하기 위해 다음 네 가지 전략을 제시하였다 — 다양한 관점(타인의 입장에서 세계를 바라보기), 시공간을 넘어선 글로벌 상호 연결(글로벌하게 사고하기), 세계적 문제(역동적인 세계의 복합성과 갈등을 이해하기), 간문화적 경험(타인과 상호작용하기).

크니에프(1986)는 세계시민교육 내용 선정 시 유의해야 할 점으로 내용 요소를 균형 있게 선정해야 하며 지식과 기능, 가치·태도 등을 통합하여 선정해야 함을 언급하였다. 지식 영역에서는 각 내용 요소에 관한 사실적, 개념적, 일반화 차원의 객관적 지식의 인식을 위한 내용 선정이 요구되며, 기능 영역의 내용 요소는 다양한 관점을 인식하는 능력, 정보 활용 능력, 탐구 능력, 의사 결정 능력, 비판적 사고 능력 등을 개발할 수 있도록 해야 한다고 주장하였다. 가치·태도 영역은 보편가치를 존중하고 자기 이해를 바탕으로 타인을 고려할 수 있는 시민 육성에 초점을 두어야 하며, 마지막으로 학습한 내용을 생활에서 실천하고 참여할 수 있도록 내용을 조직해야 함을 언급하였다. 특히 세계시민교육 중에서도 초등학교 시절에 개인의 가치가 형성됨을 고려해 볼 때, 올바른 가치의 학습이 특별히 강조되어야 한다.

옥스팜(2015)은 적극적이고 책임 있는 세계시민을 기르기 위하여 교육현장에서 적용할 수 있는 세계시민교육의 세 가지 핵심 요소인 지식, 기능, 가치 및 태도의 구체적인 내용 틀을 제시한다. 그 내용을 살펴보면, 빠르게 변하고 상호 의존적인 세상에서 학습자들의 삶의 도전과제와 기회를 비판적이고 적극적으로 참여하도록 하는 세계시민교육의 개념에서 출발한 것을 알 수 있다.

첫째, 지식 및 이해에서는 사회정의와 평등, 정체성 및 다양성, 세계화와 상호의존성, 지속 가능한 발전, 평화와 갈등, 인권, 힘과 거버넌스를 제시하였다.

둘째, 기술적 능력에서는 비판적이고 창의적인 사고, 공감 능력, 자아 인식과 자기 성찰, 의사소통, 협력과 갈등 해결, 복잡성과 불확실성 관리 능력, 잘 알고 숙고하여 행동을 제시하였다.

셋째, 가치 및 태도에서는 정체성과 자존감, 사회정의와 평등에 대한 옹호, 인간과 인권존중, 다양성을 가치롭게 여김, 환경과 지속 가능한 발전에 관심, 참여와 통합 헌신, 사람이 변화를 이끌어 낼 수 있다는 믿음이라는 내용을 제시하고 있다.

또한, 옥스팜(2015)은 교육과정 지침에서 세계시민성 함양을 위한 연령별 교육과정의 실례를 제공하고 있는데, 그 내용은 〈표 1-15〉와 같다.

〈표 1-15〉 옥스팜의 세계시민성 함양을 위한 연령별 교육과정

구분	만 3~5세	만 5~7세	만 7~11세	만 11~14세	만 14~16세	만 16~19세
지식 및 이해						
사회정의와 평등	• 공정과 불공정 이해 • 배려와 나눔의 중요성	• 공정함을 이해 • 지역, 다른 맥락에서 부와 빈곤이 해석되는 사례를 이해	• 공정함이 항상 평등한 대우를 의미하지 않음을 이해 • 지역, 국가, 국제적 수준에서의 빈곤과 불평등의 원인 및 결과(성 불평등 포함)	• 상대적 빈곤 및 절대적 빈곤, 불평등을 정의하는 방법 • 사회 내, 사회 간의 불평등과 불평등을 줄이는 방법 • 더 광범위한 수준에서 빈곤, 불평등 배제가 발생하게 되는 원인과 결과	• 빈곤과 불평등의 원인과 정책, 힘, 시스템과의 관계 • 빈곤, 불평등, 불공평함을 줄이는 방법에 관한 다양한 견해 • 빈곤과 불평등을 해결하기 위한 국가 및 전 세계의 노력	• 사회정의 및 공평함과 관련된 도전 과제와 딜레마 • 사회정의를 이루기 위한 다양한 관점
정체성 및 다양성	• 개인의 개성 및 가치 • 자신과 타인의 유사점과 차이점	• 지역 사람과 더 넓은 지역의 사람 간의 유사점과 차이점 • 자아 정체성 및 소속감에 미치는 요인	• 자신의 경험과 그 경험을 넘어선 문화와 사회의 다양성 • 다른 문화가 우리의 삶에 미치는 영향 • 편견, 인종 차별, 성 차별의 특성과 이를 줄이기 위한 방법	• 다양성의 장점과 도전과제 • 고정관념, 편견, 차별의 영향과 해결하기 위한 방법 • 문화 정체성에서의 언어, 신념, 가치관의 중요성	• 편견, 차별, 배제에서 언어의 역할 • 역사적 과정(예 노예제, 식민지화)이 사람의 정체성, 문화 권력에 미친 영향	• 정체성의 다면적이고 유연한 특성 • 세계를 바라보고 이해하는 데 특정 방식을 권장하고 타인을 종속시키려는 지배 문화

구분	만 3~5세	만 5~7세	만 7~11세	만 11~14세	만 14~16세	만 16~19세
지식 및 이해						
세계화와 상호 의존성	• 주위 환경 및 지역 환경 • 다른 지역과의 단순 연관성 (예 음식을 통한 연결)	• 자신의 지역을 포함해 전 세계 다양한 지역 간의 유사점과 차이점 • 지역사회와 더 넓은 세계와의 연결성	• 사람과 국가 간의 전 세계적인 연결성 (예 무역 및 통신을 통한 연결) • 지역사회 활동이 더 넓은 세상에 미치는 영향	• 지역과 글로벌 이슈 간의 연관성 및 상호 의존성 • 국가 간 영향력의 변화가 삶에 미치는 영향 • 지역적, 국가적, 국제적인 차원에서의 의사 결정이 국가 내 사람과 환경에 미치는 영향	• 세계화, 글로벌 이슈의 복잡성 • 부국과 빈국 간의 힘의 불균형 및 이 같은 불균형의 영향 • 전 세계 경제 및 정치 시스템	• 세계화가 다양한 수준에서 부와 불평등에 미치는 영향 • 무역, 금융, 사람과 글로벌 거버넌스 시스템의 이동에 관한 다양한 비판적 접근 • 정부와 지역사회의 세계화로 인한 도전과제 및 기회
지속 가능한 발전	• 살아 있는 것과 그들의 요구 • 주변 환경을 관리하는 방법 • 향후 변화 가능성	• 사람들의 활동이 타인과 환경에 미치는 긍정적 또는 부정적 영향(개인적 선택을 포함) • 환경을 파괴하거나 환경을 개선할 방법	• 환경에 대한 사람들의 의존성 • 기후 변화의 기본 정보 (원인과 결과) • 환경에 책임감을 느끼고 삶과 전 세계적인 생태계의 불평등 이해	• 개발, 삶의 질, 이들을 측정하는 방법에 대한 다양한 관점 • 유엔의 지속가능발전 목표 및 목표 이행 진척도 • 생물 다양성의 중요성 • 기후 변화 거시적인 원인과 함의	• 개발과 지속 가능성 사이의 딜레마 • 과학의 발견 및 기술의 발전에 관한 도덕, 윤리, 사회, 경제 및 환경적 측면에서의 함의 • 지속 가능한 발전을 위한 정부, 기업, 비정부기구, 시민의 역할	• 개발 이론 및 이에 대한 비판 • 지속 가능한 발전에 관한 양면적 특성 • 개발에 대한 개인과 지역 공동체의 참여 및 권한 행사의 역할

구분	만 3~5세	만 5~7세	만 7~11세	만 11~14세	만 14~16세	만 16~19세
지식 및 이해						
평화와 갈등	• 행동이 결과를 야기하는 방식 • 갈등을 피하고 관리하며 해결하기 위한 기본적인 방법	• 개인, 학급, 가정에서 의견 충돌과 갈등의 원인 • 갈등을 피하고 이를 관리하며 해결하기 위한 방법	• 개인에서부터 국제사회에 이르기까지 모든 차원에서의 갈등의 원인과 결과 • '윈-윈(win-win)' 솔루션을 포함하여 갈등을 관리하고, 해결하며, 예방하기 위한 전략 • 지역사회 및 기타 지역의 과거와 현재의 갈등 사례	• 모든 차원에서 더욱 거시적인 갈등의 원인과 결과 • 갈등을 공정하게 해결하는 것의 중요성 • 사회 및 정치적 변화에서 비폭력 시위의 역할	• 정의와 평화의 관계 및 평화 유지를 위한 조건 • 갈등을 통한 창의적이고 긍정적인 결과 • 정당한 전쟁(just war theory)에 대한 비판	• 갈등의 복잡성과 다른 갈등보다 해결하기 어려운 갈등의 복잡성을 이해 • 국가적 및 국제적 차원에서의 변화를 위한 환경을 조성하는 데 있어 갈등의 역할
인권	• 인간적인 삶을 위한 기본적 요구	• 학급과 학교에서의 권리 • 다른 사람의 권리를 존중해야 하는 필요성 • 기본적인 인권과 이를 거부당하는 사람들의 사례	• 유엔아동권리협약 • 일부 사람이 그들의 권리를 거부당하는 이유 • 권리 행사를 위한 책임이 있는 사람들(예. 교사, 지역 및 중앙 정부)	• 세계인권선언 • 인권을 존중하고 수호하는 시민, 사회, 정부의 중요성 • 국가와 다른 국가에서 일어난 현재와 과거의 인권 문제 및 인권 운동	• 인권침해의 근본적 원인, 인권을 지지하거나 악화시키는 특정 맥락에서의 정치, 법, 사회문화, 종교, 경제적 요인 • 인권에 대한 국가의 의무	• 인권의 역사 및 철학 • 인권의 양면적 특성, 인권의 보편성, 불가분성, 상호 의존성과 관련된 견해 • 인권에 대한 도전과 같이 정부가 직면한 딜레마

구분	만 3~5세	만 5~7세	만 7~11세	만 11~14세	만 14~16세	만 16~19세
지식 및 이해						
힘과 거버넌스	• 학급과 학교의 규칙 • 규칙의 유용성	• 학급/학교에서 규칙을 제정하고 변경하는 데 참여하는 방법 • 불공평한 힘의 분배 및 일부 사람이 의사 결정 과정에서 배제되는 이유	• 학교 및 더 넓은 사회에서 규칙이 필요한 이유, 사람들이 규칙 제정과 변경에 참여하는 방법 • 국가와 지역이 통치를 받는 것에 대한 기본 사항	• 국가, 지역(예 EU), 전 세계 거버넌스의 구조와 체제, 국가 간의 차이점 • 힘과 대표성의 부재로 인해 차별과 배제가 발생하는 방식 • 단체 활동의 영향력과 부당함을 해결하기 위한 사회운동 및 정부의 역할	• 전 세계 거버넌스 구조 및 프로세스 • 국제사회의 문제를 해결하기 위한 국제사회의 협력 • 국가나 기관의 힘과 영향력의 확장이 관련 당사자들의 문화, 태도 및 경험에 영향을 미치는 방식	• 개인과 단체, 공공 부문과 민간 부문이 글로벌 거버넌스와 관계를 맺는 방법 • 국가 간의 불평등한 임의 관계가 글로벌 이슈에 영향을 미치는 방식 • 지역, 국가, 국제적 수준에서의 시민성과 시민 참여를 방해하는 요인
기술적 능력						
비판적이고 창의적인 사고	• 문제에 관해 질문 • 문제를 해결하기 위한 방법을 제시 • 아이디어에 관한 호기심을 가짐	• 관련 문제에 관해 질문 • 다른 의견의 장점을 고려 • 문제를 해결하기 위한 다른 접근법을 사용	• 편향과 의견을 구분하기 시작 • 논쟁에 대한 증거 제시하고, 다른 의견을 평가하며, 반론을 제기 • 대안의 가능성을 생각해 보고 문제 해결을 위한 새로운 아이디어를 제시	• 편향, 고정 관념, 다양한 의견과 관점에 관한 매체와 자료를 평가 • 사람과 이슈에 관하여 자기 생각과 타인의 생각(가정)을 비교 및 분석 • 새로운 아이디어에 개방적인 자세 견지	• 이슈에 관한 다양한 관점, 논쟁, 증거를 평가하고 종합하여 통계를 통해 분석 • 내재된 가치와 과정을 파악 • 아이디어와 정보를 연결	• 세계적인 문제를 해결하기 위한 다양한 접근방법을 평가 • 권력이 견해, 의견, 의사 결정, 거버넌스, 지식의 구성에 어떠한 영향을 미치는지 평가 • 아이디어를 종합하고, 지역의 문제와 글로벌 이슈를 해결하기 위한 새로운 해결책 개발에 관여

구분	만 3~5세	만 5~7세	만 7~11세	만 11~14세	만 14~16세	만 16~19세
기술적 능력						
공감 능력	• 사람의 감정과 교구에 민감	• 사람의 감정을 인지하고 고려 • 지역사회 외부와 다른 환경에 놓여 있는 사람들에게 관심을 갖고 이들을 고려	• 타인의 감정을 고려하기 위해 행동을 조정 • 지역 사람뿐 아니라 더 넓은 지역에 있는 사람들에게도 공감 • 편견과 차별이 미치는 영향을 이해	• 말, 보디랭귀지, 몸짓, 목소리 높낮이 등으로 사람의 감정을 파악 • 다양한 배경, 신념, 개성이 관점과 행동에 미치는 방식을 이해	• 타인의 말을 공감하면서 경청 • 다양한 관점으로 지역 문제와 글로벌 이슈를 고찰	• 사회·경제적 상황이 사람의 상황 인식과 선택 방식에 미치는 영향을 이해 • 주어진 상황에 다양한 사람의 복잡한 동기를 이해
자아 인식과 자기 성찰	• 긍정적인 방식으로 감정을 인식하고 처리 • 자신의 행동이 타인에게 미치는 영향을 숙지 • 사람이 감정을 느끼는 방식을 파악(예 행복, 슬픔, 걱정 등)	• 자신의 행동이 타인에게 미치는 영향을 고려하여 선택 • 자신과 타인에게 중요한 문제를 파악 • 실수를 통해 교훈을 얻고 피드백을 활용	• 지역 및 국제적 차원에서 사람에게 영향을 미치는 이슈와 개인적인 결정 사이의 관련성 파악 • 낯설거나 어려운 환경에서 타인에게 부정적인 감정이 드는 이유를 탐색	• 개인의 강점과 약점을 인식 • 개인의 감정, 말, 행동이 지역과 전 세계적으로 사람에게 영향을 미칠 수 있는 방법을 평가	• 문화적 렌즈를 통해 세계를 바라보고 자기 관점의 한계를 인식 • 경험, 학습, 피드백을 평가하고 이를 통해 향후 학습, 사고, 활동을 예측	• 자신의 가치와 이러한 가치가 선택과 생활 방식에 영향을 미치는 방식을 분석하고 명료화하며, 이의 제기 • 우리의 마음가짐이나 사회, 문화, 역사적 맥락에서 어떻게 영향을 받는지, 이러한 맥락이 문제에 관한 우리의 사고에 어떻게 영향을 미치는지를 분석 • 세계시민이 된다는 것의 의미를 설명

구분	만 3~5세	만 5~7세	만 7~11세	만 11~14세	만 14~16세	만 16~19세
기술적 능력						
의사소통	• 타인의 말을 경청 • 차례대로 의견을 제시	• 자신, 타인, 더 넓은 세계에 영향을 미치는 이슈에 관해 토론 • 의견을 제시하고 의견의 이유를 설명 • 타인의 말을 주의 깊게 경청	• 타인의 말을 주의 깊게 듣고 질문을 하며 반응 • 적절하고 다양한 방법으로 자기 의견과 생각을 명확하게 표현 • 제시한 의견을 뒷받침하기 위한 이유, 증거, 사례를 제시	• 주제, 청중, 목적에 부합하는 다양한 채널을 통해 문제를 효과적으로 소통 • 타인의 의견을 적극적으로 경청 • 새로운 문화 환경에 맞게 행동	• 글로벌 이슈에 관해 이성적이고 설득력 있게 주장 • 소통 방식, 수단, 내용이 다른 그룹에 미치는 영향을 분석	• 타인의 생각을 듣고 반영하며 평가하고, 이에 적절하게 반응 • 간문화적 의사소통에서 발생하는 문제를 파악하고 해결
협력과 갈등 해결	• 단체 활동에 참여 • 질서를 지키고 타인과 나눔 • 평화적으로 논쟁을 처리	• 함께 놀고 협력 • 자신이 속한 집단의 모든 구성원이 참여하도록 도움 • 재치와 사교성을 보여 주기 시작	• 문제를 해결하거나 목적을 이루기 위해 협력 • 분노, 불만, 공격적인 감정을 자제할 방법을 활용 • 문제를 해결하고 타협점을 찾기 위해 타인의 관점을 이해	• 단체 활동에서 다른 역할을 감당 • 손상된 관계를 회복하기 위한 효과적 전략 구사	• 리더십과 집단에서의 역할 숙고 • 갈등 상황을 해결하기 위한 윈–윈 전략 모색 • 갈등 처리 시, 다양한 관점과 문화적 규범을 고려	• 동료 및 어른과 효과적으로 협상 • 논쟁을 중재 • 갈등을 해결하거나 관리하기 위한 다양한 전략 활용
복잡성과 불확실성 관리 능력	• 무엇을 해야 할지 모를 경우 도움을 요청	• 자신의 삶과 주변 환경이 변화하는 것에 관한 감정을 설명	• 자신의 환경, 더 넓은 세상에서 발생하는 변화와 사건에 관한 감정을 설명 • 힘든 시기를 헤쳐 나가기 위한 전략을 활용 • 하나의 정답 혹은 오답이 있을 수 없음을 인식	• 새로운 상황에 적응하고, 지역 문제와 글로벌 이슈를 바라보는 새로운 방법을 모색 • 다양한 관점과 대안책을 탐색	• 글로벌 이슈에 관해 새롭거나 수정된 관점을 자신의 학습 결과, 사고, 행동에 반영 • 단계를 밟아 목표에 도달하고, 장애물을 예상하고 극복	• 자신의 삶에 책임을 지고, 현명하게 선택 • 변화하는 요건과의 관계를 긍정적인 방식으로 처리

구분	만 3~5세	만 5~7세	만 7~11세	만 11~14세	만 14~16세	만 16~19세
기술적 능력						
잘 알고 숙고하여 행동	• 단체 혹은 학급에서 타인을 지원	• 학급과 학교 생활에 능동적이고 적극적으로 이바지 • 부당한 일을 경험했을 때 조치를 취함	• 학교 의사 결정에 참여 • 더 넓은 공동체의 행복을 위해 이바지 • 의사 결정자와 선출된 대표자들, 타인과의 문제에 관한 의견과 증거를 공유	• 적절한 행동과 기회를 파악하고 계획하여 자신의 목소리를 냄 • 불평등과 불의를 야기하는 시각에 이의를 제기 • 행동을 통해 얻는 교훈을 성찰	• 자신의 태도, 가정, 행동을 비판적으로 판단할 필요가 있음을 인식 • 선출된 의사 결정자의 역할과, 이들이 영향을 미치는 방법을 이해 • 적절한 목표를 세우고 이를 달성하기 위한 절차를 계획	• 다양한 관계자가 글로벌 이슈에 미치는 영향과 이들에게 영향을 줄 수 있는 방법을 분석 • 관련있는 정치적 과정에 참여 • 글로벌 이슈를 살펴보고 행동하도록 타인을 이끎
가치 및 태도						
정체성과 자존감	• 자기 개성과 고유한 특성을 인식 • 자아와 타인을 존중	• 소속감 및 타인과의 관계를 가치 있게 여김 • 자신의 개성을 인식하고 긍지를 느낌	• 자기와 타인이 유사점과 차이점이 있음을 긍정적으로 인식 • 자아 정체성을 형성하는 데 이바지하는 요인을 중요하게 여김	• 자신과 타인의 개성을 존중 • 자신의 의견과 다른 새로운 생각과 관점에 열린 시각을 견지	• 지역 및 국제적 차원에서의 상호 연관성과 상호 의존성을 인정 • 지역 및 글로벌 공동체에 대한 소속감	• 개인의 정체성의 다면적이고 유연한 특성을 인정
사회정의와 평등에 대한 옹호	• 정정당당한 행동 • 질서 지키고 타인과 나누려는 의지	• 타인을 옹호하고 변호하려는 의지 • 타인과의 관계 속에서 공정함	• 지역 및 전 세계적으로 타인을 불공평하게 대우하는 것에 이의를 제기 • 정의감 • 전 세계에서 발생하는 사건과 글로벌 이슈에 관심 증대	• 인권의 부당함, 착취, 거부에 대한 적극적인 관심 • 불의 및 불평등에 대해 행동하려는 의지	• 지역 문제 및 글로벌 이슈에 관한 개인적인 책임감 및 연대 책임감 • 지역, 국가, 전 세계적으로 사회정의 및 공평함을 추구하려는 활동에 참여하려는 의지	• 민주주의, 사회정의, 공평함, 빈곤 척결을 위한 노력

구분	만 3~5세	만 5~7세	만 7~11세	만 11~14세	만 14~16세	만 16~19세
가치 및 태도						
인간과 인권존중	• 타인을 생각하기 시작	• 타인의 감정과 생각을 존중 • 타인의 권리를 존중 • 모든 사람이 동등한 권리를 지니고 있다는 믿음	• 타인에 대한 말, 행동, 선택의 결과를 충분히 인지 • 모든 사람이 편견과 차별을 타파하기 위해 노력해야 한다는 생각	• 인권침해, 불의, 차별을 겪고 있는 사람들과의 연대감 • 모든 사람에게 동일한 권리가 있다는 것을 설명하고 의무를 이행하도록 노력	• 현 세대와 미래 세대의 요구와 권리를 인식	• 인권 수호를 위해 노력
다양성을 가치롭게 여김	• 다름과 다양성에 관해 긍정적인 태도 • 타인의 생각을 경청하려는 태도	• 자기와 타인이 평등하지만 다르다는 것을 인지 • 타인의 의견과 견해가 자기와 다를지라도 그들의 생각을 존중하려는 의지 • 타인의 경험으로부터 배우려는 의지	• 다름을 존중 • 다양한 관점과 견해를 경청함에 따른 장점을 인식	• 모든 사람은 자신만의 관점을 가질 수 있는 권리가 있음을 존중 • 편견과 차별에 사로잡힌 견해를 타파하려는 의지 • 어떠한 문제에 관해 다양한 관점이 있음을 인식하고, 다수의 의견이 항상 옳은 것이 아님을 인정	• 다양한 배경과 관점을 지닌 타인에게서 배울 점이 많다는 것을 인정 • 지역 및 전 세계적으로 다른 문화를 더욱 깊게 이해하고 이들과 상호 소통하려는 바람	• 자신의 편견과 편향을 인식하고, 이를 극복하려는 노력 • 다른 배경을 가진 사람들과 협력하는 것이 가치가 있음을 인정
환경과 지속 가능한 발전에 대한 관심	• 살아 있는 것과 환경의 가치를 알고 환경을 보호 • 세상에 호기심과 경이로움을 가짐 • 자원의 가치를 인식하기 시작	• 지역 환경에 관한 관심과 이를 보호하려는 의지 • 자원을 보호하고 절약	• 환경과 자원 사용에 책임감 • 지역 및 전 세계적으로 환경을 보호하고 사람들의 삶의 질을 향상시키려는 노력	• 사람과 지구 간의 상호 의존성 인식 • 소비자의 선택과 생활방식이 인류와 지구에 미치는 영향에 관심	• 지구의 미래와 미래 세대에 관한 관심 • 생활방식을 변화시키려는 데 책임감을 느낌 • 의사 결정자와 관계를 맺고 캠페인에 참여하려는 의지	• 지속 가능한 발전을 추구하고자 타인을 이끌고 지원하려는 의지

구분	만 3~5세	만 5~7세	만 7~11세	만 11~14세	만 14~16세	만 16~19세
가치 및 태도						
참여와 통합 헌신	• 타인과 함께 공정하고 통합적으로 활동하려는 의지	• 학급 내부 및 외부 활동에 참여하려는 의지 • 모든 사람이 참여할 수 있고 참여해야 한다는 믿음	• 학교의 의사 결정에 활발하게 참여 • 온전한 참여가 어려운 사람을 적극적으로 통합하려는 태도	• 타인이 참여하도록 독려하고 지원 • 타협을 통해 결론에 도달하려는 자세	• 민주적 절차를 지지하고 이런 절차의 역할을 좀 더 배우려는 노력	• 의사 결정에 타인이 참여하도록 적극적으로 지원하고 통합을 위해 노력
사람이 변화를 이끌어 낼 수 있다는 믿음	• 모든 사람은 주위 환경을 개선하고 타인을 지지하는 활동을 할 수 있다는 신념	• 개인과 타인과의 협력이 변화를 만들어 낼 수 있다는 신념	• 개인과 집단이 상황을 개선할 수 있다는 신념 • 더 나은 상황과 조건을 위해 타인과 협력하려는 의지	• 글로벌 이슈를 잘 알고자 하는 의지 • 사람들이 공동으로 행동할 때 더 큰 변화를 이룰 수 있다는 신념	• 자신의 태도, 가정, 행동을 지속적으로 평가하려는 태도 • 더욱 공정하고 지속 가능한 세상을 만들기 위해 협력하는 자세	• 지역적, 국가적, 국제적인 차원에서 변화를 야기하기 위해 타인과 협력하려는 의지

출처 : 옥스팜 (2015).

메리필드 외(2010)는 학생들에게 실제 삶과 관련된 기능의 훈련과, 세계의 지식 획득과, 다양한 세계적 관점에서 사건과 이슈를 바라볼 때 필요한 전문 지식을 개발을 제안하였다. 이를 위한 네 가지 전략으로 타인의 입장에서 세계를 바라볼 수 있는 다양한 관점 가지기, 시공간을 넘어선 글로벌 상호 연결을 위한 글로벌하게 사고하기, 세계의 복합성과 갈등을 이해하기 위한 글로벌 이슈에 대한 관심 가지기, 타인과의 상호작용을 통한 간문화적 경험을 해 보기를 제시하였다.

김현덕 외(2005)의 저서에서는 메리필드가 제시한 주요 내용을 핵심 내용 요소로 종합하여 정리하였다.

- 자기중심적, 자민족 중심적 사고를 탈피하여 다양한 세계관을 인정하는 세계적 시각과 관점을 교육
- 문화 다양성 이해와 타문화 관점에서 자기 문화 조망하기, 문화 간 상호작

용과 세계 문화의 형성, 타문화를 수용하는 문화상대주의 관점 갖기, 전통 및 자기 문화 보전과 재발견하기 등의 문화 간 이해를 위한 교육

- 경제 체제 학습(예 IMF, WTO 등), 정치 체제 학습(예 세계 정치 구도, 국제기구 등), 사회·문화 체제 학습, 기술 체제 학습, 생태 체제 학습(예 지구 생태계 등)을 통한 세계체제에 관한 교육
- 평화와 안보 문제, 개발과 관련된 문제(예 환경, 생명, 인구, 에너지 등), 평등, 정의, 인권 문제 등의 세계적 문제나 이슈 교육

이러한 내용은 세계시민교육이 지향하는 시민, 즉 지구 공동체 문제에 관심을 갖고, 다른 문화를 공감하며 이해하고, 정의와 인권이 실현되도록 도우며, 세계체제의 바른 이해를 통해 지구촌 사회변화에 민감하게 대처하며, 지구촌 사회 이슈를 올바르게 판단하여 지구 공동체가 지속 가능한 곳이 되도록 만들어 나가는 책임감 있는 태도의 시민을 기르는 토대가 될 것이다.

Chapter 2

유아세계시민교육

1 유아세계시민교육의 개념

1) 유아세계시민의 개념

현대사회는 인터넷과 SNS(Social Networking Service)를 통해 세계 곳곳에서 일어나는 일들이 실시간으로 전달되고 있으며, 교통의 발달로, 전 세계는 하나의 문화 생활권으로 인식되고 있다. 시공간의 심리적, 물리적 거리가 좁아지면서 삶의 범위가 국가를 넘어 세계로 확대되고, 이전보다 서로 더 많은 영향을 주고받으며 편리한 세상 속에 살아간다.

그러나 각 개인이 속한 지역이나 국가의 범위를 넘어서는 환경 속에서 영향을 주고받으며 살아가고 있는 사회적 흐름이 모두 편리하며 긍정적인 것만은 아니다. 삶은 더욱 복잡해졌고, 산업 발달로 인한 환경 파괴로 인간의 생존이 위협받고, 기아와 전쟁과 같은 문제가 여전히 존재하며, 경제성장을 위해 자연 앞에 권리를 남용했던 인간은 지구온난화로 야기된 자연재해와 기상 이변 등의 여러 문제로 어려움을 겪고 있다. 이는 개인이나 특정한 집단만의 문제가 아니라 세계적 차원에서 고민해야 할 문제이다(교육과학기술부, 2012d; 교육과학기술부, 2012e).

점차 사회는 세계화 현상에 잘 적응하고 문제 해결을 위해 책임 의식과 역할 의식을 가진 시민을 요구하게 된다. 이는 기존 사회에 새로운 국가관과 세계관으로의 수정을 요구하고, 한 나라의 국민 차원을 넘어선 새로운 시민의식의 필요성이 제기되면서 세계시민교육이라는 개념이 형성되었다(김경은·이나라, 2012; 정은주, 2010).

세계시민교육은 자신의 권리와 가치를 인정받되 책임 의식과 역할 의식이 뒤따르는 교육이며, 국가의식과 세계의식을 바탕으로 당면한 과제에 대해 넓은 시야를 갖고 세계의 평화를 추구하는 교육이어야 한다. 더불어 세계를 하나의 공동체로 바라보고 전 지구적인 시각으로 세계의 발전과 안전, 평화를 위해 함께 협력하는 지식, 기술, 태도를 갖추는 것이다.

세계시민교육에 관해 학자들은 공동체 의식, 공간적 개념, 책임 의식 등이 중요하다고 주장한다. 이재형(2009)은 공동체 의식을 강조하였다. 그는 세계를 하나의 전체 사회로 보고, 세계시민교육을 "상호 의존을 인식하며, 그 속에서 벌어지는 다양한 문제에 대해 관심을 갖고 해결을 모색하는 것"이라고 제시하였다. 지은림과 선광식(2007)은 공간적 해체를 강조하며, "모호해진 국가 개념 및 공통으로 겪고 있는 세계 문제를 환경적인 측면에서 함께 고민하고 책임 의식을 갖도록 교육하는 것"이라고 정의했다. 이처럼 세계시민의식은 기존의 시민의식보다 넓은 시야로 세상을 바라보고, 공동체 의식과 책임 의식을 바탕으로 세계의 쟁점 사안에 관심을 갖고 해결하기 위한 실천 노력을 의미한다. 그러므로 세계시민교육이란 세계는 하나이며 국가 간의 다양한 영향력을 주고받는 과정에서 발생하는 다양성의 수용과 이해, 세계화로 발생되는 공통 문제에 관심을 갖고 해결하고자 노력하는 실천 의지를 고취시키는 교육이라고 정의할 수 있다.

유아세계시민교육은 유아로 하여금 세계가 공동체라는 인식과 함께 전 지구적 시각을 가지고 세계 평화와 번영을 위해 다양한 사람이 함께 협력하는 지식과 기술을 갖도록 하는 교육이라고 할 수 있다. 즉, 유아가 대한민국 국민인 동시에 세계시민으로서 지구촌 의식을 갖는 것이다. 국경을 넘어선 지구촌 사회에서 인류 공동체적인 책임을 가지고, 문화적 다양성을 존중하며, 평화적인 갈등 해결과 환경보호, 인권의 존중 등의 지식과 태도를 형성하며, 실질적으로 실천할 수 있도록 하는 것이다.

유아세계시민교육은 빠르게 변화하고 상호 의존적인 세상에서 존재하는 다양한 도전과 기회에 적극적으로 참여하도록 돕는 교육으로, 이는 전 지구적 문제와 이슈에의 관심을 공통적으로 포함해야 한다. 세계시민교육은 국가를 넘어서 세계 문제의 해결을 위해 전 지구적 수준으로 연대하고 협력하여, 세계인이 하나의 공동체적 시각으로 세계체제를 이해하고 국제적 이슈를 해결하는 데 참여하는 역량을 키울 수 있는 교육으로 이루어져야 한다. 최근 빠르게 변하고 글로벌 상호 의존성, 불확실성, 불평등이 증대되는 세상에서 현재보다 더 정의롭고 지속 가능한 방식으로 더불어 살아가기 위해서 세계시민교육은 하나의 변혁적 교육 패러다임으로 볼 수 있다.

따라서 유아세계시민교육은, 세계시민성과 교육의 관점에서는 누가 세계시민이냐는 점이 중요하며, 교육은 세계시민의식을 함양하는 역할을 수행한다. 이러한 세계시민교육의 바탕에는 민족이나 국가 같은 특정 공동체를 넘어서, 세계시민으로서 살아가는 것을 강조하는 세계시민주의(cosmopolitanism)가 존재하며, 인류 보편의 가치를 추구하고 이를 실현하기 위한 시민의 참여가 강조된다.

또한, 세계와 시민교육의 관점에서는 기존의 자국민을 중심으로 조직되었던 시민교육에 세계적 요소 포함하여 전 지구적인 맥락에서 재구성해야 한다. 이러한 사회적 요구로 국내에서는 주로 사회과를 중심으로, 초·중등학생을 대상으로 세계시민교육이 시행되었으며, 교과 간 연계가 이루어지도록 편성·운영하게 되었다. 그러나 실제 연구는 교육과정에 관한 세계시민교육 관련 내용 분석, 또는 교수·학습 방안에 관한 연구가 많은 편(허영식, 2003)이고, 최근에 들어서야 프로젝트 수업을 활용해 통합적으로 접근하는 실행 연구(최정숙·조철기, 2009)가 발표되고 있다.

1990년대 이후 급속하게 진전된 세계화 흐름 속에, 유네스코에서는 세계 평화가 교육을 통해 가능하다는 철학에 기초하여 평화교육, 인권교육, 국제이해교육, 지속가능발전교육 등의 이름으로 세계시민교육의 기초를 마련했다. 2012년 유엔의 교육 최우선 구상(global education first initiative : GEFI)과 2015년 지속가능발전목표(sustainable development goals : SDGs) 등의 세계화를 위한 교육 의제 설정 과정에서 유네스코가 주도적인 역할을 수행하면서, 세계시민교육의 개념적 합의를 위한 연구도 활발하게 진행하였다(김진희, 2015; 정우탁, 2015; 유네스코, 2015).

유네스코는 세계시민교육을 더욱더 정의롭고 평화로우며, 관용적이고 포용적이며, 안전하고 지속 가능한 세상을 만드는 데 있어 학습자에게 필요한 지식, 기술, 가치·태도를 함양할 수 있는 교육 패러다임으로 정의한다(유네스코, 2015). 이러한 세계시민교육은 최근 유엔 주도로 새롭게 등장한 영역이 아니다. 국제이해교육, 평화교육, 시민교육, 개발교육, 환경교육 등 기존 교육적 논의가 진화하고 수렴된 형태의 포괄적 개념이다(Peters, Britton, & Blee, 2008; Mannion et al, 2011). 유네스코 이외에도 전 세계적인 불평등과 개발 격차 해소를 지향하는 민간 단체인 옥스팜은 사회정의와 평등하고 지속 가능한 세상을 추구하며, 적극적인 참여를 강조한다(Oxfam, 2015).

그러나 다른 학제에 비해, 유아교육에서의 세계시민교육은 아직도 미미한 상태이다. 유아에게 세계는 너무 먼 개념이므로 가르치는 데 무리가 있다고 보는 경향이 있고(유재경, 2008), 유아는 자기중심적인 존재로 탈중심화가 이루어지는 7세 이후가 되어야 타인을 이해할 수 있다는 피아제(Piaget)의 주장을 근거로 관심이 적은 편이다(교육부, 1999). 그러나 이미 유아는 지역과 국가를 넘어 세계 속에 살고 있다. 유아 대부분이 직접 외국에 가 보기도 하고, 자신의 지역에서 쉽게 외국 문화에 노출되며, 인터넷으로 세계 문화와 접하기도 한다. 이처럼 세계와 유아는 이전보다 가까워졌다(배지현, 2013; 유재경, 2008). 전희옥(2006) 역시 세계시민교육은 초등학교 고학년에서 어린 연령으로 내려와야 한다고 주장하며, 유아에 대한 세계시민교육의 중요성을 강조했다.

콜린스(Collins, 2012)도 세계시민교육이 중학교에 시작되는 것은 시기적으로 늦다고 주장하며, 사회관계에 관한 학습이 결정적으로 일어나는 영유아기에 세계시민교육이 시작되어야 한다고 강조했다. 누리과정에서도 국제사회의 상호의존성 증가로 세계는 단일화되며, 이런 변화에 능동적으로 대처해 가는 교육이 필요함을 언급했다(교육과학기술부·보건복지부, 2012). 즉, 누리과정은 타문화를 존중하고 배려하며 더불어 살아가는 태도를 기르는 것을 중시하고, 세계시민으로서의 국제적 소양과 역량의 신장을 강조한다(교육과학기술부·보건복지부, 2012; 배지현, 2013).

세계시민교육은 힘의 논리가 지배하는 사회의 흐름을 막고, 바람직한 세계로 나아가는 밑거름이 되어 주고, 지구촌 공동 문제에 책임 의식과 역할 의식을 심어 주어 능동적이고 바람직한 세계시민을 양성하기 위함이다. 따라서 인간의 보편성 및 다양성의 가치를 존중하고, 세계 문제에 관심을 갖고, 그 문제 해결에 적극적으로 참여하는 세계 지향적인 태도를 형성하기 위한 다양한 방법의 교육이 제공되어야 한다.

즉, 교육기관에서는 학생이 세계시민교육을 통해 세계시민의식을 형성할 수 있게 세계를 직접 혹은 간접으로 경험하는 교육을 제공할 필요가 있다.

2) 유아세계시민교육의 목표와 필요성

(1) 유아세계시민교육의 목표

세계시민교육은 기존의 시민의식 개념을 넘어서 안으로는 국가의식을, 밖으로는 공동체 의식을 함양하는 것을 목적으로 한다(유재경, 2008). 그러나 이 두 가지 개념이 균형을 이루기란 쉽지 않다. 김왕근(1999)은 국가의식을 강조할 경우 국가 간 이해와 협력이 어렵고, 세계 공동체 의식을 강조할 경우 애국심이 경시될 수 있음을 지적했다. 따라서 세계시민교육의 목표 설정에 있어 협력과 연대를 모색할 수 있는 능력 겸비와 더불어 국가 간의 입장 차이에 대해 균형감 있고 현실성 있는 보편 윤리적 핵심 가치를 구성할 수 있어야 한다.

유아세계시민교육의 목표에 관한 여러 학자와 단체의 의견을 살펴보자. 교육과학기술부(2008)에서는 인간은 누구나 소중하며 존중하는 태도를 기를 것, 한 개인은 세계의 구성원이며 평화와 안전을 위해 노력 할 것, 문화적 차이를 이해하고 존중할 것, 세계시민으로서 지구환경을 위해 노력할 것을 제시한다. 박남수 외(2007)는 세계화를 이해시키기, 문제를 합리적으로 판단하고 해결하는 능력 기르기, 세계화에 대한 올바른 가치관 형성하기, 세계 문제에 대한 해결 의지 확립하기 등을 제시한다. 차경수(2000)는 세계체제에 대한 인식 높이기, 다양한 시각으로 타문화 이해하기, 세계 문화의 공통점과 차이점 인식하기, 지구 전체의 문제와 현황에 관한 인식 높이기, 세계 문화 발전에 기여하기 위한 역할 수행과 문제를 해결하는 지도력 기르기를 제시한다.

월드비전(2012)에서는 모든 사람이 고유한 권리와 가치를 지녔음을 인식할 것, 다양성을 존중하고 공감하고 소통하는 세계시민이 될 것, 세계 문제에 관심을 갖고 해결 의지를 나타낼 것을 제시하며, 유재경(2008)은 국가 간 관계를 이해하며 세계 평화를 위해 협력할 것, 문화적 차이를 이해하고 존중할 것, 개인은 세계시민임을 인식하고 문제에 관심을 가질 것을 제시하고 있다. 현은자 외(2013)는 세계의 다양성과 보편성에 관한 인식, 함께 살아가는 능력, 가치·태도 함양, 세계시민으로서의 자질 형성을 제시하고 있다. 크니에프(1986)는 현재 세계 이슈와 문제의 전제 조건, 원인 파악, 유형(pattern)과 체제(system)에 대한 이해, 사회 참여를 위한 기반 다지기, 유아가 가진 지적 가능성을 발전시키고 기능을 적용하는 범위를 확장하기, 민주적인 사회시민으로서의 역할 기준 제공(정의, 평등, 자주적 결정, 개인적 자유, 인간 존중, 인권, 책임, 참여, 협력, 다양성 수용, 갈등의 평화적 해결, 지속적인 세계 문제와 쟁점에 대한 인식, 논리적이고 창조적인 대안 제시, 고유한 가치와 딜레마 정의, 다양성 수용, 갈등의 평화적 해결 등)을 제시한다.

지하비움 외(Zahabioun et al., 2013)는 세계화에 적합한 시민 개발, 보편적인 인간의 가치를 인지하고 발전시키는 시민 개발, 세계시민교육을 통한 지식과 기술, 태도를 습득하고 이를 올바르게 적용하는 시민 개발을 제시하고 있다. 유네스코(1996)에서는 지구사회가족 의식과 지구촌 의식, 인종과 문화의 다양성에 대한 문화상대주의 관용성 고양, 세계의 상호 의존성과 상호 관계의 과정 이해, 국제적 의사소통 능력과 태도의 육성, 국제적으로 해결해야 하는 문제를 이해하고 탐구하는 능력, 변화하는 세계 속 한국의 위상과 역할을 이해, 문제 해결에 있어서 국제적 시각과 미래 지향적 시각의 중요성, 한국 문화의 세계화와 문화 주체성, 지구사회 체제와 각종 국제협력기구의 역할 이해를 제시한다.

앞에서 살펴본 바와 같이, 세계시민교육의 목표는 관점에 따라 조금씩 차이를 보이지만 공통적으로 상호 의존, 국제 관계에 대한 이해, 세계 문제에 대한 관심과 해결하기 위한 실천 의지를 중요시하고 있다. 이를 종합하여 세계시민교육의 목표를 정리하면 다음과 같다.

첫째, 세계는 긴밀하게 연결되어 있고, 세계의 안녕과 번영을 위해서 모두가 협력하여야 함을 알며, 세계시민으로서의 정체성을 확립한다. 개인은 한 국가의 구성원이며 동시에 세계의 구성원이라는 점을 인식하여 국가의식과 세계시민의식을 동시에 확립할 수 있도록 해야 한다(교육과학기술부, 2008; 유재경, 2008). 세계시민교육은 자칫 지역사회나 국가적인 것이 소홀해지는 경우가 있으므로(박선영, 2009), 국가적 정체성을 확립하고 자국의 문화에 자긍심을 가지면서도 세계시민으로서의 의무와 책임도 다할 수 있도록 교육해야 한다.

둘째, 문화적 차이를 이해하고 존중한다. 세계에는 다양한 시각이 존재하며(Kniep, 1986; Kinghorn, 1979), 자국의 이익이나 힘의 논리가 배제된 세계 공동체를 만드는 것은 현실적으로 어려움이 따른다(김왕근, 1999). 따라서 세계의 현실적인 질서와 평화를 유지하기 위해서는 국가 간 보편성과 함께 국가가 지니고 있는 특수성, 독창성도 인정해야 한다(지은림·선광식, 2007). 그러므로 세계시민교육을 통해서 문화적 차이를 인식하고 이해하고 수용하는 태도를 신장하도록 한다.

셋째, 세계의 구성원으로 자신을 인식하고 인권, 평화, 환경 등의 세계 문제에 관심을 갖는다. 세계적 흐름과 문제에 관심을 갖고 이와 관련된 지식, 기술을 습득할 필요가 있다. 세계적인 문제를 자신의 문제로 인식하는 것이 세계시민교육 실천의 시작이므로(김경은·이나라, 2012) 세계 문제와 개인의 연관성을 인식하도록 교육목표를 설정해야 한다.

넷째, 자신이 세계의 한 구성원임을 알고, 세계 번영을 위한 문제 해결의 노력과 실천을 경험한다. 크니에프(1986)와 지하비움 외(2013)는 세계시민교육의 목표로 사회참여를 중시하였는데, 이는 세계 문제에 관한 관심으로만 끝낼 것이 아니라 문제를 해결할 대안을 제시하고 행동하는 것이 중요함을 의미한다(교육과학기술부, 2008; 박남수 외, 2007; 월드비전, 2012; Kniep, 1986; Zahabioun et al., 2013).

글로벌 사회에서 세계시민으로서의 자질과 의식은 학습과정을 통해 형성되므로, 교육으로써 구성원 모두에게 세계시민의 자질과 의식을 갖추게 하는 것이 글로벌 사회의 존속 및 발전에 필수적이다. 이때 교육은 다른 사회화 기관보다도 학교에서 교육함이 바람직하다. 학교는 바람직한 글로벌 민주주의를 형성해주는 주요 매개체였으며, 지금까지도 국가 수준 교육과정에서 민주시민의식 함양을 위한 교육을 강조하고 있다.

2013년에 개정·고시된 만 3~5세 연령별 누리과정(교육과학부 고시 제 2012-16호)에서도 예절, 자기 조절, 질서의 기본생활습관을 중심으로 다른 사람과 더불어 살아갈 수 있는 민주시민의 양성을 특히 강조한다. 이는 민주사회 시민으로서 공동체 의식을 가지고 서로 돕고 나누며, 질서를 지키고 양보하며, 자신의 확고한 주장과 타인의 의견을 조절하고 협상해 나갈 수 있는 시민의식 함양에 학교 교육의 궁극적 목적을 두었다고 볼 수 있다. 그러므로 세계시민교육 목표는 세계시민으로서 전 세계인이 공동체적 시각으로 정체성을 확립하고, 세계인으로 함께 살아가기 위해 문화 간 차이를 인정하고 수용하며, 세계 문제에 관심을 갖고, 이를 해결하고자 노력하는 태도를 기르는 것으로 정리할 수 있다.

유아세계시민교육은 문화 간 이해와 인권, 환경, 평화를 교육내용으로 선정하여 유아가 세계에 흥미와 관심을 가질 수 있도록 하여야 한다(교육과학기술부, 2008). 세계 문제에 대한 흥미와 관심은 궁극적으로 세계 문제를 해결하기 위한 것이다. 정치, 경제, 사회, 문화를 아우르는 다양한 세계 문제를 제시하고, 문제해결을 위해 유아 수준에서의 가능한 실천 활동을 선정하여 직접 경험해 봄으로써 세계시민으로서의 유대감을 형성하고, 타인을 배려·수용하는 경험에 익숙해지고 생활화될 수 있도록 해야 한다(월드비전, 2012; Hägglund & Samuelsson, 2009).

유아를 위한 세계시민교육의 구체적인 목표는 다음과 같다.

- 인간은 누구나 소중하다고 인식하고 존중하는 태도를 기른다.
- 다양한 문화를 인식하고 이해하며 존중하는 태도를 갖는다.
- 갈등을 평화적으로 해결하고 평화를 실현하기 위해 노력하는 자세를 함양한다.
- 세계시민으로서 지구적 환경을 유지하기 위해 노력하는 태도를 기른다.

(2) 유아세계시민교육의 필요성

오늘날 사회현상의 가장 큰 특징은 세계화이다. 우리나라는 1995년 5월 31일 대통령 직속 교육개혁위원회를 발족하면서 세계화 교육을 구체화하기 시작하였고, 2009년 개정 교육과정에서도 잘 나타나 있다. 추구하는 인간상으로 '세계와 소통하는 시민으로서 배려와 나눔의 정신으로 공동체 발전에 참여하는 사람'을 제시하였다. 즉, 세계화·다문화 시대를 인정하고 글로벌 창의 인재를 양성하고자 하는 것이 우리나라의 국가 수준 교육과정의 방향이다.

유아교육 분야에서도 이러한 변화가 나타났다. '2007 개정 유치원 교육과정의 구성 방침'에 '21세기 지식정보화 시대를 주도할 사람'과 '자연을 존중하고 사랑하는 한국인 육성'이 제시되었다(교육인적자원부, 2007). 2012년 3월부터 시행한 만 5세 누리과정 교육목표에서도 이와 같은 맥락으로 연계되어 있다. 사람과 자연을 존중하고 사랑하는 한국인의 육성이라는 유아교육 목표는 세계시민교육과 깊은 관련이 있다. 세계시민교육은 전 지구적 시각을 갖고 세계의 안녕과 번영을 위해 다양한 사람과 함께 협력하는 지식과 기술, 태도를 갖게 하는 것이 목표이기 때문이다(유재경, 2008; 차경수·모경환, 2008). 이러한 흐름에 발맞추어 교육과학기술부는 유아교육 차원의 세계시민교육을 실현하기 위해 『유아세계시민교육』 자료집을 개발하여 일선 현장에 보급하였다(교육과학기술부, 2008).

세계시민의식은 하루아침에 학습될 수 있는 것이 아니며 반복적인 경험을 통하여 내면화되어야 실천할 수 있다는 점에서 시민의식은 유아기부터 관심을 가지고 강화해야 한다. 유아는 태어나면서부터 타인과의 관계 속에서 성장하며, 자신을 둘러싼 사회의 규범이나 가치를 받아들이고 언어, 감정, 사고를 습득하게 된다. 이렇게 유아는 주변 환경과의 관계를 맺고 경험하는 과정이 지속적으로 이루어지는 가운데 점차 사회화되어 가며 시민의식이 함양된다고 할 수 있다(김영옥, 2014; 우정희, 2007).

유아시기는 세계시민의식을 형성하는 데 있어 매우 중요한 시기이다. 이 시기는 타인과 자신의 차이점을 인식하며 문화에 대한 이해와 수용이 시작되는 시기이므로(유향선, 2013) 세계시민교육이 필요하다는 주장이 계속되어 왔다.

김숙자와 고정리(2004)는 유아기가 민주적인 가치나 태도의 내면화와 이후의 사회 구성원으로서 요구되는 시민성을 함양하도록 하는 데 결정적 시기라고 강조하고, 유아교육기관에서의 다양한 교육적 경험은 타인존중, 자유, 평등, 다수결 원리, 합리적인 의사 결정 과정 등 시민교육의 주요한 내용 및 특성과 연관된다고 하였다.

콜린스(2012)는 어릴 때부터 책임과 권리가 무엇인지, 사회는 어떻게 움직이며 자신이 살고 있는 사회에서 어떻게 적극적으로 역할을 해야 하는지를 배울 기회를 갖는 것이 유아가 장차 성숙하고 행복한 시민이 되기 위해 중요한 부분이라고 하였다. 이에 사회적·도덕적 책임감, 지역사회참여, 정치적 이해를 유아시민교육에서 공통적으로 다루어야 하는 핵심 요소로 보았다.

리스트(Lister, 2007)도 유아가 미래의 시민이라는 점에서 유아가 학습해야 할 시민의식과 관련된 내용으로 소속감 또는 참여, 권리, 책임감, 공정성, 존중과 인식을 제시하였다.

한국교육개발원(1993)은 유아교육기관에서 유아는 처음으로 다른 또래를 만나 그들과 사회적 관계를 맺고 사회생활을 영위한다고 강조하였다.

디만-스파크와 테스크 포스(Derman-Sparks & The A. B. C. Task Force, 1989)도 만 3세경의 유아도 성별이나 인종, 장애 등에 대한 초보적인 선입견을 보일 수 있으며, 만 5~6세에 이르면 사회계층, 국적 및 하위 문화의 다양성을 인식하고 내면화할 수 있다고 하였다. 이러한 점에서 유아기는 문화나 가치관의 다양성을 존중하고 세계의 한 구성원으로 자신을 인식하는 세계시민교육의 최적기이므로 유아기 발달에 적합한 방식으로 접근할 수 있도록 다양한 교육내용과 방법이 모색되어야 한다(유연옥·박인숙, 2014).

또한, 누리과정에서도 국제사회의 상호 의존성 증가에 따라 세계는 단일화되며, 이러한 변화에 능동적으로 대처해 가는 교육이 중요함을 강조한다(교육과학기술부·보건복지부, 2012). 즉, 누리과정은 타문화를 존중하고 배려하며 더불어 살아가는 태도의 신장을 중시하여 세계시민으로서의 국제적 소양과 역량을 기를 것을 강조한다(교육과학기술부·보건복지부, 2012; 배지현, 2013).

"지금 무슨 일이 일어나고 있는지 모른다면, 50년 후에는 사람들에게 어떻게 말해야 할지도 모르게 된다(Pigozzi, 2006)." 이 말을 통해 우리가 얻을 수 있는 교훈은 유아에게 현재 세상에서 어떤 일이 벌어지고 있는지 가르치지 않는다면 성인이 되어서도 역시 세계 흐름을 읽는 데 어려움을 느낄 것이며, 빠르게 변화하는 세태를 감안한다면 이는 심각한 문제를 초래하게 될 것이다(Yamasita, 2006).

따라서 유아기 세계시민의식은 다양한 사회 환경과의 상호작용을 통하여 형성되며, 특히 어린 시절에 어떤 경험을 하느냐에 따라 세계시민으로서의 태도 및 행동의 수준이 달라질 수 있으므로 유아기부터 바람직한 실천 위주의 세계시민교육이 제공되어야 한다.

유아교육 현장에서 세계시민교육을 위한 활동은 실제 교실에서 용이하게 접근되어 실천될 수 있는 활동이어야 한다. 따라서 유아세계시민교육은 유아의 발달 수준에 적합하고 흥미를 유발할 수 있는 다양한 교수·학습방법을 통하여 다원주의적 사고와 인식을 제공할 수 있도록 접근해야 한다. 유아에게 세계시민의식을 함양하는 것은 민주적 삶을 유아교실로 가져오는 방법으로써 이루어진다. 인간-인간, 인간-사회, 인간-자연의 관계에 관한 다양한 개념과 아이디어를 탐색하고 공유하여, 어떻게 유아에게 의미 있는 경험으로 해석할 수 있는가를 고려해야 한다(Melendez et al., 2000). 그리고 세계시민교육 교수·학습이 다양한 일과 활동을 통해 지속적으로 이루어져야 한다.

교육과학기술부(2012, 2013a, 2013b)는 유아가 자신이 살고 있는 이웃과 사회에 관심을 갖고 더 나아가 세계화 시대에 걸맞은 세계시민의 역량을 지닌 인간으로서 성장되기 위하여, 2013년 3월부터 전국의 모든 유치원과 어린이집에서 만 3~5세 연령별 누리과정을 전면 시행하였다. 이러한 맥락에서 누리과정을 바르게 이해하고 충실히 실행할 수 있도록 『누리과정 교사용 지도서』를 개발하여 지원하였다. 유아교사 대부분이 일과를 계획하고 운영할 때 교사용 지도서를 참고하고 수업 정보를 안내받고 있다.

만 3~5세 연령별 누리과정에서는 질서, 배려, 협력 등의 기본생활습관과 인성교육을 강조한다. 최근 국가·사회적으로 중요시되고 있는 녹색성장 교육내용을 특별히 강조하며, 다양한 가족 유형과 문화, 국제화 등 다원화된 사회에서 미래 민주시민의 기초를 형성하도록 다른 사람과 화목하게 지내며 나와 다른 사람과의 차이를 존중하는 내용까지도 강조한다. 그리고 종일반 특성화 교육과정 운영을 위한 유아세계시민교육 활동자료를 제시한다(교육과학기술부, 2008).

전 세계가 지구촌화되어 가면서 우리는 한 개인은 자신이 속한 지역이나 국가를 초월해 세계와 영향을 주고받으며 살아가고 있으며, 그에 대한 영향력과 속도는 더 빨라지고 있다(김항원, 2002). 이것은 우리에게 편리함, 신속성의 혜택을 주기도 하지만, 다양성이 범람하면서 이해관계가 얽혀 갈등을 양산하기도 한다(허영식, 2012). 이러한 시대적 변화 속에서 세계시민교육은 더 나은 세상, 즉 더 정의롭고 평화로우며, 지속 가능한 세상을 만들기 위해 전 지구적으로 직면한 도전과제와 이슈를 이해하고 이를 해결하기 위한 교육으로의 필요성이 제기된다.

2 유아세계시민교육의 내용

'교육'은 한 국가 차원이 넘어서 전 세계적인 개념으로 변화되고 있다. 이러한 '세계 교육'의 흐름은 교육이 사회 구성원에게 새로운 국가관과 세계관을 육성해야 함을 의미하며(서태열, 2004), 한국 교육 역시 이러한 요구를 수용하면서 변화하고 있다. 교육개혁위원회가 발표한 교육개혁안의 주요 내용 중 하나는 '세계화'였고, 이는 초·중등학교의 세계교육과 평화교육 내용을 보완, 외국어 교육의 강화 등으로 나타났다.

유아교육과정에서도 세계시민교육 내용과 관련된 요소를 살펴볼 수 있는데, 2007년 유치원교육과정 교육이념에 제시된 '홍익인간의 이념'과 '지구 공동체의 이상을 실현하기 위한 노력'이 세계시민교육 내용을 내포하고 있으며(유재경, 2008), 누리과정 역시 유아가 민주시민으로 성장하는 데 필요한 소양과 능력을 길러 미래사회를 잘 준비하는 교육을 지향하며 무엇을 가르칠 것인지에 관심을 모으고 있다(나귀옥, 2013; 배지현, 2013). 이러한 흐름에 맞춰 정체성을 지키고 변화에 능동적으로 적응하는 인재를 기르는 것이 누리과정에서 볼 수 있는 세계시민교육과 연계된 내용이라 하겠다(교육과학기술부·보건복지부, 2012).

3 유아세계시민교육의 내용 영역 및 내용 요소

유아세계시민교육의 내용 영역과 요소를 살펴보기 위해서는 세계시민교육의 개념을 재고해 볼 필요가 있다. 세계시민교육은 전 지구적 문제와 이슈에 대한 관심을 공통적으로 포함하며, 지역적 문제와 지역 수준에서의 참여 역시 강조한다. 웨일(Wail, 2013)은 지역과 글로벌 수준에서의 사회적 발전을 도모하기 위해 학습자가 함양해야 하는 지식, 기술, 가치와 관련된 교육으로 세계시민교육을 정의한다. 그리고 안드레오티(Andreotti, 2006)는 세계시민교육은 복잡한 구조와 체계, 불평등한 권력 관계 등을 비판적으로 이해하고 학습자가 처한 맥락과 위치에서 변화를 위해 적극적으로 참여하도록 돕는 비판적 세계시민교육(critical global citizenship education)이 되어야 함을 강조한다.

세계시민교육의 국내 연구를 살펴보면, 김진희(2015)는 국가를 넘어서 전 지구적 문제 해결을 위해 전 지구적 수준의 연대와 협력을 강조하며, 세계인이 하나의 공동체 시각을 갖고 세계체제를 이해하고 국제 이슈를 해결하는 데 참여하는 역량을 키우는 교육을 강조한다. 이성회 외(2015)의 연구에서는 학계와 비정부기구, 국제기구 등에서 정의한 세계시민교육의 개념을 포괄적으로 분석하여, 빠르게 변하고 글로벌 상호 의존성, 불확실성, 불평등이 증대되는 세상에서 현재보다 더 정의롭고 지속 가능한 방식으로 더불어 살아가기 위한 학습을 목적으로 하는 변혁적 교육 패러다임으로 세계시민교육의 의미를 정의하고 있다. 이처럼 세계시민교육은 더 나은 세상, 즉 더 정의롭고 평화로우며, 지속 가능한 세상을 만들기 위해 전 지구적으로 직면한 도전과제와 이슈를 이해하고 이를 해결하기 위해 지역적, 국가적, 세계적 차원에서 참여를 강조하는 지식, 가치 및 태도, 기술을 포함하는 포괄적 교육이라는 측면에서 그 내용을 설정해야만 한다.

즉, 세계시민교육이 한 국가의 국민이면서 세계 속의 시민이라는 양면성을 고루 갖춘 사람을 양성하는 것을 목표로 한다면, 내용 역시 국가의식과 세계시민의식을 가르칠 만한 것이 되어야 한다(배지현, 2013). 일부 선행연구에서는 세계시민교육 내용의 약점으로 국가의식과 세계시민의식의 균형 유지가 어렵다는 점을 들고 있다(김경은·이나라, 2012). 세계 공동체는 국가나 단체와 같이 성격이 뚜렷한 집단이 아니며, 규범적 차원에서 권고 수준의 교육이 이루어지는 집단이기 때문이다(배영주, 2013). 따라서 학자들은 세계시민의식이 바르게 형성될 수 있도록 교육내용의 균형이 매우 중요함을 인식하고, 균형 있는 교육내용 선정의 중요성을 거듭 강조한다.

학자들이 제시한 세계시민교육의 내용은 관련 이론, 다문화 교육, 세계 역사, 사회 체제, 문화적 차이 인식, 세계 문제에 관심, 인권, 환경, 평화, 국가 상호 의존성, 문제 해결을 위한 실천과 노력이었다. 그중 세계시민교육 관련 이론과 세계 문제에 관심, 인권, 평화, 환경, 그리고 문제 해결을 위한 노력에 관한 내용을 특히 중요하게 생각하고 있었다.

세계시민교육 내용은 교육 대상에 따라 교육과정에 포함하여 이루어져야 하는데, 초·중등교육과정의 경우 사회 문제와 해결에 초점을 두는 사회과, 도덕과 교육과 연계해 이루어지고 있었으며(배지현, 2013), 교사중심으로 진행되는 경우가 대부분이다(정용교, 2013). 이에 관해 김경은과 이나라(2012)는 우리나라의 세계시민교육이 한두 교과에 편입되어 평면적이고 관광식 형태로 이루어지고 있는 한계를 지적하였다. 그러므로 더 넓은 시각으로 더 많은 교과에서 학습자의 삶과 연결되는 실천적인 세계시민교육 내용이 요구된다.

〈표 2-1〉은 세계시민교육의 내용 요소를 나타낸 것이다.

〈표 2-1〉 세계시민교육의 내용 요소

구분	내용 요소
유네스코 아태교육원 (2003)	• 다문화 이해 • 세계화 문제 • 인권존중 • 평화로운 세계 • 지속 가능한 발전
미국 전국사회과협회 (1994)	• 세계의 다양한 행위자 • 인류는 세계 환경의 완전한 한 부분 • 현재의 사회, 정치, 생태학적 사실과 대안적 미래 사이에 있는 연계 • 세계적 사건에 시민 참여 • 교육적 변화의 실제
메리필드 (1997)	• 인간의 가치 • 세계체제 • 세계적인 이슈와 문제 • 세계적인 역사 • 여러 문화를 인식 • 인간의 선택에 관한 인식 • 분석 및 평가 기능의 발전 • 참여의 전략
크니에프 (1986)	• 개념적 주체 : 상호 의존, 변화, 문화, 희소성, 갈등 • 현상학적 주제 : 행위자와 구성 요소(국가, 조직, 종교와 문화집단), 주요 사건 • 지속적인 문제와 주제: 평화와 안전, 국가적·국제적 발전, 환경 문제, 인권
한베이 (1976)	• 관점 의식 : 사람마다 각각 다른 세계관을 지니고 있음을 알고 평가 • 지구적 의식 상태 : 글로벌 이슈나 사건에 관해 깊이 있는 이해를 도모 • 간문화적 인식 : 문화 간 차이와 유사성을 통해 세계 문화의 특징을 이해 • 세계적 역학 관계에 대한 지식 : 상호 의존적인 국가와 비국가 간의 행위체들의 복합적 국제 관계를 인식 • 인류 선택에 관한 인식 : 지역적, 국가적, 국제적 환경에서의 각 실천에 대한 대안적 행동 전략 검토

구분	내용 요소	
파커 (1991)	• 평화와 인권 안전 • 동서 관계 • 식민 정책 국가 및 국제적 개발 • 빈곤 • 남북 문제 • 산성비 • 열대우림 황폐 • 인종 차별 • 정치범	• 군비 경쟁 • 국제 폭력 • 기아 • 인구과잉 • 환경 문제 • 하천 오염 • 인권존중 • 원주민 • 종교적 박해
김경수·김석우 (2009)	• 다문화 사회 문화의 이해 • 다문화 공생 • 세계화와 지역화 • 정보 체계 • 지구적 과제 • 지역 개발과 환경 • 역사 인식 • 민주시민의식 • 국제협력 활동	• 문화 교류 • 글로벌 사회 • 다국적 기업 • 정보 격차 • 인권침해 및 보장 • 평화 • 미래 지향적 사고 • 공동체 의식 • 시민운동
노숙영 (2005)	• 세계체제, 세계 정치 • 국제기구 • 사회 변동 • 전통 및 이질문화 • 문화 수용의 자세 • 여성 및 어린이 학대	• 경제 • 평화 • 다문화 이해 문화의 개념 및 내용 • 문화 교류 및 전승 • 인권, 소수 노동자의 인권 • 환경오염 및 자원 문제
전희옥 (2006)	• 인권존중, 보편적 가치, 인권 문제, 인간 가치 • 세계 평화, 평화와 안전, 국제협력 • 타문화 이해, 각 집단의 다양한 가치, 다문화 이해 • 개방적인 의사소통, 세계적 문제 • 평화와 안전 관련 문제, 국가적·국제적 발전 문제 • 환경 문제, 인간의 권리에 관한 문제	
김진희 (2011)	• 정치, 인간, 권리, 존엄성, 인권 및 자유 신장 • 국가 간 상호 이해 및 협력 • 세계 경제 자유 시장 속에서의 국제협력, 경제 활동의 세계화 • 상호 의존의 이해, 사회·문화·민족 문화 양식 이해 • 문화상대주의 환경보호의 이념과 방법 • 환경 파괴와 인간 생존 간의 관계	

교육과학기술부(2008)에서는 유아세계시민교육 내용으로 세계는 하나, 소중한 인권, 다양한 문화, 함께 가꾸는 지구환경, 평화로운 세계를 선정하였고, 현은자 외(2013)는 문화 간 이해, 국제협력, 인권, 평화, 환경의 다섯 가지 내용을 선정하였다. 유네스코에서는 다문화 이해, 세계화 문제, 인권존중, 평화로운 세계, 지속 가능한 발전을 선정하였다.

교육과학기술부의 세계는 하나, 현은자 외(2013)의 국제협력, 유네스코의 세계화 문제의 경우 전체 세계시민교육의 방향과 관계있는 내용으로 모든 내용 범주에 포함될 수 있는 개념이다. 그러므로 본장에서는 유아세계시민교육 내용으로 '인권교육', '타문화 이해 교육', '평화교육', '환경교육'을 선정하였다(표 2-2 참조). 각 영역별 주요 개념과 목표, 내용에 관한 자세한 내용을 살펴보자.

〈표 2-2〉 유아세계시민교육의 내용 영역 및 내용 요소

내용 영역	내용 요소	
인권교육	1. 인간(나, 타인) 존중 3. 더불어 사는 세상	2. 자유·평등
타문화 이해 교육	1. 자랑스러운 우리 문화 3. 다양한 문화에 대한 이해와 존중	2. 다양한 문화의 공통점과 차이점
평화교육	1. 갈등과 해결 3. 평화를 위한 노력	2. 전쟁과 분쟁의 아픔
환경교육	1. 우리 생활과 환경 3. 지구를 살리기 위한 노력	2. 자연의 보존과 보호

1) 인권교육

(1) 인권교육의 개념

인권은 태어날 때부터 인간에게 부여되는 절대권으로서 인간다운 삶을 영위

하기 위한 필수 권리로, 모든 사람이 가지는 양도할 수 없는 권리이며, 인종, 피부색, 성, 언어, 정치, 재산, 출생 지위가 다름에도 불구하고 누구에게나 보장되는 권리와 자유다(국가인권위원회, 2006). 즉, 인권은 자신뿐만 아니라 타인도 존귀함을 의미하며, 인간의 보편적 가치에 초점을 맞춘다. 인간은 모두 평등하고 자유가 있으며 사람답게 살 권리가 있으나 사회 안에 불평등과 인권침해, 문화 간 우열 관계로 인한 갈등과 같이 인권과 관련된 문제는 언제나 존재한다(장혜진, 2010).

인권교육의 개념은 1978년 비엔나 선언의 인권교육지침, 1993년도 캐나다 몬트리올 회의, 1994년 유엔 인권교육 10년에서 발표된 내용 등 인권 관련 단체나 기구에서 제시한 자료를 활용하여 논의되고 있다.

1978년 비엔나 인권교육에 관한 국제회의에서는 인권에 내재된 관용과 존중, 연대의 태도를 배양하고, 국내·국제 수준에서의 인권에 관한 지식과 이행을 위한 체계를 알려 주어야 하며, 인권이 사회적·정치적 현실 속에서 실현될 수 있는 방안에 대한 자각을 높여야 함을 제시한다. 1993년 캐나다 몬트리올에서 열린 인권과 민주주의 교육에 관한 국제회의에서 채택된 '인권과 민주주의 교육 관한 세계 행동계획'에서는 인권과 민주주의를 위한 교육은 인권 그 자체이며, 사회적 정의, 평화 및 발전의 완벽한 실현을 위한 전제조건이다. 즉, 인권교육은 다양한 인권침해를 제거하고, 민주주의와 발전, 관용, 상호 존경에 기초하여 평화의 문화를 만드는 수단이다. 이를 위한 궁극적인 목적은 인권 문화를 창출하는 것이며, 개인이나 집단이 비폭력적 방법에 의해 불만이나 분쟁을 해결할 수 있는 민주적 사회를 발전시키는 것이라고 밝혔다(국가인권위원회, 2006).

1994년에 발표된 유엔 인권교육 10년(the united nations decade for human rights education : UNDHRE)에서는 인권교육의 목표와 개념을 확장하여 제시하였다. "인권교육은 인권과 기본적 자유를 존중하는 가치와 태도를 습득하여 개개인의 인성과 존엄성이 충분히 습득되도록 하는 교육 활동이며, 이러한 변화를 통하여 인종이나 성별, 국적, 종교, 문화 및 기타 구분에 의한 사람들 간에 차별과 편견이 종식되고 평등한 관계와 관용, 이해와 우호 및 평화가 증진되는 사회 형성에 기여하는 활동이다."

이를 위해 구체적인 인권교육의 하위 목적을 '인권과 기본적인 자유에 대한 존중의 강화, 인격과 인간 존엄성의 완전한 발전 추구, 모든 국가, 선주민, 인종, 지역, 민족, 종교 및 언어집단 간의 이해, 관용, 성 평등 및 우호 관계의 증진, 모든 사람의 효과적인 참여, 평화 유지를 위한 유엔 활동의 증진에 도달하기 위해 필요한 지식과 기술의 전달 및 태도의 형성을 통하여 보편적인 인권 문화를 건설하는 데 목적을 둔 훈련, 보급 및 전달의 노력'이라고 선언하고 있다. 2004년 유엔은 "인권교육은 지식과 기술, 태도 형성을 통해 인권에 관한 보편적 문화를 구축할 목적으로 이루어지는 훈련, 전파, 정보 전달과 관련된 노력"으로 정의하고 있다(국가인권위원회, 2006).

결국, 인권교육은 실제로 인권을 위해 노력할 수 있도록 하는 교육으로, 타인의 인권을 보호할 뿐만 아니라 학습자 스스로 자신의 의지로 인권을 기꺼이 받아들이고 일상생활에서 인권의 관점을 적용할 수 있는 지식과 기술을 갖도록 교육하는 것을 말한다. 따라서 인권교육은 그 과정 자체가 인권을 완성해 가는 것이며, 인권과 관련한 다양한 가치를 체득해야 하는 것이다.

인권교육학자인 태로우(Tarrow, 1987)는 인권교육을 교육의 특별한 내용과 과정을 통해서 학습자들이 그들의 권리 및 의무 의식을 발달시키고 다른 사람들의 권리에 열린 태도를 갖추며, 모든 사람의 권리를 보장하는 책임 있는 행위를 할 수 있게 격려해 주는 의식적인 노력이라고 보았다. 그는 개인 입장에서 한 개인이 자신의 권리로서 인권을 이해하는 것과 그것에 기초하여 타인의 가치를 인정하려는 노력을 인권교육의 의미로 제시하였다.

인권운동사랑방(2001)에서는 인권교육이란 학습자의 인권이 존중되는 과정을 통해 인권에 관한 지식을 얻고 인권을 존중하는 태도를 형성하며, 인권을 옹호하고 방어할 수 있는 행동능력을 기르고 인간의 잠재능력을 개발하여 현실에 존재하는 다양한 억압으로부터 스스로를 해방시킬 수 있는 힘을 길러 내기 위해

의도적으로 설계된 교수·학습의 과정으로, 사람들이 자신의 경험을 이해하고 자신의 삶을 통제하도록 하는 데에 그 목표를 두어야 함을 강조한다.

이상의 논의를 보면 인권존중교육은 민주주의의 기본적 자질인 권리와 자유·평등의 가치를 실현시킬 수 있는 태도를 함양하는 것으로 정의할 수 있다. 더불어 인권과 기본적 자유에 대한 존중을 강화함과 동시에 인종, 국가, 민족, 종교, 언어 집단 사이에 이해와 관용, 양성평등을 증진시키는 것과 인권을 수호하고 인권에 대한 지식, 기능, 가치를 사용하는 학습활동의 계획된 체계를 담고 있는 하나의 참여적 과정 개념으로 이해되어야 한다. 따라서 유아들에게 인간 존엄성의 존중을 발전시키고 인권의 기본적 권리를 주장하는 데 적극적으로 참여하게 하여, 결과적으로 정당하고 인간적인 사회를 건설하게 만드는 것을 목적으로 하는 교육으로 정의되어야 한다.

(2) 인권교육의 목표와 내용 요소

유아 인권교육의 목표는 인권 관련 지식의 획득, 인권을 위한 행동양식과 기술 습득, 가치관과 태도 형성 등 연구자마다 차이를 보이나 자기존중과 타인존중을 궁극적 목표로 하고 있다(김숙자·김현정, 2008). 일반적으로 인권교육의 목표와 내용은 같은 맥락으로 정의된다. 즉, 인간이 가진 기초적이고 보편적인 권리로서 자신이 가진 권리를 알고, 인권을 존중하고 보호하기 위한 행동양식과 기술, 인권을 존중하는 태도의 형성을 동시에 추구하기 위한 일체의 교육적 노력이며(구정화·설규주·송현정, 2004), 지식을 공유하고 기술을 전하고 태도를 형성함으로써 보편적인 인권 문화를 만드는 것을 목적으로 하는 교육, 훈련으로 정의할 수 있다.

인권운동사랑방(2001)에서 제시하고 있는 인권교육의 세부적 목표를 살펴보면 〈표 2-3〉과 같다.

〈표 2-3〉 인권교육의 세부적 목표

영역	세부 목표
지식	• 인권의 정의와 추구하는 가치를 이해한다. • 인권과 인간 존엄성과의 관계를 이해한다. • 사람, 인간의 존엄성, 그리고 인권의 중요성을 이해한다. • 인권침해가 무엇인지 정의할 수 있다. • 다양한 권리의 내용을 분류하고, 각 분류별 특성과 대표적 사례를 설명할 수 있다. • 인권침해를 불러일으키는 경제·사회·정치·민족·성적 구조나 상황, 인권침해의 책임자와 주요 인권침해 기구 등을 지적할 수 있다. • 인권침해의 유형과 인권침해의 과정을 설명할 수 있다. • 인권의 보장·증진해야 할 책임 있는 기관이 무엇인지 안다. • 한 사회의 인권침해를 낳은 국제 질서 속에서의 힘과 관계를 발견한다. • 나의 인권침해의 경험과 다른 사람의 인권침해의 경험, 국내와 국외의 인권침해가 어떻게 연관되어 있는지 이해한다.
기능	• 역사를 통해 발견되는 다양한 인권침해의 형태를 유형화한다. • 사람의 권리와 존엄성을 존중하는 마음을 표현할 수 있다. • 인권침해를 예방할 수 있는 행동 계획을 설계한다.
가치 및 태도	• 인권침해에 관한 자신의 경험을 공유한다. • 자신의 개인적 경험과 사회 구조를 연결시켜 성찰할 수 있다. • 인권침해로 고통 받는 사람들의 삶에 공감하고 외면하지 않는다. • 인권의 기준으로 자신의 삶과 태도를 성찰할 수 있다. • 인권을 옹호해야 할 필요성과 인권 옹호를 위한 작업에서 각자의 역할을 깨닫는다. • 현실의 인권 상황이 개선될 가능성을 발견하고 인권을 옹호하는 작업에 헌신하고 안내해야 할 필요성을 깨닫는다.

유아 인권교육의 목표가 단순히 인권 관련 지식에 머무르지 않고, 자기존중과 타인존중이므로 인권교육 프로그램에서 다루어져야 할 교육내용 역시 세계인권선언이나 유엔아동권리협약의 각 조항을 설명하는 것만으로는 각각의 조항이 유아의 삶에 의미하는 바를 효과적으로 전달할 수는 없다. 그러므로 인권교육은 인권 관련 지식 전달로만 국한되기보다는 인권존중의 가치관과 인권을 옹호하기 위한 태도 형성을 기초로 인권 문제를 해결할 방안을 모색하고, 통합적인 성격을 실현할 수 있는 내용으로 구성되어야 한다.

국가인권위원회의 '유·초·중·고 인권교육과정 개발 연구(문용린, 2003)' 역시 유아 인권교육의 목표를 "자신의 인권을 보호하고 타인의 인권을 존중할 줄 아는 기본생활습관 형성"으로 보고, 〈표 2-4〉와 같이 태도와 가치관을 기본 내용으로 포함하되 기본 개념은 초보 수준에서 도입할 것을 제안한다.

인권교육내용 요소를 살펴보면 다음과 같다(문용린, 2003).

〈표 2-4〉 인권교육내용 요소

구분	내용 요소	
태도·가치관	인권과 아동권리를 의식	• 존중받아야 할 자신의 권리를 의식 • 존중해 주어야 할 타인의 권리를 의식
	인권 보호에 대한 태도	• 자신의 인권 보호에 적극적인 태도 • 타인의 인권 보호에 적극적인 태도
	타인의 권리를 존중하는 태도	• 타인의 권리 방어의 책임 • 타인의 의견 경청 • 자기가 가지고 있는 편견 인식 • 차이의 수용
기본 개념	자유권 측면의 인권	• 인간으로서의 존엄과 가치 • 생명권 • 신체 자유와 안전의 권리 • 사생활의 자유 • 거주 및 이전의 자유 • 사상, 양심, 종교의 자유 • 경제적 자유(재산권, 직업선택 자유) • 표현의 자유(언론 출판의 자유, 집회결사의 자유) • 학문과 예술의 자유 • 정치적 자유(정치적 표현, 선거권 등) • 차별받지 않을 권리(아동, 여성, 소수 민족의 보호)
	생존권 측면의 인권	• 노동권(근로의 권리, 노동3권 등) • 복지(사회보장) 및 보건의 권리 • 청구권적 권리(재판청구권, 청원권, 국가배상 청구권) • 인간다운 생활권(빈곤으로부터 자유, 최저생활권 등) • 교육권(학교 선택권, 교육의 자유, 교육받을 권리 등) • 문화적 권리 • 환경권

출처 : 문용린(2003), 재구성.

리스트(1984)도 '인권'의 의미와 특징에 비추어 인권교육은 인권에 관한 인지적인 측면을 강조하는 '인권에 관한 교육(education about human rights)'으로만 머물러서는 안 되며, 인권을 보호하고 일상생활에서 인권의 관점을 적용할 수 있는 지식과 기술을 발휘하는 능력을 기르는 '인권을 위한 교육(education for human rights)'과 인권교육 현장이 가장 인권존중적이어야 한다는 '인권을 통한 교육(education through human rights)'이 동시에 이루어져야 함을 강조하였다.

따라서 유아 인권교육은 '자기존중과 타인존중'을 궁극적 목표로 하여 인권 관련 기초 지식의 획득, 인권존중의 가치관, 인권을 옹호하기 위한 태도 형성을 상세 목표와 내용으로 한 종합적인 과정으로, 편견이나 고정관념이 생기지 않도록 모든 사람은 자유롭고 평등하며, 다른 사람들의 인권을 존중하고 보호해 주기 위해 유아가 할 수 있는 일을 알고 실천하려는 태도가 필요함을 교육해야 한다(교육과학기술부, 2012a).

2) 타문화 이해 교육

(1) 타문화 이해 교육의 개념 및 목표

전 세계가 다양한 문화가 공존하는 다문화 시대로 진입하면서 이에 적합한 사고와 개방적인 태도를 형성하도록 요구하고 있다. 각 나라의 문화가 연결되고 각 문화를 인정하고 수용하면서 문화의 다양성을 추구하는 모습이 두드러지게 나타난다(유홍옥 외, 2009). 우리나라의 타문화 이해 교육은 2000년대에 뱅크스(2004a)를 비롯한 외국 학자들의 영향으로 모든 유아의 평등을 강조하는 반편견적 개념이었으나, 최근에는 세계시민교육과 같은 확장된 개념으로 되돌리려는 경향을 보인다. 즉, 타문화 이해 교육을 다문화 가정에 지원하는 편협하고 배타적으로 볼 것이 아니라 포용적 관점에서 다원주의로 보아야 한다(이영석, 2007).

타문화 이해 교육은 유아가 직면하게 될 다양한 문화 공동체에서 공동의 목표를 향해 생활하고 의사소통하는 지식, 태도, 기술을 가질 수 있도록 준비하는 교육이며(천희영 외, 2008), 유아가 다문화적 환경에 관한 지식적인 이해뿐만 아니라 타문화를 대하는 태도도 강조한다. 양영자(2008)는 인종, 민족, 지역, 계층 간의 불평등 문제를 해소하고 공동체로서 국가의 응집력과 결속력을 도모하는 교육이라고 다문화 교육을 정의하였다. 즉, 타문화 이해 교육은 다양한 문화에 대해 평등한 관점에서 이해하고 수용하여 하나의 공동체로 인식할 수 있는 태도를 갖도록 하는 교육이며, 타문화와 소통하고 스스로 응용하여 발전해 갈 수 있도록 도와주는 교육을 의미한다.

특히 타문화를 대하는 태도를 기르는 데 결정적인 시기는 유아기이며, 학자들은 만 2~3세의 유아는 이미 타인의 피부색, 성, 신체 구조 등에 관심을 보이고, 만 4~5세가 되면 민족집단과 성에 대한 정체성을 형성한다고 하였다(유흥옥 외, 2009). 이렇게 형성된 타문화집단에 대한 태도는 주변 사회의 편견과 고정관념에 따라 유아의 태도를 형성하게 되는데, 한번 형성된 태도는 생애 전반에 영향을 미친다. 따라서 자신과 다른 문화적 배경에 있는 타인을 이해하고 존중하는 데 필요한 지식과 기술, 태도 등을 습득하여 서로 공존할 수 있도록 지원하는 교육인 타문화 이해 교육은 유아기에 반드시 이행되어야 한다.

타문화 이해 교육은 다양한 문화를 수용하면서 시대의 변화에 자신을 긍정적으로 변화시킬 수 있는 바람직한 인재를 양성하기 위한 목표 하에 시작되어야 한다. 즉, 지구촌 사회에 다양한 문화가 공존하고 있음을 알고 그 문화에 관심을 갖는 것에서부터 각 문화의 유사점과 차이점을 알고 이해하면서 소통할 수 있도록 돕는 데에 목표가 있다(김영옥 외, 2010).

기존 연구자의 타문화 이해 교육의 목표를 세분화하여 살펴보자. 김정원 외(2010)는 지식 및 이해, 사고과정, 태도 및 가치, 기술로 나누어 네 가지 측면에서 설명한다. 지식 및 이해 부분은 다양한 문화의 유사점과 차이점을 이해하고 존중해야 한다는 내용을 담고 있으며, 사고 과정은 유사점과 차이점을 통해 공존할 수 있는 방안을 모색하는 것이다. 태도 및 가치 부분은 다양성의 가치를 인정하고 수용하며 평화로운 삶을 함께 살아갈 수 있다는 것을 아는 것에 목표를 두었다. 마지막으로 기술 부분은 문화 간의 관계를 이해하고 갈등 상황을 해결할 수 있는 실질적인 해결 방안을 찾아보는 것으로 목표를 제시했다.

양옥승(1997)은 타문화 이해 교육을 위한 교육 목표로 세 가지를 제시하였다. 첫째, 자신과 한국 문화에 대해 정체성을 가지며, 둘째, 다양한 문화에 관심을 가지고 다른 사람과 더불어 생활하는 기초 능력과 태도를 기르며, 셋째, 창의적으로 문제를 해결할 수 있는 기초 능력을 기르는 것이라고 하였다.

임명희와 최안복(2007)은 유아의 주체성과 개방성을 강조하면서 인간교육의 방향은 자신의 문화적 위치를 이해하여 이를 주도적으로 이끌어 가며 동시에 타인에 대해 존중할 줄 아는 능력을 기르는 것이라고 하였다. 이는 조금 더 적극적인 타문화 이해 교육의 방향으로 교육과학기술부의 세계시민교육 목표와 유사하다.

이처럼 여러 학자가 강조하는 내용을 통해 알 수 있는 것은, 유아가 자신의 정체성을 이해하고 세계의 다양한 모습을 존중하는 태도를 기르는 동시에 응용할 수 있는 능력을 겸비하는 것과, 교육으로 세계화 시대의 바람직한 인간상을 형성하는 데 기초를 형성하는 것으로 유아의 타문화 이해 교육이 단순히 지식 전달 위주가 아닌 사고와 태도를 형성하는 데 강조점을 두었다는 점을 알 수 있다.

교육과학기술부(2009)는 타문화 이해 교육을 조금 확장된 개념의 세계시민교육으로 보았고 목표를 다음과 같이 정의하였다.

- 인간은 누구나 소중하며 존중하는 태도를 갖는다.
- 나는 세계의 한 구성원임을 알고 세계의 번영을 위해 노력한다.
- 문화적 차이를 이해하고 존중하는 태도를 갖는다.
- 갈등을 평화적으로 해결하고 평화를 실현하기 위해서 노력한다.

- 세계시민으로서 지구환경을 가꾸기 위해 노력한다.

이를 종합해 볼 때, 타문화 이해 교육의 목표는 정체성과 수용성, 존중으로, 자신의 문화에 대해 자부심을 갖고 바르게 이해하는 정체성을 전제로 다른 나라의 문화를 수용하고 존중할 줄 아는 태도를 형성하는 것이다(박찬옥 외, 2011). 자신과 타인을 존중하는 태도를 갖게 함으로써 결과적으로 나와 다른 외모, 문화, 생각, 생활방식을 가진 사람을 이해하고 수용하여 더불어 살 수 있는 기반을 만들고자 하는 것이다(교육인적자원부, 2007). 유아기 타문화 이해 교육은 세계 여러 나라에 관한 지식 습득만이 목표가 되어서는 안 되며 편협하지 않은 태도를 형성하는 것이 동시에 이뤄져야 한다. 즉, 자신에 관한 이해와 타문화에 대한 바른 태도를 형성하는 것이다.

〈표 2-5〉는 학자들의 타문화 이해 교육의 목표를 정리한 것이다.

〈표 2-5〉 학자별 타문화 이해 교육목표

학자	내용
렘지(1987)	• 문화 • 편견 • 정체성 • 다양성 • 관계 증진
교육과학기술부(2009)	• 소중한 인권 • 세계는 하나 • 다양한 문화 • 평화로운 세계 • 함께 가꾸는 지구환경
박찬옥 외(2011)	• 유아의 권리(생존의 권리와 보호의 권리, 발달의 권리), • 문화의 다양성과 정체성(국적, 인종, 민족성, 종교, 사회계층, 성) • 인종과 민족성 • 세계시민 정체성(문화적 정체성) • 다양한 가족(한부모 가족, 조부모 가족, 동성애자 가족), • 세계적 이슈(전쟁과 기아)
양옥승(1997)	• 정체성 • 다양성 • 문제 해결력
박찬옥 외(2001)	• 상호 의존 • 유사성 • 갈등 해결

학자	내용		
박찬옥 외(2001)	• 상호 의존	• 유사성	• 갈등 해결
정정희(2006)	• 문화 • 정체성	• 협력 • 평등성	• 편견 • 다양성
오은순(2009)	• 정체성 • 시민성	• 다양성 • 문화 창조성	• 평등 및 정의
디만-스파크와 테스크 포스 (1999)	• 문화 • 협력	• 민족과 인종	• 편견과 불평등
멜렌데즈와 오즈테르타그 (1997)	• 문화 • 협력	• 민족과 인종	• 편견과 불평등
티트와 티트 (1989)	• 문화 • 정체성	• 사회적 지위 • 종족	• 인종
멜렌데즈와 벡, 플레쳐 (2000)	• 국적 • 종교	• 종족 및 인종 • 사회계층	• 성 • 예외성
뱅크스와 뱅크스 (2001)	• 성 • 언어 • 예외성	• 인종 • 사회적 계층	• 민족성 • 종교

(2) 타문화 이해 교육의 내용 요소

오늘날 세계화 현상으로 세계적 규모에서 문화의 보편성이 나타나기도 하지만 여전히 서로 다른 문화권 안에 살고 있으며, 그에 따라 문화적 다양성을 경험하며 살아가고 있다(허영식, 2003). 유아가 빠르게 변화하는 세계 속에서 바르게 성장하려면 타문화를 이해하기 위한 기초적인 지식과 경험을 쌓을 필요가 있다(교육과학기술부·보건복지부, 2012). 또한, 한국인으로서 정체성과 자긍심을 갖는 것 역시 타문화를 이해하고 수용하는 첫걸음이 되므로(교육과학기술부·보건복지부, 2012; Collins, 2012) 우리나라에 관한 교육내용이 포함되어야 함을 강조한다(유재경, 2008).

또한, 다양한 문화와 관련된 교육이 특별 행사와 같은 관광식 교육으로 변질되지 않도록 경계해야 한다(배지현, 2013; 신현경, 2009; Demaine, 2005). 다양한 문화에 대한 체험적 측면에만 초점을 둔다면 교육내용이 일회성에 그치게 될 우려가 있으므로 다양한 문화 경험이 유아의 삶과 의미 있는 관계를 형성하고, 문화의 상대성과 보편성 사이에서 균형을 이룰 수 있도록 알맞은 교육내용이 선정되어야 한다(정은주, 2010; 허영식, 2003).

국내외 학자들의 연구에서는 문화, 협력, 편견, 정체성, 다양성, 평등성, 인종, 민족, 성 등의 다양한 측면의 내용을 다루고 있음을 알 수 있다. 따라서 이러한 내용을 각 영역 간 통합적 접근을 통해, 유아의 경험과 흥미, 요구와 반응을 반영하여 유아 주변의 인적·물적 환경과 관련시켜 교육과정 전체와 통합적으로 접근해야 한다(김혜숙, 2011). 유흥옥 외(2010)는 유아는 현재의 일상적인 실생활 문화를 중심으로 활동을 전개할 때 가장 현실감을 가지므로 교육 활동의 근간을 현재의 생활 현장에서 찾는 것을 기본 원칙으로 삼아야 한다고 하였다. 즉, 타문화 이해 교육의 내용은 유아가 쉽게 접할 수 있는 내용으로 유아기 발달에 적합한 내용이어야 한다.

인종, 의식주 등 세계 여러 나라 사람들의 모습에 관한 내용에서 각 나라의 문화적인 특징을 알 수 있는 문화재, 건축물, 음악, 춤 등 세계 여러 나라의 문화유산에 관한 내용을 담아야 한다. 또한, 월드컵과 같은 세계적인 협력과 수입 및 수출과 같은 경제적 교류 등을 담고 있으면서 환경오염으로 인한 재앙과 재해, 전쟁 등을 통해 세계의 자연과 사회현상을 포함하여 유아교육과정과 연계하여 가르쳐야 한다.

3) 평화교육

(1) 평화교육의 개념 및 목표

평화는 전쟁과 반대되는 개념으로 '전쟁이 없는 상태'를 의미하였으나, 최근에는 전쟁과 폭력이 없는 상태를 넘어 '사회정의와 인권이 보장되는 상태'라는 넓은 의미로 사용되고 있다(전희옥, 2006).

현대사회는 정치, 경제, 사회, 역사적인 문제로 인해 국가 간 복잡한 관계를 형성하여 끊임없이 갈등과 분쟁이 일어나고 있다(현은자 외, 2013; Yamasita, 2006). 이러한 문제는 전쟁이나 내전 중인 소수 국가에 국한된 문제가 아니다(Brown & Morgan, 2008). 평화는 사회정의가 실현되고 인권이 보장된 사회 속에 행복하게 살아갈 수 있도록 모든 사람이 누려야 할 권리이다(교육과학기술부, 2012d). 따라서 이를 지키기 위해 세계를 넓은 시각에서 바라보며 지속 가능한 실천 노력을 모색하고 실천 가능한 교육을 해야 한다(교육과학기술부, 2008; Yamasita, 2006; Zahabioun et al., 2013).

평화교육은 1999년, 100년 만에 다시 모인 '헤이그 평화회의(the Hague appeal for peace)'에서 주요 의제로 제시되었다. 1997년 유엔총회에서는 2000년을 '세계 평화 문화의 해(international year of the culture of peace)'로 선포하고, 이듬해 2001년부터 2010년까지의 10년을 '평화의 문화와 세계 어린이들을 위한 비폭력 10년(international decade for a culture of peace and non-violence for the children of the world)'으로 지정하였다. 그리고 유엔과 유네스코는 새 천년의 평화 문화를 세우기 위해 '세계 문화와 비폭력을 위한 선언 2000(manifesto 2000 for a culture of peace and non-violence)'을 발표하고 전 세계 1억 명의 서명을 받은 바 있다(정현백, 2002).

평화교육은 그 사회가 요구하는 평화를 달성하기 위해 시민들에게 평화와 관련된 지식, 가치, 태도를 교육하는 것이다. 평화교육은 무엇이 평화이며, 왜 우리가 원하는 만큼 평화를 달성하지 못하고 있는지, 어떻게 평화를 달성할 것인지를 가르치는 과정이다.

평화교육의 주요 목적은 평화에 관한 개인의 인식과 책임감 등을 높이는 데 있다. 평화교육은 교육의 모든 영역에서 비평화적 요인과 폭력의 원인 및 조건을 탐구하고 분석하는 과정을 통해 평화 의식을 함양하는 데에 그 목적을 두고 있다(설규주, 2009). 박보영(2009)은 평화교육을 서로를 살리는 관계를 형성하는 역량을 길러 주는 교육으로 정의하였다. 결국, 평화교육의 가장 중요한 목표는 평화로운 사회를 만들 수 있는 인간을 키우는 것이다. 평화로운 사회와 문화적 여건을 만들어 가는 것이 개인의 성품이라는 차원의 접근에서 벗어나 교육을 통해 평화로운 인간상을 만들 수 있다고 본다. 평화로운 인간상을 길러 내고, 평화로운 상태를 달성하기 위한 사회적·구조적 노력이 필요함을 의미한다.

(2) 평화교육의 내용 요소

우리나라에서 평화교육의 유형과 내용을 정리하는 작업은 보편적 가치로서의 평화교육뿐만 아니라 우리나라가 처한 구체적인 시대적 상황이 요구하는 평화에 관한 교육이 병행되어야 한다(강순원, 2003). 평화교육 내용의 주장을 살펴보면, 해리스와 모리슨(Harris & Morrison, 2011)은 국제이해교육, 갈등 해결 교육, 폭력 예방 교육, 개발교육, 인권교육, 다문화 교육, 반편견 교육, 비폭력 교육, 환경교육 등으로 분류하고 있다. 부산대학교 사범대학 국제이해교육연구팀(2013)은 폭력 예방 교육, 환경 파괴, 빈부 격차, 기아, 빈곤, 국가 간 불균등 발전, 자원 고찰 등의 개발 교육, 능력, 나이, 외모, 계층, 문화, 성, 인종 등에 관한 반편견 교육 등을 제시하고 있다. 힉스(Hicks, 1993)는 평화교육의 영역을 지식, 기술, 태도로 나누어 제시하였는데, 지식 영역은 갈등, 평화, 전쟁, 핵, 정의, 권력, 성, 인종, 생태학적 문제, 미래이다. 기술 영역은 비판적 사고, 협력, 공감, 단호함, 갈등 해결이 해당하며, 태도 영역은 자아 존중, 타인존중, 생태학적 관심, 열린 마음, 전망, 정의에 대한 헌신이라고 보았다.

고병헌(2000)은 평화교육의 내용으로, 분단, 군사 문화, 경제적 세계화, 생태계 파괴와 환경오염, 성, 지역, 학력, 인종, 장애인 등의 차별 문제, 가족과 전통의 해체, 자본과 과학의 결합에서 비롯된 과소비 문화, 정보화 부작용, 교육 파행과 공교육 실종, 국가와 개인, 집단과 개인, 개인과 개인, 종과 종 사이의 인권 탄압·인권침해·권리침해를 포함한 인권 문제를 제시하고 있다.

강순원(2000)은 평화교육의 내용 영역을 〈표 2-6〉과 같이 정리하고 각 해당하는 내용 요소를 제시하였다.

〈표 2-6〉 평화교육의 내용 영역

지식 영역	기술 영역	태도-가치 영역
• 식민주의 / 제국주의 • 평화 / 폭력 • 분단 / 통일 • 전쟁 / 군축 / 핵 • 지속 가능한 개발 / 갈등 • 계급 / 인종 / 인권 • 정의 / 민주주의 • 문화 다양성	• 적극적 말하기와 듣기 / 협동 • 놀이 / 노작 • 대화 / 토론 • 비판적 사고와 분석 • 창의적 활동 / 중재 • 의사 결정 / 명상 • 마음 비우기	• 자기존중 / 타인존중 • 생명존중 / 측은지심(약자 배려) • 나눔과 연대 / 성 평등적 태도 • 비폭력 / 공동체 의식 • 생태학적 관심 • 미래를 전망 • 진리에 헌신 / 상생 • 관용

출처 : 강순원(2000).

한편, 평화교육의 내용 요소로 평화의 개념, 갈등과 해결, 분단과 통일, 권력과 정의, 세계화와 불평등 등 다섯 가지로 나누어 볼 수 있으며, 각 내용 요소별 세부 내용은 〈표 2-7〉과 같다.

〈표 2-7〉 평화교육의 내용 요소

주제	세부 내용
평화의 개념	• 서양과 동양의 다양한 평화의 의미 탐색 • 적극적 평화와 소극적 평화 • 평화를 위한 조건(폭력의 개념)
갈등과 해결	• 다양한 차원(개인, 가정, 사회, 국가)의 갈등의 발생 원인과 형식 • 갈등 해결의 과정과 방법, 기술 • 갈등이 극대화된 전쟁과 핵 문제의 이해 • 평화적인 갈등 해결의 경험 공유 및 역사적 사례 조사

주제	세부 내용
분단과 통일	• 분단 상황에서 발생하는 문제 조사 • 평화로운 국가를 만들기 위한 노력 • 통일국가에 대한 기대와 우리의 노력
권력과 정의	• 권력의 종류와 발생 배경, 권력 구조 • 권력 유지, 분배와 불평등 • 정의의 의미와 사회정의를 추구하는 다양한 활동
세계화와 불평등	• 세계화의 의미와 현상 • 세계화에 따른 정치·경제적 문제 • 세계화의 문제를 해결하기 위한 새로운 시각

평화교육에서는 교수·학습방법도 매우 중요하다. 기존 연구에서는 평화교육 방법으로 전통적인 강의식 수업방법에서 탈피하여 학생들이 스스로 문제를 인식하고 이를 실천할 수 있는 가치, 태도적인 측면을 강화할 수 있는 활동중심의 수업방법이 강조될 뿐이었다. 평화교육의 내용 요소를 정리하기는 했지만, 평화교육의 내용과 체계가 구조적 폭력 개념의 도입으로 확장되면서 내용과 유형의 합의가 어려운 상태이다. 더불어 평화교육의 교수·학습방법은 서로 독립적이거나 배타적이지 못하고 다른 교수법과 중첩된 부분이 많다(부산대학교 사범대학 국제이해교육연구팀, 2013).

따라서 평화교육의 핵심어와 기술, 자세 및 교수, 학습방법에 관한 심도 있는 연구가 필요한 상황이다. 몇몇 연구자의 평화교육의 교수·학습방법 제안은 다음과 같다.

갈퉁(Galtung, 2000)은 자기 규제적이며 남과 더불어 살아갈 수 있는 가치를 지닌 균형 잡힌 사람을 양성하기 위해 평화교육의 활성화 단계를 분석, 일반적 목표 설정, 비판, 제안 구성, 행동의 다섯 가지 내용으로 분류하여 제시하였다. 갈퉁의 이야기는 구체적인 교수·학습방법이라기보다는 평화교육 실천을 위한 단계로서 의미가 있다.

투볼(Tudball, 2003)은 평화교육이 강조하는 가치 및 태도를 기르고 기술을 연마하기 위해 교수·학습방법으로 적극적 교수·학습, 참여적 학습, 실험적 학습, 또래와의 파트너십 학습, 또래와의 대화 학습, 자기표현 학습, 타문화 학생과의 교환 교육 등을 제시하였다.

투볼의 평화교육 가치 및 태도, 기술, 교수·학습방법은 〈표 2-8〉과 같다.

〈표 2-8〉 투볼의 평화교육 가치 및 태도, 기술, 교수 · 학습방법

구분	내용
가치 및 태도	• 인종, 성별, 연령, 국적, 계급, 외모, 정치적 신념, 종교, 신체적·정신적 능력 등에서 차별 없이 타인을 존중하기 • 타인의 주장과 입장을 그들의 시각으로 이해하고 공감하기 • 개인과 집단이 긍정적인 변화를 이끌어 낼 수 있다는 믿음 • 다양성을 존중 • 자기존중 • 사회정의와 평등 및 비폭력에 대하여 책임 • 환경과 생태계에 대한 이해와 고려 등
기술	• 편견을 구분하는 기술 • 문제 해결 능력과 독립적인 연구 능력 • 나눔과 협력, 의사 결정의 공유 • 비판적 생각과 판단 • 자신과 타인에 대한 자기존중 강화 • 창조적인 자기표현 • 개인·집단·지역·지구적 차원의 상호 연계성 인식 • 솔직한 대화, 타인 의견을 섬세하게 경청 • 자기반성 • 공격적·파괴적이지 않은 방법으로 자기 의견이나 기분 표출하기 • 비폭력적인 행동 등
교수·학습방법	• 적극적인 교수·학습 • 참여적 학습 • 실험적 학습 • 또래와의 파트너십 학습 • 또래와의 대화 학습 • 자기표현 학습 • 타문화 학생과의 교환 교육 등

출처 : 투볼(2003).

4) 환경교육

(1) 환경교육의 개념 및 목표

환경이란 자연환경을 비롯하여 인간을 둘러싸고 있는 모든 것으로, 인간 주위를 둘러싸고 있는 생물과 무생물로 이루어진 자연환경과 인간의 활동으로 이어지는 인공 및 사회 환경으로 구성된다. 최근에는 인간도 환경의 일부라는 생태지향주의 입장에 기초하여 인간과 자연이 공존하는 동반자 관계로 보며, 환경을 환경 자체에만 국한하지 않고 환경 문제와 환경보전을 포함한 적극적 의미로 해석한다. 환경교육은 자연환경과 인간환경 사이의 상호 관계를 이해하고, 환경과 관련된 문제에 대하여 관심을 가지며, 환경에 대한 인간의 책임과 역할을 인지하여 환경보전에 적극적으로 참여하는 태도와 환경 문제를 해결하는 능력을 기르는 것이다.

환경부(2002)에서는 환경교육은 쾌적한 환경의 질 향상을 이룬다는 환경 정책적 목표뿐만 아니라 환경교육을 환경의 가치를 재인식하고 명료화하는 과정을 통하여 환경 문제와 관련된 의사 결정과 행동 규범을 올바른 방향으로 수립할 수 있게 하는 과정이라고 정의하였다. 또한, 환경교육은 국민의 '쾌적한 환경'에 대한 욕구를 충족시켜 주는 '생존을 위한 교육', '삶의 질을 유지하는 교육'이면서, 현재의 환경 문제와 미래에 도래할 환경 문제의 해결을 추구하는 미래 지향적, 목표 지향적, 가치 지향적, 행동 지향적인 전인교육의 일환이라고 할 수 있다(최돈형 외, 2010).

따라서 환경교육의 개념을 정리하면, 인간이 살고 있는 환경 속에서 인간과 환경과의 상호작용의 관계를 이해하고, 현재와 미래의 환경 문제에 관심을 두며, 이를 예방하거나 해결할 수 있는 지식, 기능, 태도를 기르는 전인교육이라고 할 수 있다.

유아기의 환경교육의 중요성을 채영란 외(2011)는 지구를 건강하게 만들 수 있는 환경 친화적인 태도와 환경보전에 관한 지식과 소양을 갖춘 성숙한 국제사회의 구성원으로 성장시킬 수 있다고 피력한다. 교육과학기술부(2012)는 인간-자연 존중 세계관에 기반을 두고 인간과 인간의 조화, 인간과 자연의 조화를 강조한다. 이렇듯 환경교육은 가치관과 생활양식의 변화를 위한 교육으로, 혼자 살기 위한 경쟁이 아니라 공존하는 방법이 교육되어야 하며, 타인과 자연을 대상으로 여기는 가치관을 바꾸는 교육이어야 한다. 또한, 환경교육에서의 생태학적 관점은 자연을 존중하는 태도에 역점을 두면서 인간과 자연의 상호 의존적인 관계에서 그 가치를 이해하고 보전하는 데 초점을 둔다(문영희, 2003). 따라서 환경은 세계시민의 삶의 터전이며 인류 공동의 유산이므로, 이에 관한 교육을 실시하여 환경에 대한 의식을 형성해야 한다.

이미 진행된 무분별한 에너지 사용은 지구온난화를 유발하였고, 이로 인한 사막화 현상, 해수면 상승, 자연재해가 인간을 위협하고 있다(월드비전, 2012). 또한, 환경오염의 심각성을 깨달아 이를 방지하고자 하는 노력을 실천하는 책임의식이 바탕이 된 교육내용이 필요하다(교육과학기술부, 2012b; 전희옥, 2006; 최정숙·조철기, 2009). 환경교육은 환경 인식을 통해서 인간과 자연에 관한 풍부한 감성 및 상상력, 창의력을 기르고 정서를 발달시키며 환경적으로 건전한 가치, 신념, 태도, 윤리를 갖게 하고, 나아가 환경적으로 바람직한 의사 결정과 실천적 활동을 통해 인류 공동의 삶에 이바지한다는 점에서 그 의의가 있다.

(2) 환경교육의 내용

환경교육의 중요성과 더불어 2008년 3월 21일에 「환경교육진흥법(제 8949호)」이 제정되어 "환경교육이란 국가와 지역사회의 지속가능발전을 목표로 국민이 환경을 보전하고 개선하는 데 필요한 지식, 기능, 태도, 가치관 등을 배양하고 이를 실천하도록 하는 교육"으로 지식과 기능, 태도와 가치관의 형성을 강조한다.

환경교육은 현재의 환경 문제를 해결하려는 소극적인 대처가 아니라 미래 지향적 관점에서 이루어져야 한다. 이러한 관점에 기초하여 환경교육은 가치관,

신념, 태도, 참여 등에 강조점을 두고 실천해야 한다. 교육으로 현 세대는 물론 미래의 주역인 유아에게 환경에 대한 올바른 인식을 갖게 함으로써 건전한 인격 형성과 미래에 더 심각해질 환경 문제를 예방하여 쾌적한 환경을 누릴 수 있도록 하는 데 궁극적인 목적을 둔다.

유네스코 보고서(1990)에서는 환경교육의 목표로 '인식, 지식, 태도, 기능, 참여'로 제시하고 각 항목별 내용은 다음과 같다.

- 개인과 사회집단이 전체 환경과 이에 관련된 문제를 인식하고 감수성을 갖도록 도와준다.
- 개인과 사회집단이 전체 환경과 이에 관련된 문제에 관한 다양한 경험과 기본적인 이해를 얻도록 도와준다.
- 개인과 사회집단이 환경 보호와 개선에 능동적으로 참여하려는 동기, 그리고 환경에 관한 가치와 관심을 갖도록 도와준다.
- 개인과 사회집단이 환경 문제를 확인하고 해결하는 기능을 습득하도록 도와준다.
- 개인과 사회집단이 환경 문제 해결 과정에 능동적이며 책임감 있게 참여할 기회를 제공한다.

환경부(2006)는 환경교육의 목표로 유아가 주변 환경에 관심을 갖고 환경을 아끼고 보호하는 인식 형성하기, 환경의 중요성을 깨닫고 환경을 보호하고 개선하고자 하는 동기와 태도를 형성하기, 주변 환경에 관한 지식 습득하기, 환경보전과 개선을 도울 수 있는 기능 습득하기, 환경보전과 개선을 위한 행동을 능동적으로 실천하기 등을 설정하고 있다.

따라서 유아환경교육의 목적은 유아가 가까운 주변 환경에 대한 관심을 시작으로 사람과 자연을 존중하면서 환경을 보전하는 지식 및 기능, 태도를 갖추는 것이다. 궁극적으로 환경에 관해 느끼는 것과 아는 것과 환경을 위해 행동하는 것의 균형을 이루는 데 중점을 두고 있다.

이러한 목적에 따른 환경교육의 내용을 살펴보자. 초기의 환경교육 내용은 자연환경과 환경오염 중심으로 구성되었으나, 점차 환경 위생, 환경 윤리, 소비생활 등 생활양식과 관련된 내용으로 확장됨에 따라 윤리적·사회적 측면이 강조된다. 즉, 환경교육의 강조점이 환경 지식과 기능 측면에서 가치관, 태도, 참여 측면으로 변화되면서 환경교육 내용은 이러한 교육목표를 달성하기 위해 환경 문제의 예방 및 삶의 질 유지에 공헌할 수 있는 생활양식과 소비 양식 관련 내용을 중심으로 변화한다고 볼 수 있다.

〈표 2-9〉는 한국 환경교육학회 학술발표회에서 발표한 환경교육 영역 및 내용이다.

〈표 2-9〉 환경교육을 위한 영역 및 내용

영역	내용
환경 자체를 이해	• 인간의 간섭 없이 건강한 환경 자체가 가지는 특성을 탐구 • 여러 형태의 자연계의 환경이 어떻게 작동하고 있는가를 탐구 • 다양한 형태로 존재하는 자연의 환경이 인간의 간섭이 없이 건강한 자연 상태에서 어떻게 존재하며, 상호작용을 통해 어떻게 변화하는가를 탐구 • 환경 자체가 가진 고유한 가치를 추구하는 탐구
환경과 인간의 관계를 이해	• 인간에 의한 환경 관련 변화를 탐구 • 인공 환경과 자연환경과의 관계를 이해하고자 하는 탐구 • 환경은 인간에게 어떤 의미를 주는지, 어떤 필요와 가치가 있는지, 어떻게 개발되고 이용되는지에 관한 탐구
환경 문제를 이해	• 환경을 이용하는 과정에서 환경 문제가 발생되는 과정과 그 현상을 탐구 • 인간 활동이 환경에 미치는 영향을 탐구
환경 문제 해결을 위한 구체적인 해결 방안	• 발생되는 구체인 환경 문제에 대해 가장 효율적으로 해결하기 위한 과학 기술, 사회 경제, 정책 해결 방안을 탐구 • 본질적으로 응용과학 성격을 갖는 환경 문제 해결 방안을 탐구 • 환경에 대한 기초학문적 이해를 바탕으로 실제적인 문제 해결을 추구하는 탐구

영역	내용
근본적으로 환경을 보호하기 위한 대책	• 환경을 더욱 근본적이고 예방적으로 보호하기 위한 탐구 • 거시적이고 기초적이며 미래 지향적인 관점에서 지속 가능한 환경을 위해 어떤 사회적·개인적 노력을 하여야 하는지를 탐구 • 관련된 철학적 규명, 의미 해석, 어떤 사회적·교육적·과학 기술적·문화적 시스템을 만들어야 하는지 등에 관한 탐구

출처 : 심정은 · 이두곤(2008)

환경교육 내용에 관련한 학자들의 연구를 살펴보자. 현온강 외(2003)는 환경의 개념(자연환경, 인공 환경), 환경 문제 발생의 원인(인구, 산업화와 도시화), 환경 문제(자원 고갈, 환경 공해), 환경보전 및 대책을 제시하였다. 최돈형 외(1992)는 자연환경, 인공 환경, 인구, 산업화와 도시화, 자원, 환경오염, 환경보전, 환경 대책, 환경 위생을 제시하였다. 신세호 외(1987)는 자연환경, 인공 환경, 인구, 산업화와 도시화, 자원, 환경오염, 환경보전, 환경 정화, 환경의 질 향상을, 남상준(2010)은 자연환경, 인공 환경, 인구, 산업화와 도시화, 자원, 환경오염, 환경보전, 환경 대책, 환경 위생을 제시하였다. 한국환경교육학회(2000)에서는 자연환경, 인공 환경, 인구, 산업화와 도시화, 자원, 환경오염, 환경보전과 대책, 환경 위생, 환경 윤리, ESSD(지속 가능한 개발), 건전한 소비생활을 제시하고, 윤기영 · 조경희(1993)는 깨끗한 생활, 깨끗한 물의 보전, 깨끗한 공기의 보전, 깨끗한 흙의 보전, 식물 보호, 동물 보호, 물건 절약, 쓰레기 줄이기, 음식, 소음 줄이기, 에너지 절약을 그 내용으로 제시하였다.

환경부(2006)에서는 깨끗한 생활, 깨끗한 물의 보전, 깨끗한 공기의 보전, 깨끗한 흙의 보전, 식물 보호, 동물 보호, 물건 절약, 쓰레기 줄이기, 음식, 소음 줄이기, 에너지 절약을, 교육과학기술부(2012)는 몸과 주변을 깨끗이 하기, 사회적 가치를 알고 지키기, 생명체와 자연환경 알아보기, 자연 현상 알아보기 등의 하위 내용을 제시하며, 여기에는 깨끗한 생활, 소음, 에너지 절약, 생명존중, 돌봄, 동 · 식물에 대한 관심 및 보호, 자연에 관심 갖기를 그 내용으로 포함한다.

선행연구를 종합해 보면, 유아를 위한 환경교육 내용은 학자마다 다양하나, 대체로 유아의 주변 생활 환경과 가까운 물, 공기, 흙, 자연, 동·식물, 에너지 절약, 인간과 자연의 공존을 공통적으로 제시한다.

유아 환경교육에 적합한 내용으로 이조이(Izzoi, 1989)는 취학 전이나 유치원, 초등학교 저학년에서는 가치 및 태도 육성 등의 정의적 교육에 비중을 두고, 학년이 올라감에 따라 상대적으로 정보 및 지식 습득 등의 인지적 교육의 비중을 늘려야 한다고 주장하였다.

남상준(2010)은 환경교육의 내용으로 구체적인 주변 환경과 사물에 관련된 소재 중심으로부터 점차 추상적이고 광역적인 환경 개념이나 환경 문제가 선정·제시되어야 한다는 지역 확대의 원칙을 제시하였다. 취학 전에는 유아 주변의 환경과 가정환경의 영역에서, 유치원과 초등학교 저학년에서는 학교(유치원) 환경과 가까운 지역 환경으로 확대하는 것이 적절함을 강조한 것이다.

신금호(2009)는 환경보전 지식의 연령별 차이의 연구에서 만 3~4세보다 만 5세 유아가 훨씬 높은 수준의 환경보전 지식을 가지고 있으며, 이와 관련하여 환경오염이나 보전에 관련된 환경교육 활동은 만 5세부터 본격적으로 이루어져야 하고, 만 3~4세는 환경오염이나 보전보다는 환경 친화적 태도를 형성하는데 주력할 것을 시사했다. 또한, 만 3~4세 유아에게 친숙한 주제나 일상생활과 관련된 환경교육 활동을 선택하고 먼 지역, 추상적 개념, 복잡한 원인과 결과에 대한 이해가 포함된 활동은 만 5세부터 실시하는 것이 적절하다고 하였다.

또한, 유아 환경교육은 생활주제와 관련하여 일과와 자연스럽게 통합되어야 하며, 유아교육기관의 지역적인 특성 및 유아의 발달 수준에 따라 융통성 있게 계획하고 시행한다. 앞서 살펴본 유아 환경교육의 내용을 토대로 현장에서 이루어지는 환경교육 프로그램의 외국의 예를 소개해 보고자 한다. 미국 캘리포니아주의 'Think Earth Foundation'에서는 다음과 같이 유아 환경교육 프로그램을 소개한다. 그 내용 구성 및 활동 전개는 〈표 2-10〉과 같다.

〈표 2-10〉 Think Earth 프로그램 내용 구성 및 활동 전개의 예

교육목표	내용	자료	활동
환경 탐색하기 (exploring the environment)	• 자연환경의 개념 익히기 • 나무의 유용성 알기 • 환경을 아끼고 깨끗이 하는 데 동참하기	• 환경 포스터 • 환경 비디오 테이프	• 산책하기 • 자연환경에 관해 토론하기 • 비디오테이프 시청 및 토론하기 • 추후 활동하기 – 식물 키우기, 비디오테이프 다시 시청하기, 토론하기, 자연환경을 그리기, 물의 순환 알아보기
나무에 관해 알기 (learning about tree)	• 나무의 유용성 알기 • 나무로 만든 물건 알기	• 이야기 자료 • 나무 제품 • 연습문제	• 이야기 자료를 읽고 토론하기 • 집단 활동하기 • 연습문제 풀어 보기 • 추후 활동하기 – 나무판 만들기, 나무 그리기, 이야기 꾸미기 나무 꾸미기, 잎 모으기, 나무 심기, 동극하기, 노래 배우기
지구 생각하기 (think earth)	• 종이 보전에 동참하기 • 신문지 수집의 유용성 알기 • 다른 사람에게 공평하게 행동하기	• 이야기 자료 • 연습문제	• 이야기 자료를 읽고 토론하기 • 쓰레기 관련 활동을 구성하기 • 연습문제 풀어 보기 • 추후 활동하기 – 쓰레기봉투 만들기, 쓰레기 줍기, 쓰레기 포스터 만들기, 동극하기, 노래 배우기
보전하기 (protecting think earth)	• 일회용품 사용 제한 • 신문지 모으기 • 쓰레기 줄이기 • 불을 필요한 만큼만 사용하기	• 환경 포스터 • 역할 놀이용 소품	• 환경 포스터를 보고 토론하기 • 역할 놀이를 구성해서 시행하기
반복 강화 (reviewing think earth)	• 앞의 모든 목표	• 비디오테이프 • 그림판 • 가족을 위한 활동지	• 비디오테이프를 시청하기 • 가족을 위한 활동지를 집으로 가져가기 • 학급 포스터 제작하기 • 『Think Earth』 학급 책 만들기, 역할 놀이

출처 : 환경부(2002).

더불어 라슨과 캐슬베리, 그린(Larson, Castleberry, & Green, 2010)은 환경교육의 장기적인 목적인 환경적 소양과 태도를 형성하기 위해 공원이나 휴식을 할 수 있는 장소 등 학교 밖 환경을 활용하여 환경교육의 내용과 깊이를 확장해 주는 것이 필요하다고 하였다. 호주 'BEEC(Bunyaville Environmental Education Centre)'의 유아 환경교육 프로그램에서는 유아는 능동적이고 적극적인 의사 결정자의 주체라는 관점을 반영하여 주변의 환경을 활용한 놀이중심의 활동에 적극적으로 참여하도록 하고 있다. 이와 유사하게 여러 학자(Bates & Tragenza, 2006; Pratt, 2010; Robinson & Vaealiki, 2010)는 유아가 주변 환경을 피상적으로 알고 그치는 것이 아니라 능동적으로 환경 속에서 문제 해결에 참여하도록 이끌어 줄 것을 강조한다.

한편, 최돈형 외(2010)는 환경교육의 교수·학습방법의 유형으로 경험 학습, 이야기 학습, 야외 학습, 가치 학습, 쟁점 분석 학습, 탐구 학습, 시뮬레이션 게임 학습, 지역공동체 문제 학습, 토의/토론 학습, 드라마 학습 등을 제시하였다.

환경 문제는 근본적으로 환경에 대한 인간의 잘못된 사고와 행동에서 비롯된 것이다. 따라서 기초적인 개념 형성이 이루어지기 시작하는 세대에 조기 환경교육을 통한 인재 양성이 이루어져, 더욱 구체적이며 실천 가능한 방법으로 유아의 생활 자체에 스며들어 습관화할 수 있도록 교육하는 것이 매우 중요하다.

Chapter 3

누리과정과 연계한 유아세계시민교육

1 누리과정에서의 세계시민교육

교육과학기술부(2012, 2013a, 2013b)는 유아가 자신이 살고 있는 이웃과 사회에 대한 관심을 갖고 더 나아가 세계화 시대에 걸맞은 세계시민의 역량을 지닌 유아를 길러내기 위하여 2013년 3월부터 전국의 모든 유치원과 어린이집에서 만 3~5세 연령별 누리과정을 전면 시행하고 있다. 만 3~5세 연령별 누리과정에서는 질서, 배려, 협력 등의 기본생활습관과 인성교육을 강조한다. 최근 국가·사회적으로 중요시되는 녹색성장 교육내용을 강조하며, 다양한 가족 유형과 문화, 국제화 등 다원화 사회에서 미래 민주시민의 기초를 형성하도록 다른 사람과 화목하게 지내며 나와 다른 사람과의 차이를 존중하는 내용까지도 포함한다. 그리고 종일반 특성화 교육과정 운영을 위한 유아세계시민교육 활동자료를 제시한다(교육과학기술부, 2008). 아울러 국제사회의 상호 의존성이 증가함에 따라 세계는 단일화되며, 이러한 변화에 능동적으로 대처할 수 있는 교육이 중요함을 강조한다(교육과학기술부·보건복지부, 2012). 즉, 누리과정은 타문화를 존중하고 배려하며 더불어 살아가는 태도의 신장을 중시하여 세계시민으로서의 국제적 소양과 역량을 기르기 위한 교육과정이다(교육과학기술부·보건복지부, 2012; 배지현, 2013).

유아교육과정에서도 세계시민교육 내용과 관련된 요소를 살펴볼 수 있다. 2007년 유치원 교육과정 교육이념에 제시된 '홍익인간의 이념'과 '지구 공동체의 이상을 실현하기 위한 노력'이 세계시민교육 내용을 내포하고 있으며(유재경, 2008), 누리과정 역시 유아가 민주시민으로 성장하는 데 필요한 소양과 능력을 길러 미래사회를 잘 준비하는 교육을 지향하며 무엇을 가르칠 것인지에 관심을 모으고 있다(나귀옥, 2013; 배지현, 2013). 이러한 흐름에 맞추어 우리의 정체성을 지키고 변화에 능동적으로 적응하는 인재를 기르는 것이 누리과정에서 찾아볼 수 있는 세계시민교육과 연계된 내용이라 할 수 있다(교육과학기술부·보건복지부, 2012).

교육과학기술부(2008)는 유아세계시민교육 내용으로 '세계는 하나', '소중한 인권', '다양한 문화', '함께 가꾸는 지구환경', '평화로운 세계'를 선정하여 세계시민의식과 관련된 이론, 인권, 다문화 교육, 환경, 평화의 내용을 교육하고자 하였다. 현은자 외(2013)는 문화 간 이해, 국제협력, 인권, 평화, 환경의 다섯 가지 내용을 선정하였다.

유연옥 외(2014)는 만 3~5세 누리과정 교사용 지도서에서의 세계시민교육 내용과 교육방법을 분석함으로써 유아교사가 연령별로 적합하고 효과적인 세계시민교육 관련 자료와 프로그램 개발에 필요한 기초 자료를 제공하였다. 총 32권인 『만 3~5세 누리과정 교사지도서』에 기술된 세계시민교육 내용을 연령별 및 생활주제별로, 그리고 교육방법을 활동 영역과 유형 및 교수·학습 자료로 분석하였다. 그 결과 연령별 다섯 범주의 교육내용 비율은 유사하였고, 소중한 인권, 함께 가꾸는 지구환경, 다양한 문화, 세계는 하나, 평화로운 세계의 순으로 나타났다. 생활주제별 교육내용 비율은 유치원/어린이집과 친구, 환경과 생활, 건강과 안전, 우리나라 등의 순으로 나타났다. 그리고 활동 영역 및 유형에서는 대·소집단, 자유 선택, 바깥 놀이 순이었으며 연령별로도 비율이 유사하였다. 대·소집단의 이야기 나누기는 모든 연령에서 가장 비중 있게 다루었다. 교수·학습 자료는 만 3세에서 사진·그림, 실물, 멀티미디어 순으로, 만 4세에서 사진·그림, 멀티미디어, 실물 순으로, 만 5세에서 사진·그림과 멀티미디어 자료가 유사한 비율로 나타났고 그 다음 실물 자료가 차지하였다.

차경수(2006)는 교과 영역 중에 사회과 교육은 사회가 당면하고 있는 가장 중요한 문제가 교육내용이 되기 때문에 세계시민교육이 사회과에 포함될 수밖에 없다(유재경, 2008, 재인용)고 하면서 개정 유치원 교육과정 중에서 사회생활 영역을 살펴보고 세계시민교육 적용 가능성을 〈표 3-1〉과 같이 모색하였다.

〈표 3-1〉 생활주제에 따른 세계시민교육 교수 · 학습 예시안

생활 주제	소주제	사회생활 영역	세계시민교육 내용 영역	세계시민교육 지도방법(예)
유치원과 친구	유치원의 환경	이웃과 더불어 생활하기	세계는 하나	• 세계 속에서, 대한민국에서, 지방으로 영역이 점점 가까워지는 유치원 위치 찾아보기
	유치원에서의 하루	사회현상에 관심 가지기	세계는 하나	• 세계 여러 나라의 시간
		나를 알고 사랑하기	평화로운 세계	• 교실에서 일어나는 갈등 해결하기
	유치원에서의 친구	나를 알고 사랑하기	소중한 인권	• 친구와 나의 공통점 차이점 알기 • 나와 친구가 부당하게 놀림을 당할 때 대응하기
	우리 유치원의 역사	나를 알고 사랑하기, 사회현상에 관심 가지기	세계는 하나	• 유치원의 나이, 우리나라의 나이, 세계의 나이 알기
나와 가족	나의 몸과 마음	이웃과 더불어 생활하기	소중한 인권	• 다양한 피부 색깔 알아보기 • 신체장애를 가진 사람들을 위한 배려
	소중한 나	나를 알고 사랑하기	소중한 인권	• 『나는 누구일까?』 책 만들기 • 지구촌 모든 사람이 누려야 할 권리 알아보기
	가족의 구조와 문화	가족과 함께 생활하기	다양한 문화	• 다양한 가족 구성원에 대해 알아보기 • 다른 나라 가정의 일상에 대해 알아보기
	소중한 가족	가족과 함께 생활하기	다양한 문화	• 다문화 가정의 일상의 삶에 대한 이야기 듣기
우리 동네	우리 동네 모습	이웃과 더불어 생활하기	다양한 문화	• 우리 동네의 간판 조사하기 (다양한 언어 조사)

생활 주제	소주제	사회생활 영역	세계시민교육 내용 영역	세계시민교육 지도방법(예)
우리 동네	우리 동네의 생활	이웃과 더불어 생활하기	다양한 문화	• 성과 능력에 차별받지 않는 직업군 조사
	우리 동네 이웃	사회현상에 관심 가지기	세계는 하나	• 사용하는 물건들이 어느 나라에서 만들었는지 조사하기
	우리 동네 문화	이웃과 더불어 생활하기, 사회현상에 관심 가지기	세계는 하나	• 우리 동네 상징, 우리나라 상징, 세계 여러 나라의 상징물 알아보기
				• 우리 동네와 우리나라, 세계 여러 나라의 축제들을 알아보기
동·식물과 자연	동물과 자연	사회현상에 관심 가지기	함께 가꾸는 지구환경	• 열대와 한대 동물과 서식지에 대해서 알아보기
		사회현상에 관심 가지기	함께 가꾸는 지구환경	• 사라지는 동물을 보호하기 위해서 할 수 있는 일을 하기
	식물과 자연	사회현상에 관심 가지기	함께 가꾸는 지구환경	• 건조한 지역과 열대 등 기후에 따른 식물의 종류 알아보기
		사회현상에 관심 가지기	함께 가꾸는 지구환경	• 사라지는 식물을 보호하기 위해서 할 수 있는 일을 하기
건강과 안전	즐거운 운동과 휴식	나를 알고 사랑하기	소중한 인권	• 모든 사람은 일할 권리와 쉴 권리가 있음을 알기
		사회현상에 관심 가지기	세계는 하나	• 다양한 운동이 시작된 나라에 대해 알아보기
	깨끗한 나의 환경	사회현상에 관심 가지기	함께 가꾸는 지구환경	• 아름답고 깨끗한 자연환경이 필요한 이유에 대해 알아보기
	맛있는 음식과 건강	사회현상에 관심 가지기	소중한 인권	• 굶주림에 고통 받는 아동들이 있음을 알고, 돕기
	안전한 놀이와 생활	사회현상에 관심 가지기	다양한 문화	• 다양한 놀이가 나라마다 존재함을 알고 놀아 보기

생활 주제	소주제	사회생활 영역	세계시민교육 내용 영역	세계시민교육 지도방법(예)
생활도구	다양한 생활도구	사회현상에 관심 가지기	다양한 문화	• 기후와 지형에 따라 필요한 생활 도구의 차이 알기
	도구와 기계를 움직이는 힘	사회현상에 관심 가지기	함께 가꾸는 지구환경	• 자연 자원의 부족과 대체 에너지에 대해서 알아보기
	미디어 활용	사회현상에 관심 가지기	세계는 하나	• 인터넷 등의 미디어를 통해 가까워지는 세계에 대해 알아보기
교통기관	교통수단	사회현상에 관심 가지기	세계는 하나	• 다른 나라 가기 위한 다양한 교통수단 알아보기
		사회현상에 관심 가지기	다양한 문화	• 다른 나라에 다양한 교통수단이 사용되고 있음을 알아보기
	교통기관의 구조	사회현상에 관심 가지기	함께 가꾸는 지구환경	• 대체 에너지 사용 차량에 대해 조사하기
	고마운 교통수단	사회현상에 관심 가지기	세계는 하나	• 여행해 보고 싶은 나라 조사해 보기
	교통통신과 생활	사회현상에 관심 가지기	다양한 문화	• 좌측통행과 우측통행이 실행되는 나라를 조사해 보기
우리나라	우리나라 생활	사회현상에 관심 가지기	다양한 문화	• 우리나라 전통 옷과 다른 나라 전통 옷 알아보기
	우리나라 놀이	사회현상에 관심 가지기	다양한 문화	• 우리나라 전통놀이와 다른 나라 전통놀이 즐겨 보기
	우리나라의 역사	사회현상에 관심 가지기	평화	• 한국전쟁이 가져다준 아픔 나누기
		나를 알고 사랑하기, 사회현상에 관심 가지기	소중한 인권	• 북한이 식량난으로 어려움을 겪고 있음을 알기
	우리나라 자랑거리	사회현상에 관심 가지기	다양한 문화	• 우리나라와 다른 나라의 유네스코 문화유산 알아보기

출처 : 유재경(2008).

〈표 3-1〉과 같이 유재경(2008)은 '유치원과 친구' 생활주제에서 사회생활 영역 중에 '나를 알고 사랑하기'와 '사회현상에 관심 가지기', '이웃과 더불어 생활하기'와 같은 내용을 추출하였으며, 이와 관련하여 연계할 수 있는 세계시민교육의 내용 영역은 '세계는 하나', '평화로운 세계', '소중한 인권'이라고 언급하면서 유치원의 위치를 '세계 – 국가 – 지역사회'로 소개할 수 있다고 하였다. 우리나라 유치원에서의 하루를 다른 나라 유치원의 하루와 비교하고 시차 비교도 함께 이루어질 수 있으며, 유아가 유치원에서 생활할 때 친구들과의 관계에서 발생하는 갈등과 그 해결 과정을 통해 평화적으로 문제 해결하는 것을 지도할 수 있다. 친구와 자신이 부당한 대접을 받을 때 대응할 수 있는 능력도 인권적 측면에서 교육할 수 있을 것이다.

'동·식물과 자연' 생활주제에서는 사회생활 영역 중에 '사회현상에 관심 가지기'를 추출하였다. 이와 관련하여 연계할 수 있는 세계시민교육의 내용 영역은 '함께 가꾸는 지구환경'이라고 언급하였다.

'동·식물과 자연'의 생활주제를 통해 기후와 지형에 따라 다양한 동물과 식물이 전 세계에 분포됨을 알 수 있고, 전 지구적인 차원에서 환경 문제의 심각성을 인식하며, 사라지는 동물과 식물을 보호하기 위해서 유아가 실제 실천할 수 있는 것도 다룰 수 있다. 전 세계적으로 심각한 환경 문제와 그 환경 문제로 야기되는 결과를 살펴보며, 환경 문제는 한 국가만이 해결할 수 있는 문제가 아니라 전 세계적인 협력이 필요함을 알고, 관련 비정부기구와 연계하여 활동을 전개할 수 있다.

'나와 가족' 생활주제에서는 사회생활 영역 중에 '가족과 함께 생활하기'와 '이웃과 더불어 생활하기', '나를 알고 사랑하기' 같은 내용을 추출하였으며, 이와 관련하여 연계할 수 있는 세계시민교육의 내용 영역은 '소중한 인권', '다양한 문화'라고 하였다.

‘나와 가족’ 생활주제는 유아의 자아 정체감과 자존감을 통해서 다른 사람을 존중하고 인격적으로 대하는 세계시민교육의 ‘소중한 인권’ 교육으로 개념을 넓혀서 다루어지며, 가족은 나의 가족에서부터 다양한 가족 구조와 다양한 삶까지의 이해로 확장될 수 있다.

‘우리 동네’ 생활주제에서는 사회생활 영역 중에 ‘이웃과 더불어 생활하기’와 ‘사회현상에 관심 가지기’를 추출하였다. 이와 관련하여 연계할 수 있는 세계시민교육의 내용 영역은 ‘다양한 문화’와 ‘세계는 하나’라고 하였다.

가까운 동네에서 발견할 수 있는 세계 여러 나라의 물건과 문화를 찾아봄으로써 세계와 유아가 함께 한다는 것을 이해할 수 있으며, 주변에서 쉽게 관찰되는 외국 문화를 알아보고, 유아에게 미치는 변화에 대해서 생각해 보는 영역으로 다룰 수 있다.

‘건강과 안전’ 생활주제에서는 사회생활 영역 중에 ‘나를 알고 사랑하기’, ‘사회현상에 관심 가지기’ 내용 요소를 언급하였다. 이와 연계할 수 있는 세계시민교육의 내용 영역은 ‘소중한 인권’, ‘함께 가꾸는 지구환경’, ‘다양한 문화’, ‘세계는 하나’라고 하였다. 특히, 굶주림으로 고통 받는 아동의 권리를 생각하며, 유아가 할 수 있는 일을 알아볼 수 있고 다른 기관과 연계하여 구호 활동을 하는 여러 비정부기구와 협력하는 활동으로 확장될 수 있다. 세계 여러 나라에서 행하고 있는 다양한 놀이를 알아보고, 유아가 그 놀이를 함께 나눌 수 있다고 제시하였다.

‘생활도구’ 생활주제에서 사회생활 영역 중에 ‘사회현상에 관심 가지기’ 내용 요소를 추출할 수 있다. 이와 관련하여 연계할 수 있는 세계시민교육 내용은 ‘다양한 문화’, ‘함께 가꾸는 지구환경’, ‘세계는 하나’이다.

‘생활도구’ 생활주제를 통해서 유아가 미디어를 활용하여 세계와 긴밀하게 연결되고 함께 토론할 수 있으며, 다른 나라의 유아와 인터넷 등을 사용하여 친구가 될 수 있음 알고 직접 경험해 보도록 한다. 또한, 기후와 지형에 따라 필요한 생활도구가 다름을 비교해 본다. 에너지를 주제로 다루면서, 세계를 보호하기 위한 대체 에너지의 필요성을 알아보고, 미래의 대체 에너지를 상상해 볼 수 있다.

'교통기관' 생활주제에서는 사회생활 영역의 '사회현상에 관심 가지기'를 추출하였다. 이와 관련하여 연계할 수 있는 세계시민교육의 내용 영역은 '세계는 하나', '다양한 문화', '함께 가꾸는 지구환경'이라고 하였다.

교통기관의 발달로 점차 좁아지는 지구촌 사회에 관해 알아보고, 교통·통신 발달로 우리나라에 거주하는 외국인 수의 증가를 함께 조사하는 활동을 제시한다. 다른 나라의 교통질서와 규칙이 우리나라의 교통질서와 어떻게 다른지, 어떻게 이런 교통규칙이 만들어지는지도 다룰 수 있다. 여행해 보고 싶은 나라의 특징과 문화재 등을 조사하는 활동도 제시하였다.

'우리나라' 생활주제에서는 사회생활 영역 중에 '사회현상에 관심 가지기'와 '나를 알고 사랑하기' 내용을 추출하고, 이와 연계할 수 있는 세계시민교육의 내용 영역은 '다양한 문화', '평화', '소중한 인권'이다.

'우리나라' 생활주제를 통해서 유아가 우리나라 문화에 관해 정체성을 갖고, 자랑스러워하며, 소중히 여길 수 있다고 하였다. 우리나라의 좋은 점뿐만 아니라 우리나라의 아픈 과거인 한국전쟁을 통해 전쟁의 아픔을 살펴보고 전쟁을 막기 위해서 노력해야 하는 방법도 다룰 수 있다. 더 나아가 북한 아동이 식량난으로 어려움을 겪는 것을 알고, 실질적으로 도울 방법도 다룰 수 있다. 이 주제를 통해서 우리나라의 문화를 자랑스러워 하는 마음을 갖고, 다른 문화를 존중하는 태도를 형성할 수 있다고 하였다.

2 유아세계시민교육 프로그램

1) 유아세계시민교육 프로그램의 목표

세계시민교육 목표는 세계시민으로서의 전 세계인에 대해 공동체적인 시각을 갖고 정체성을 확립하고, 세계인으로 함께 살아가는 삶을 살아가기 위해 문화간 차이를 인정하고 수용하며, 세계 문제에 관심을 갖고, 이를 해결하고자 노력하는 태도를 기르는 것으로 유아세계시민교육 프로그램의 목표는 다음과 같다.

- 인간은 누구나 소중하다는 인식을 가지며 존중하는 태도를 기른다.
- 다양한 문화를 인식하고 이해하며 존중하는 태도를 갖는다.
- 갈등을 평화적으로 해결하고 평화를 실현하기 위해 노력하는 자세를 함양한다.
- 세계시민으로서 지구적 환경을 유지하기 위해 노력하는 태도를 기른다.

2) 주제 선정

(1) 연간 교육계획안

세계시민교육을 계획할 경우 연간 생활주제에 따라 유아가 일년 동안 경험하고 학습을 할 수 있는 활동으로 계획하고 구성하는 것이 가장 적절하다. 즉, 연간 교육계획안에 따라 활동주제를 정하고 그 주제 안에서 누리과정과 세계시민교육을 연계한다. 연간 교육계획안의 예시를 〈표 3-2〉, 〈표 3-3〉, 〈표 3-4〉로 제시한다.

〈표 3-2〉 생활주제와 통합된 세계시민교육 연간 교육계획안 예시

월 (주제)	주 (소주제)	활동명	내용 범주
3 (어린이집)	1 (새로운 반이 되었어요)	친구의 놀잇감을 가지고 싶을 때 “빌려 줄래?”라고 말할 수 있어요	소중한 인권
	2 (약속을 지켜 안전하게 놀아요)	친구의 놀잇감을 가지고 싶을 때 “빌려 줄래?”라고 물어 보고 나서 친구의 대답을 기다려요	소중한 인권
	3 (우리 선생님, 내 친구가 좋아요)	친구의 놀잇감을 가지고 싶을 때 “빌려 줄래?”라고 물어 보고 나서 친구의 대답을 기다려요	소중한 인권
	4 (사이좋게 놀아요)	버려진 종이 상자가 멋진 작품이 될 수 있어요	함께 가꾸는 지구환경
4 (봄)	1 (즐겁게 놀아요)	버려진 종이 상자가 멋진 작품이 될 수 있어요	함께 가꾸는 지구환경
	2 (따뜻해졌어요)	주변의 꽃과 나무를 소중히 여겨요	자연
	3 (꽃이 많아요)	주변의 꽃과 나무를 소중히 여겨요	자연
	4 (동·식물의 변화)	동물과 식물에는 생명이 있어요	자연
5 (우리 가족과 나)	1 (봄 나들이)	동물과 식물에는 생명이 있어요	자연
	2 (소중한 우리 가족)	우리 가족이 소중해요	소중한 인권
	3 (소중한 나 ❶)	나의 이름의 뜻을 알고 나를 사랑해요	소중한 인권
	4 (소중한 나 ❷)	나의 이름의 뜻을 알고 나를 사랑해요	소중한 인권
	5 (나의 마음)	나의 이름의 뜻을 알고 나를 사랑해요	소중한 인권

월 (주제)	주 (소주제)	활동명	내용 범주
6 (동물)	1 (여러 가지 동물 1)	주변에서 볼 수 있는 동물들을 아끼고 사랑해요	자연
	2 (내가 좋아하는 동물)	주변에서 볼 수 있는 동물들을 아끼고 사랑해요	자연
	3 (여러 가지 동물 2)	동물들을 아끼고 사랑해요	자연
	4 (곤충)	곤충에게도 생명이 있어요 1	자연
7 (동물)	1 (동물을 사랑해요)	곤충에게도 생명이 있어요 2	자연
7 (여름)	2 (더워요)	날씨가 다른 나라가 있어요	다양한 문화
	3 (물놀이 1)	날씨가 다른 나라가 있어요	다양한 문화
	4 (물놀이 2)	날씨가 다른 나라가 있어요	다양한 문화
8 (올림픽)	1 (2012년 런던 올림픽)	2012년 런던 올림픽에 관해 알아보아요	세계는 하나
8 (여름)	2 (여행을 다녀왔어요)	날씨가 다른 나라가 있어요	다양한 문화
8 (건강하고 안전한 생활)	3 (깨끗하게 지내요 – 위생, 청결)	깨끗한 자연환경에 관심을 갖고, 필요한 이유를 알기	함께 가꾸는 지구환경
	4 (몸에 좋은 음식을 먹어요 – 영양)	깨끗한 자연환경에 관심을 갖고, 필요한 이유를 알기	함께 가꾸는 지구환경
	5 (운동을 해요)	깨끗한 자연환경에 관심을 갖고, 필요한 이유를 알기	함께 가꾸는 지구환경
9 (교통기관)	1 (여러 가지 교통기관)	세계 여러 나라의 탈 것	세계는 하나

월 (주제)	주 (소주제)	활동명	내용 범주
9 (교통기관)	2 (우리가 좋아하는 교통기관 놀이)	세계 여러 나라의 탈 것	세계는 하나
	3 (교통안전과 질서)	세계 여러 나라의 탈 것	세계 여러 나라의 탈 것
9 (우리나라)	4 (추석 1)	우리나라와 다른 나라의 명절	다양한 문화
10 (우리나라)	1 (우리나라의 명절, 추석 2 -재미있는 민속놀이)	우리나라와 다른 나라의 명절	다양한 문화
	2 (우리나라를 나타내는 것)	우리나라와 세계 여러 나라의 명절	다양한 문화
10 (STOP HUNGER)	3 (함께 나눠요)	STOP HUNGER (세계 식량의 날 주간)	세계는 하나, 소중한 인권
10 (가을)	4 (가을의 변화)	세계 식량의 날로 변화된 이웃들에 관해 알아보아요	세계는 하나, 소중한 인권
	5 (나뭇잎과 색)	신체장애를 가진 사람들을 위한 배려	소중한 인권
11 (가을)	1 (곡식과 열매)	신체장애를 가진 사람들을 위한 배려	소중한 인권
11 (우리 동네와 이웃)	2 (우리 동네에 있는 것)	내가 사용하지 않는 물건을 가져와 기증해요	세계는 하나
	3 (가게 놀이 1)	쇼핑룸에서 모아진 돈이 어떻게 사용될까요?	세계는 하나
	4 (가게놀이 2)	'행복한 나눔' 자선 바자회에 우리도 함께 참여해요 [11월 28일(수) ~ 30일(금)]	세계는 하나

출처 : 창신제일어린이집(2015). 운영계획서에서 발췌하여 보완함.

〈표 3-3〉 세계시민교육 내용 범주별 연간 교육계획안 예시

내용 범주	하위 내용	활동명	관련 생활주제	활동 유형
소중한 인권	인간 존중	나를 소개할게	유치원/어린이집과 친구	동시
		내 이름 삼행시	유치원/어린이집과 친구	언어
		꽃보다 예쁜 친구	봄	동시
		친구의 마음은?	유치원/어린이집과 친구	이야기 나누기
		감정 머리띠 쓰고 말하기	나와 가족	언어
		놀 수 없는 친구들	건강과 안전	이야기 나누기
		나는 꿈이 있어요	나와 가족	새 노래
		우리에게는 권리가 있어요	나와 가족	이야기 나누기
	자유, 평등	바르고 고운 말을 사용하기	나와 가족	기본생활습관
		소중한 내 친구	형님이 되어요	이야기 나누기
		서로 달라도 우리는 친구	유치원/어린이집과 친구	이야기 나누기
		친구를 존중하고 배려해요	유치원/어린이집과 친구	이야기 나누기
		친구의 권리도 소중해요	유치원/어린이집과 친구	안전교육
		마음껏 놀아야 해요 (일만 하는 아이들)	건강과 안전	이야기 나누기
	더불어 사는 세상	안아 주는 가족 인형	나와 가족	미술
		나눔으로 행복한 우리 동네	우리 동네	-
		몸이 불편한 사람	우리 동네	이야기 나누기
		희망의 집을 지어요	우리 동네	이야기 나누기 -쌓기 영역
		교통 약자와 함께 이용해요	교통기관	이야기 나누기
		다양한 가족의 구조가 있어요	나와 가족	이야기 나누기
		친구와 함께라면	유치원/어린이집과 친구	동시

내용 범주	하위 내용	활동명	관련 생활주제	활동유형
세계는 하나	가까운 세계	우리 동네 시장/마트에는 어느 나라에서 만든 물건이 있을까?(어느 나라에서 만든 물건일까?)	우리 동네	실외 활동
		우리 동네 다양한 언어 간판	우리 동네	언어
		세계 친구들을 만나요	세계 여러 나라	수·조작
		세계 여러 나라의 소식	세계 여러 나라	이야기 나누기
		우리가 사용하는 여러 나라의 물건	기계와 도구	과학
		인터넷 미디어를 통해 가까워지는 세계	기계와 도구	이야기 나누기
		떠나요! 세계 여행	세계 여러 나라	게임
		세계 여러 나라의 음식을 팔아요	건강과 안전	역할
	서로 협력하는 세계	세계 여러 나라의 어려운 이웃	우리 동네	이야기 나누기
		해외결연아동 돕기	세계 여러 나라	이야기 나누기
		서로 돕는 지구촌	세계 여러 나라	수·조작
		세계는 한 가족	나와 가족	수·조작
		지구촌 문제를 해결하는 사람들	나와 가족	이야기 나누기
	세계 속의 나	우리나라를 빛낸 인물들	우리나라	이야기 나누기
		우리나라와 다른 나라의 유네스코 문화유산 알아보기	우리나라	이야기 나누기
		세계 지도 속 여러 나라	세계 여러 나라	과학
		세계 속에서 일하는 사람들	우리 동네	이야기 나누기
		지구 마을 친구들	세계 여러 나라	새 노래
		다른 나라에 가려면	교통기관	이야기 나누기

내용 범주	하위 내용	활동명	관련 생활주제	활동유형
함께 가꾸는 지구 환경	우리 생활과 환경	꽃과 나무는 소중해요	동·식물	이야기 나누기
		꽃과 나무도 기쁠 때와 슬플 때가 있어요	동·식물	이야기 나누기
		동물도 감정이 있어요	동·식물	이야기 나누기
		새싹을 찾아요	봄	실외 활동
		우리 동네의 아름다운 자연환경	우리 동네	실외 활동
		흙이 주는 선물	환경과 생활	과학
		태양이 만들어 준 선물	여름	동화
	자연의 보전과 보호	고마운 자연	동·식물	이야기 나누기
		사라지는 동물들	동·식물	과학
		동물의 집은 어디일까?	동·식물	언어
		동물을 보호하기 위해 할 수 있는 일	동·식물	이야기 나누기
		세계 아름다운 자연환경	세계 여러 나라	과학
		우리는 흙 지킴이	환경과 생활	이야기 나누기
		곤충들이 없는 세상	여름	이야기 나누기
		물이 줄어들고 있어요	환경과 생활	이야기 나누기
	지구를 살리기 위한 노력	친환경 에너지가 있어요	환경과 생활	이야기 나누기
		지구를 청소해요	환경과 생활	수·조작
		공기오염을 줄여요	가을	이야기 나누기
		분리수거함을 만들어요	환경과 생활	미술
		적정 에너지	환경과 생활	이야기 나누기
		물을 아껴 써요	여름	기본생활습관
		전기를 아껴 써요	겨울	기본생활습관

내용 범주	하위 내용	활동명	관련 생활주제	활동유형
다양한 문화	자랑스러운 우리 문화	우리나라를 빛낸 위인들	우리나라	언어
		우리나라 말과 글	우리나라	언어
		세계 친구들에게 우리나라 관광지를 소개해요	우리나라	이야기 나누기
		우리나라의 식사 예절	건강과 안전	기본생활습관
		우리나라의 친절 문화 이야기	우리나라	이야기 나누기
		한옥 마을	우리나라	실외 활동
		우리 동네의 문화유산	우리 동네	실외 활동
		우리나라 물건 광고지 만들기	우리나라	미술
	다양한 문화의 공통점과 차이점	세계 여러나라의 교통기관	교통기관	이야기 나누기
		세계 여러 나라의 생일축하 인사말	나와 가족	언어
		세계의 전통놀이	우리나라	신체
		세계 여러 나라의 문화유산 알아보기	세계 여러 나라	이야기 나누기
		세계 여러 나라의 악기 이야기	기계와 도구	이야기 나누기
		세계 여러 나라 만두 이야기	건강과 안전	동화
		나라마다 음식 먹는 방법이 달라요	건강과 안전	이야기 나누기
		세계 여러 나라의 감사절	가을	언어
	다양한 문화에 대한 이해와 존중	결혼을 축하해요	나와 가족	역할
		다양한 놀이	건강과 안전	신체
		우리나라와 다른 나라의 상징	우리나라	이야기 나누기
		나라가 생긴 이야기	우리나라	이야기 나누기
		세계 여러 나라의 특별한 음식	세계 여러 나라	이야기 나누기
		세계의 명절 음식	세계 여러 나라	이야기 나누기
		세계의 다양한 의생활	세계 여러 나라	이야기 나누기

내용 범주	하위 내용	활동명	관련 생활주제	활동유형
평화로운 세계	평화로운 우리	친구의 입장에서 생각하기	유치원/어린이집과 나	이야기 나누기
		내 이야기 좀 들어줘	나와 가족	언어
		여러 가지 마음이 있어요	유치원/어린이집과 나	이야기 나누기
		이럴 때 어떻게 해야 할까요?	여름	이야기 나누기
		친구에게 양보할 수 있어요	형님 반에 가요	기본생활습관
		우리에게는 다양한 감정이 있어요	나와 가족	언어
		친구 마음 알아보기	나와 가족	실외 활동
	평화를 위한 노력	북한과 통일	우리나라	이야기 나누기
		지구촌 한 가족	나와 가족	새 노래
		평화를 위한 일하는 단체가 있어요	세계 여러 나라	이야기 나누기
		행복한 우리 원이 되기 위해 노력해요	봄	이야기 나누기
		평화는요?	나와 가족	동시
		서로 도와 즐거워요	나와 가족	언어
		하나 될 우리나라	우리나라	이야기 나누기
	전쟁과 평화	한국전쟁이 가져다준 아픔	우리나라	이야기 나누기
		분쟁 국가	세계 여러 나라	이야기 나누기
		전쟁 고아	우리 동네	이야기 나누기
		함께 이겨 내요	가을	이야기 나누기
		베네치아의 가면 축제	건강과 안전	신체
		작은 세상	세계 여러 나라	새 노래

출처 : 창신제일어린이집(2016). 운영계획서에서 발췌하여 보완함.

〈표 3-4〉 동화를 통한 세계시민교육 연간계획안 예시

시기(월)	중점 도서	세계시민교육 내용 영역	지도방법
3	• 유치원에 가는 날이에요(마거릿 와일드 / 중앙출판사) • 우리는 친구(앤서니 브라운 / 웅진주니어) • 우리 친구 하자(앤서니 브라운 / 현북스)	소중한 인권	• 나와 친구가 좋아하는 놀잇감 찾아 소개하기(좋아하는 것이 다름을 인정하기)
			• 우리 반에서 지켜야 하는 규칙 정하기 (그림 규칙판 만들기)
			• 친구와 나의 공통점과 차이점 알아보기 • 친구에게 다양한 방법으로 사랑 표현해 보기
			• 친구를 도와주어요(여러 어려운 상황의 친구를 도와주기)
4	• 나무가 너무 아까워(라주, 가와카미 다카코, 정은지 / 예림당) • 나무는 참 좋다(바바라 레이드, 서소영 / 키즈엠) • 넌 어느 별에 살고 있니?(로렌 차일드, 조은수 / 국민서관)	함께 가꾸는 지구환경	• 나무의 소중함 알기
			• 나무(또는 꽃)에게 감사 그림 카드 보내기
	• 소중한 나의 몸(정지영, 정혜영 / 비룡소) • 너는 특별하단다(맥스 루카도, 세르지오 마르티네즈, 아기장수의 날개 / 고슴도치) • 우리는 한 가족이야(핌 판 헤스트, 닌케 탈스마, 정낙선 / 고인돌) • 모든 가족은 특별해요(토드 파, 원선화 / 문학동네) • 가족은 꼬옥 안아 주는 거야(박윤경, 김이랑, 웅진주니어)	소중한 인권	• 내 몸을 소중히 해요(내 몸을 아끼는 방법을 알고 실천하기)
			• 『나는 누구일까?』 책 만들기
			• "만약, 가족이 없다면?" 문장 카드 완성하기 • 새로운 가족 형태 알아보기 (입양 / 다문화 가족)
5			• 우리 가족을 위해 할 수 있어요! (가족을 위해 할 수 있는 일 실천하기)
	• 하나뿐인 우리 동네(마크 하쉬먼 & 바바라 개리슨, 바바라 개리슨 / JCR KIDS) • 무지개 아줌마(닐 그리피스, 주디스 블레이크, 김진선 / 이숲)	다양한 문화, 소중한 인권	• 우리 동네 한글 / 영어 간판 찾아보기 (다양한 언어가 있음을 알기) • 우리 반 간판 꾸미기(한글 / 영어)
			• 우리 동네를 찾는 외국인(산책하며 만나는 외국인과 인사 나누기 / 우리와 모습이 다름을 알고 존중하기)

<table>
<tr><th>시기
(월)</th><th>중점 도서</th><th>세계시민교육
내용 영역</th><th>지도방법</th></tr>
<tr><td rowspan="4">6</td><td rowspan="4">• 로쿠베, 조금만 기다려(하이타니 겐지로, 초 신타, 햇살과나무꾼 / 양철북)
• 야, 우리 기차에서 내려(존 버닝햄, 박상희 / 비룡소)
• 노라와 친구들 존 선생님의 동물원(이치카와 사토미, 정숙경 / 다산어린이)</td><td rowspan="3">함께 가꾸는
지구환경</td><td>• 독특한 곳에서 자라는 동·식물 알아보기(예 열대, 건조한 지역에서 서식하는 동·식물)</td></tr>
<tr><td>• 생활 속에서 동·식물을 사랑하는 방법을 알고 실천해 보기(예 체험, 식물 가꾸기)</td></tr>
<tr><td>• 사라지는 동·식물을 알아보기 / 동·식물을 보호하기 위해 할 수 있는 일 찾아보기</td></tr>
<tr><td>세계는 하나,
다양한 문화</td><td>• 세계와 함께 해요!(세계 여러 나라가 함께하는 축제에 대해 알아보기)
• 세계 여러 나라의 악기 꾸미기 / 악기 소리를 내며 응원하기</td></tr>
<tr><td rowspan="2">7</td><td rowspan="2">• 왜 튼튼한 몸이 소중할까요? / 왜 몸을 깨끗이 씻어야 할까요? / 왜 음식을 골고루 먹어야 할까요?(클레어 레웰린, 마이크 고든, 최인자 / 서교출판사)
• 난 토마토 절대 안 먹어(로렌 차일드, 조은수 / 국민서관)
• 음식이 너무 아까워(라주, 노자키 아키코, 정영교 / 예림당)
• 안 돼요, 안 돼! / 좋아요, 좋아!(차보금, 황유정, 삼성출판사 편집부 / 삼성출판사)
• 앗, 위험해! / 아이, 더러워!(최윤정, 김은진, 삼성출판사)</td><td rowspan="4">소중한 인권</td><td>• 건강 카드 만들기(건강을 위해 할 수 있는 일 알아보기 / 건강을 위해 필요한 물건 사진 사용하여 건강 카드 만들기)</td></tr>
<tr><td>• 음식을 남기면?(남긴 음식은 어떻게 될지 생각해 보기)
• 굶주림에 고통 받는 친구들을 알아보기(이들을 위해 할 수 있는 일 실천하기)</td></tr>
<tr><td rowspan="3">8</td><td rowspan="3">• 여름이 좋아 물이 좋아!(김용란, 곽성화 / 문학동네어린이)
• 수잔네의 여름(로트라우트 수잔네 베르너, 윤혜정 / ㈜보림출판사)
• 물은 왜 필요해?(로랑 사바티에, 앙드레 벵슈트리, 레베카 도트르메르, 행복의나무 / 큰북작은북)</td><td>• 안전하게 놀이하기 위한 규칙 만들기</td></tr>
<tr><td>• 내가 좋아하는 여름 풍경 찾아보기(예 잡지, 신문, 사진 등)
• 더운 나라에서 재배되는 열대 과일 알아보기(오감으로 탐색하기)</td></tr>
<tr><td>다양한 문화,
소중한 인권,
평화로운 세계</td><td>• 물 아껴 쓰는 방법 알아보기</td></tr>
</table>

시기(월)	중점 도서	세계시민교육 내용 영역	지도방법
9	• 솔이의 추석 이야기(이억배 / 길벗어린이) • 비밀스러운 한복나라(무돌 / 노란돼지) • 사시사철 우리 놀이 우리 문화(백희나, 이선영, 최지경 / 한솔수북)	다양한 문화, 세계는 하나, 평화로운 세계, 소중한 인권	• 세계 여러 나라의 여름 모습 보기(우리 반 친구가 경험한 다른 나라의 여름 모습 함께 나누기)
			• 추석과 비슷한 다른 나라의 명절 알아보기 • 우리나라 전통놀이 즐기기(예 윷놀이, 강강술래, 투호, 씨름 등)
			• 우리나라를 소개합니다!(우리나라 자랑거리 팸플릿 만들기) • 한국전쟁이 가져다준 아픔 이야기 나누기(남북한으로 나누어져 살게 된 이유)(4세)
10	• 사람은 다 다르고 특별해!(엠마 데이먼, 우순교 / 미세기) • 모자 쓰고 인사해요(국립한경대학교 디자인학부, 이혜경 / 보림) • 누구 발일까?(정해영 / 논장) • 물을 찾는 아이(잔 오머로드, 노경실 / 해와나무) • 나도 강이 되어(시토미 기쿠오, 우시지마 시즈코 / 해와나무) • 꿈틀꿈틀 흙이 있어요(곽영직·김은하, 김주리 / 웅진주니어) • 흙(앙드리엔 수테르–페로 / 보림) • 물과 숲과 공기(몰리 뱅, 최순희 / 도서출판마루벌) • 공기가 생겼대(장 뒤프라, 넬리 블루망탈, 조정훈 / 키즈엠)		• 세계 여러 나라 사람이 되어 놀이해 보기(세계 여러 나라 음식 만들기 / 세계 여러 나라 놀이해 보기 / 세계 여러 나라 모자 쓰고 인사 놀이해 보기) • 우리와 무엇이 다를까?(우리나라와 세계 여러 나라의 공통점, 차이점 찾아 분류해 보기)(4세)
		함께 가꾸는 지구환경	• 물이 없다면?(물의 소중함 느끼기) / 물을 오염시키는 것 알아보기 • 주변에 흙이 사용되는 물건과 장소를 찾아 탐색하기(흙의 소중함 느끼기) • 좋은 공기, 나쁜 공기!(공기오염 동영상 보며 느낌 말해 보기 / 자연에서 좋은 공기 마시며 마음껏 뛰어 보기) • 환경 지킴이 포스터 만들기(환경을 지키는 방법 나누어 보기)

<table>
<tr><th>시기(월)</th><th>중점 도서</th><th>세계시민교육 내용 영역</th><th>지도방법</th></tr>
<tr><td rowspan="3">11</td><td rowspan="3">• 우리나라를 소개합니다!(우리나라 자랑거리 팸플릿 만들기)
• 한국전쟁이 가져다준 아픔 이야기 나누기(남북한으로 나누어져 살게 된 이유)(4세)</td><td rowspan="3">다양한 문화, 함께 가꾸는 지구환경</td><td>• 가을 풍경을 나타낸 세계 여러 나라 명화 감상하기</td></tr>
<tr><td>• 아름다운 가을 나무 표현하기 (낙엽 모자이크)
• 나무를 사랑하고 소중히 하는 마음 가지기</td></tr>
<tr><td>• 자연재해(예 가뭄, 홍수)로 인해 곡식, 열매를 수확할 수 없는 곳이 있음을 알기(자연의 소중함 느끼기)</td></tr>
<tr><td rowspan="5">12</td><td rowspan="2">• 탈 것은 다 다르고 특별해!(엠마 데이먼 / 미세기)
• 모자 쓰고 인사해요(국립한경대학교 디자인학부, 이혜경 / 보림)
• 누구 발일까?(정해영 / 논장)</td><td rowspan="2">다양한 문화, 소중한 인권, 세계는 하나</td><td>• 다른 나라의 교통기관 알아보기
• 다양한 교통기관 만들어 세계 여러 나라 인형과 함께 타 보기</td></tr>
<tr><td>• 다른 나라에 가려면?(세계 여러 나라에 가는 방법 알아보기)
• 즐거운 세계 여행 떠나기
• 재활용품 비행기 만들기</td></tr>
<tr><td rowspan="4">• 남극과 북극(피에르 원터스, 마고 센덴, 최재숙, 장순근 / 사파리)
• 남극과 북극에 사는 동물들(베아트리스 가렐 / 대교출판)
• 크리스마스에 사랑을 나눠요(케이트 웨스터런드, 에브 타를레, 우현옥 / 아라미)</td><td rowspan="4">다양한 문화, 세계는 하나, 함께 가꾸는 지구환경</td><td>• 우리나라의 겨울처럼 추운 나라를 알아보기(남극, 북극)
• 남극, 북극 만들어 놀이해 보기</td></tr>
<tr><td>• Merry Christmas!(세계 여러 나라 친구들에게 보내는 크리스마스 카드 만들기)
• 가난하고 어려운 친구들과 나누고 싶은 것은?(불우이웃 돕기)</td></tr>
<tr><td>• 만년설은 무엇일까요?(세계 여러 나라의 자연환경에 관심 가지기)</td></tr>
<tr><td>1</td><td>• 세계 여러 나라의 따뜻한 옷 알아보기 (다양한 방법으로 몸 따뜻하게 해 보기)</td></tr>
</table>

시기(월)	중점 도서	세계시민교육 내용 영역	지도방법
1	• 할아버지의 낡은 타자기(호몽 윌리, 임은숙 / 국민서관) • 깨끗한 에너지, 태양, 바람, 물(박기영, 조우영 / 웅진주니어)	다양한 문화, 소중한 인권, 함께 가꾸는 지구환경, 세계는 하나	• 옛날과 오늘날의 생활도구 비교해 보기 • 세계 여러 나라의 생활도구 알아보기(공통점과 차이점 알아보기)
			• 환경을 오염시키는 에너지와 환경을 보호하는 에너지 알아보기
			• 다양한 미디어로 세계 여러 나라의 모습 보기(TV, 인터넷, 잡지, 책 등)
2	• 살색은 다 달라요(캐런 카츠, 신형건 / 보물창고) • 우리 우리 설날은(임정진, 김무연 / 푸른숲주니어)	소중한 인권, 평화로운 세계, 다양한 문화	• 생김새가 다른 세계 여러 나라 친구를 만나요(생김새가 다름을 인정하고 친숙해지기) • 직접 만나 보고 싶은 친구 그려 보기
			• 외국인 친구가 생긴다면 만들어 주고 싶은 설 음식 조사해 보기(조형 재료로 음식 만들어 보기)

출처 : 현대다솜어린이집(2013). 운영계획서에서 발췌하여 보완함.

3) 유아세계시민교육 프로그램의 내용

유아세계시민교육의 내용은 크게 네 가지로 소중한 인권, 타문화 이해, 평화로운 세계, 함께 가꾸는 지구환경으로 구성하였다.

- 소중한 인권의 하위 내용으로는 인간 존중, 자유·평등, 더불어 사는 세상으로 구성하였다.
- 타문화 이해의 하위 내용으로는 자랑스러운 우리 문화, 다양한 문화의 공통점과 차이점, 다양한 문화에 대한 이해와 존중으로 구성하였다.
- 평화로운 세계의 하위 내용으로는 평화로운 우리, 평화를 위한 노력, 전쟁과 평화로 구성하였다.
- 함께 가꾸는 지구환경은 우리 생활과 자연환경, 자연의 보존과 보호, 지구를 살리기 위한 노력으로 구성하였다.

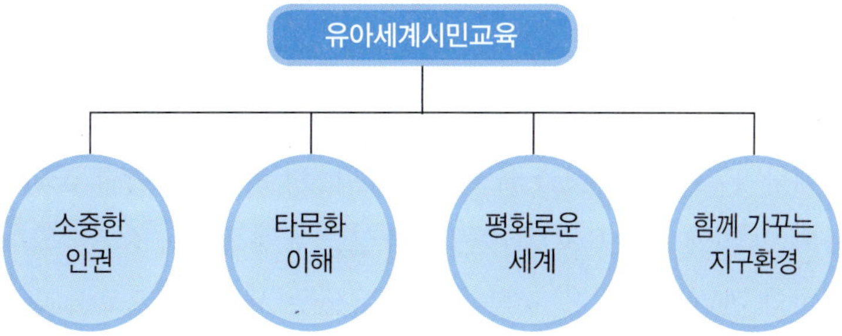

(1) 소중한 인권

인간의 가장 기본적인 권리인 인권은 내가 소중하다는 것을 기반으로 인권의 의미를 이해하고 편견이나 차별 의식을 갖지 않도록 하며, 개인·사회·국가적으로 자유와 평등을 구현하고자 한다. 또한, 나아가 세계시민으로 성장하는 데 필요한 권리 의식을 함양하여 더불어 살아가는 태도를 기른다. 이를 통해 인간을 존중하는 태도를 기르고, 모든 사람은 자유와 평등하다는 것을 이해하며, 다른 사람과 함께 더불어 살아가기 위해 내가 할 수 있는 일을 알고 실천한다.

내용	하위 내용	개념
소중한 인권	인간 존중	• 나는 소중한 존재이다. • 모든 사람은 존중되어야 한다. • 사람은 누구나 기본적인 권리가 있다. • 사람들은 각각의 생각(예 신념, 종교)과 표현방식을 가진다. • 사람들은 나름대로의 능력을 갖고 있다.
	자유·평등	• 누구나 하고 싶은 것에 참여할 수 있는 자유가 있다. • 인간은 존엄성과 권리에 있어서 평등하다. • 사람들은 누구나 차별받지 않을 권리가 있다.
	더불어 사는 세상	• 다양한 사람과 가족이 있으며 서로 도우며 살아간다. • 나와 다른 사람의 권리를 보호하기 위해 노력하는 단체와 사람들이 있다. • 사람들에 대한 편견과 차별을 갖지 않으며 더불어 살아야 한다.

출처 : 교육과학기술부(2008). 유아세계시민교육 활동자료.

(2) 타문화 이해

우리 민족의 문화에 대한 정체성과 자긍심을 갖고 이를 기반으로 다른 나라의 문화를 이해하며 존중하는 것을 목적으로 한다. 나라와 민족마다 문화의 다양성을 경험하며, 동시에 인간으로 가지는 공통성을 긍정적으로 경험하도록 돕는다. 다양한 문화와 관련된 활동을 경험하면서, 유아는 세계시민으로서 다양한 문화를 접하고, 자신의 문화를 사랑하며 다른 문화를 수용하는 태도를 갖는다.

내용	하위 내용	개념
타문화 이해	자랑스러운 우리 문화	• 자랑스러운 우리나라의 전통문화가 있다. • 우리나라를 나타내는 상징들이 있다. • 우리나라를 빛낸 사람들이 있다.
	다양한 문화의 공통점과 차이점	• 의식주에는 문화적 공통점과 차이점이 있다. • 나라마다 지켜야 할 예절을 가지고 있다. • 모든 사람은 기쁨과 슬픔 등의 감정을 느끼지만 표현하는 방법이 다양하다.
	다양한 문화에 대한 이해와 존중	• 나라마다 독특한 문화가 있고, 그 문화는 존중되어야 한다. • 성, 인종, 계층, 계급 등에 의해 차별되지 말아야 한다.

출처 : 교육과학기술부(2008). 유아세계시민교육 활동자료.

(3) 평화로운 세계

평화에 관한 지식을 알고, 다른 사람을 이해하고 존중하며, 평화적으로 문제를 해결하는 기술과 태도를 갖도록 한다. 더 나아가서 국가 간의 갈등·전쟁·폭력 등의 위험과 어려움이 있음을 알고 평화를 지키고자 노력하는 태도를 갖도록 한다.

내용	하위 내용	개념
평화로운 세계	평화로운 우리	• 나에게 평화로운 마음이 있다. • 나와 타인은 감정과 생각이 다를 수 있다. • 갈등은 평화적인 방법으로 해결할 수 있다. • 평화는 모든 사람이 함께 누려야 하는 것이다.
	평화를 위한 노력	• 평화와 비평화는 선택하는 것이다. • 평화를 위해서 내가 실천할 수 있는 일들이 있다. • 평화를 위해서 노력하는 사람들과 단체들이 있다.
	전쟁과 평화	• 세계에는 전쟁과 분쟁이 일어난 곳이 있다. • 전쟁으로 고통 받는 사람들이 있다. • 우리 민족은 한국전쟁의 아픔을 가지고 있다. • 평화적 통일을 이루기 위해서는 노력이 필요하다.

출처 : 교육과학기술부(2008). 유아세계시민교육 활동자료.

(4) 함께 가꾸는 지구환경

환경은 지역과 국가의 경계가 없는 인류 공동의 유산이므로 세계시민교육내용에 포함되어야 한다. 지구환경은 인간에 의해 파괴되어 가며, 이러한 환경을 보존하고 보호하는 것은 세계시민으로서의 공통된 책임이다. 우리의 생활과 환경이 서로 밀접하게 연결되어 있음을 이해하고, 자연을 아끼고 사랑하는 마음을 가지며, 환경을 위해 실천할 수 있는 일에 직접 참여함으로서 지구 전체 환경에 책임감을 갖도록 한다.

내용	하위 내용	개념
함께 가꾸는 지구환경	우리 생활과 자연환경	• 모든 생물은 소중하다. • 생명체(예 사람, 동물, 식물)는 서로에게 의존하여 살아간다. • 우리가 살아가는 데 있어 자연환경은 중요하다.
	자연의 보전과 보호	• 자연의 아름다움을 느끼고 소중히 여긴다. • 동물들이 사는 서식지를 보호해야 한다. • 자원은 무한한 것이 아니므로 바르게 사용해야 한다. • 환경을 보호하기 위해 내가 실천할 수 있는 일이 있다.
	지구를 살리기 위한 노력	• 지구의 환경은 인류 공동의 유산이다. • 지구의 환경은 모든 나라가 힘을 모아 보호해야 한다. • 세계시민으로서 환경에 책임감을 갖는다.

출처 : 교육과학기술부(2008). 유아세계시민교육 활동자료.

4) 유아세계시민교육 프로그램의 교수·학습방법

유아교육 현장에서 세계시민교육을 위한 활동은 실제 교실에서 용이하게 접근되어 실천될 수 있는 활동이어야 한다. 따라서 유아세계시민교육은 유아의 발달 수준에 적합하고 흥미를 유발할 수 있는 다양한 교수·학습방법을 통하여 다원주의적 사고와 인식을 제공할 수 있도록 접근해야 한다. 유아에게 세계시민의식을 함양하는 것은 민주적 삶을 유아교실로 가져오는 방법으로써 이루어진다. 인간-인간, 인간-사회, 인간-자연의 관계에 관한 다양한 개념과 아이디어를 탐색하고 공유하여, 어떻게 유아에게 의미 있는 경험으로 해석할 수 있는가를 고려해야 한다(Melendez et al., 2000). 그리고 세계시민교육 교수·학습이 다양한 일과 활동을 통해 지속적으로 이루어져야 한다.

유아세계시민교육 활동은 유아가 활동의 중심이 되어 구체적이며 다양하고 통합적이고 개별화하여 유아 스스로 자발적인 동기를 가질 수 있도록 진행되어야 한다. 그러므로 유아를 위한 세계시민교육의 활동방법은 토의 활동, 협동 학습, 견학 및 실외 활동, 극화 놀이, 동화 및 동시, 음악 및 미술, 게임 및 신체표현, 요리 활동, 매체 활용, 전문 인력 활용 등으로 진행된다.

(1) 토의 활동

토의 활동은 어떤 주제나 일상생활에서의 갈등이 일어났을 때, 유아가 서로 의견을 나누고 의결 사이에 유사점과 차이점을 찾아보고, 궁극적으로 문제를 해결하는 것이다. 세계시민으로서 유아는 토의 활동을 통해 다른 사람과 함께 문제를 협상하고 협력하는 방법을 배울 수 있고, 자신의 느낌이나 생각을 언어로 표현하고, 다른 사람의 느낌과 생각을 수용하게 된다. 자신과 다른 사람의 권리가 모두 존중되어야 한다는 것도 알게 된다. 따라서 교실에서 발생할 수 있는 갈등 상황을 파악하고 토의함으로써 유아 스스로 생각하고 가치판단을 할 수 있게 된다. 유아는 갈등 상황이나 문제 해결의 상황에 직면했을 때 토의 활동으로 서로 의견을 교환하게 되고 공동의 목적을 달성해 가는 효율적인 방법을 익힐 수 있게 된다. 또한, 토의 주제를 유아들이 함께 접하게 되는 주변 문제나 즐거운 일, 사회문제 등의 구체적인 상황을 중심으로 다룰 때 사회문화적 지식과 태도를 학습할 수 있다는 점에서 사회·시사적 문제를 유아 수준에 맞추어 접근하도록 한다.

(2) 협동 학습

세계시민교육에 있어서 지구촌 이슈나 관심거리를 다룰 때에 사회적 지식 전달에 그치지 않고 유아 수준에서 적절한 실천으로 이어질 수 있도록 협동 학습을 최대한 활용하도록 한다. 소그룹으로 의견을 나누고 문제를 해결하는 협동 학습을 통하여 책임감을 형성할 수 있다. 책임감은 개인적·사회적 권리와 의무를 수행하는 능력일 뿐 아니라 세계시민으로서 갈등의 평화적 해결, 다음 세대가 살아갈 세계 자원의 보전 및 사회정의의 실현에도 필요한 도덕적 태도이다.

(3) 견학

견학은 주제에 대한 흥미를 유발시키고 교실에서 배운 것을 강화·확장시켜 준다. 견학을 통해 유아는 직접 관찰하고, 필요한 자료를 수집하고, 수집한 자료에 기초하여 추론 및 결론 내리기를 할 수 있다. 견학은 사회현상을 바르게 이해하고 세계시민으로서 생활하는 데 필요한 지식, 가치, 태도, 기술 등을 형성하는 데 효과적인 방법이다.

(4) 극화 놀이

극화 놀이는 세계시민교육과 관련지어 통합적으로 지도하기 위한 효율적인 학습 활동으로 다양하게 적용되고 있다. 극화 놀이는 유아로 하여금 실제적인 상황에서 부딪히게 되는 문제와 역할을 가상적으로 설정하여 실제 행동으로 옮기게 함으로써 교육의 현장성과 사실성을 높이는 학습방법이다. 극화 놀이를 하면서 유아는 다른 사람들과 상호작용을 하며 나타나는 다양한 문제에 직면하고 그 대처 능력을 기를 수 있다. 또한, 가상의 상황과 행동을 통하여 스스로 가치나 의견을 평가할 수 있으며, 자신이 맡은 역할에 동일시함으로서 사회적 역할 학습은 물론 감정이입을 통해 다른 사람을 이해하는 능력이 길러진다. 극화 놀이는 교실 안팎의 흥미 영역을 중심으로 계획될 수도 있고, 주제에 따라 더욱 넓은 공간에서 전체 유아가 모두 참여하는 대집단 활동으로 계획될 수 있다.

(5) 동화 및 동시

동화 및 동시는 유아를 대상으로 한 서정적, 환상적 혹은 사실적 이야기이다. 유아는 동화와 동시 같은 문학 작품을 통하여 자신과는 다른 환경에서 자라는 사람들의 세계, 다른 문화와 여러 나라에 대해 배울 기회를 가지게 된다. 또한, 이러한 과정에서 자신과 다른 유아들의 경험과 상황에도 비슷한 점과 다른 점이 있음을 알게 되며, 자신과 다른 유아에 대한 이해와 우정을 증진시켜 인간 이해의 폭을 넓힐 수 있다. 이 밖에도 동화 속에 등장하는 인물들의 문제 해결 방안을 간접적으로 경험함으로써 다른 사람들과 상호작용을 하면서 경험할 수 있는 다양한 문제를 해결할 방법을 배운다.

(6) 게임 및 신체표현

게임은 일정한 규칙과 특별한 형태의 전략이 있는 활동이다. 게임 활동은 혼자서 하기보다는 여러 친구와 함께 진행하므로 이 활동을 통하여 규칙을 이해하고 친구들과 협조해야만 하며, 경쟁하게 되고 경쟁 속에서 자신을 통제하는 것을 배우게 된다.

게임은 유아가 자율적으로 규칙을 만들어 가는 과정에서 긍정적인 자아 개념을 발휘시킬 수 있으며, 성공했을 때 만족감과 성취감을 갖게 한다. 또한, 상대방의 관점을 고려하는 기회를 가짐으로써 자기중심적인 사고에서 벗어나는 탈중심화가 이루어지게 된다(박찬옥 외, 2016).

유아의 발달 수준이나 흥미, 요구에 적합한 신체 활동을 통하여 성공감을 경험하고 자신의 신체를 긍정적으로 인식할 수 있다. 또한, 다양한 문화, 인권, 지구환경, 평화 등의 내용을 반영한 게임, 조사하기, 스포츠·신체교육과 관련된 이슈, 운동에 대한 실화 읽기 등은 모든 활동이나 일에 대한 자신감을 향상시킬 수 있는 활동이다.

따라서 유아세계시민의식을 함양하기 위하여 게임의 경쟁적 요소보다 협동성과 참여성을 증진시킴으로써 유아가 또래와의 적극적 상호작용을 통한 상호 이해와 자기 조절, 협력적 관계 형성, 사회적 상호작용 기술 등을 증진시키도록 해야 한다. 이를 위하여 교사는 게임의 규칙을 유아와 함께 정하고 유아의 다양한 의견을 반영하며, 정해진 규칙의 불합리성은 게임이 끝난 후 유아가 스스로 발견하고 수정하여 나갈 수 있도록 하였다.

(7) 요리 활동

호기심과 흥미 유발을 위해 유아가 계획, 실행, 지식까지의 일련의 과정에 직접 참여하게 하고, 요리 활동 과정 중 음식의 재료를 직접 다루는 활동을 통해 감각 기관을 활발히 사용하게 한다. 요리 활동 구성을 소집단 유아가 참여할 수 있는 충분한 공간과 다양한 방법으로 즐겁고 재미있게 활동할 수 있는 가정과 같은 분위기를 마련한다. 무엇보다 유아가 주도할 수 있도록 만드는 방법이 간단하면서 물리적 변화를 관찰할 수 있는 활동을 선정하는 것이 바람직하다. 다양한 음식 사진, 요리사 모자, 우리나라 각 지방의 김치 그림, 세계 요리 축제 사진, 행사 때 먹는 음식 및 레시피 등을 제공하고 요리의 종류에 따라 사용할 재료와 도구를 미리 준비해 둔다(한국보육진흥원, 2011).

(8) 미술 및 음악 활동

미술 활동은 유아의 감정이 표출될 수 있도록 도와주며 다양한 표현 양식을 학습하고 발달시킨다. 실제로 자기 생각과 느낌을 표현하고 전달하는 방법이 되며, 가장 손쉬운 의사 전달의 수단이 될 수 있다. 또한, 다른 작품에 관한 생각과 느낌을 나누는 가운데 다양한 생각이나 표현방법에 흥미와 관심을 가지게 될 뿐만 아니라 이해와 존중하는 태도로 다양한 문화를 표현할 수 있는 활동이다.

음악은 노래 부르기, 음악 감상하기, 악기 연주하기, 소리 탐색하기 등의 활동을 말하며, 음악은 창의적 표현 활동과 관련 있다.

유아는 함께 노래 부르거나 미술 자료를 친구와 나누어 사용하는 경험을 통해서 유아는 음악 및 미술 활동을 하면서 친구와 다양한 상호작용을 맺는다. 차례를 지키며 정리·정돈하면서 대인관계 기술이 발달하며 자신의 느낌과 생각을 표현하고 즐거움을 경험한다. 유아는 음악 및 미술 활동의 공동 작업이나 작품 감상 활동을 통해 다른 사람의 생각, 감정, 관점을 이해하고 존중할 수 있게 된다. 특히 공동 작업을 실시할 경우에는 함께 참여하는 유아 간에 작업을 계획하고 역할을 분담하는 협의 과정이 이루어지며, 작업의 시작부터 마무리까지 유아의 적극적인 참여와 협동적인 태도가 유지되기도 한다. 그 밖에 서로 의견을 교환하고 합의하며 협동적으로 음악 및 미술 활동을 하면서 공동체 의식도 형성할 수 있다.

(9) 이야기 나누기

대·소집단으로 이루어지는 이야기 나누기를 활동을 통해 유아의 생각이나 느낌을 바르게 이야기할 수 있는 능력을 향상시킨다. 유아는 이야기 나누기를 하면서 타인의 의견을 바르게 듣는 태도를 기르게 된다. 이야기 나누기는 유아-교사, 유아-유아 간에 기본적인 의사소통이 가능하게 하는 활동이며 상호작용하게 하여 서로를 이해한다. 이를 통해 유아는 사고의 확장, 언어적인 표현력, 다른 사람과의 의견 조정 과정을 경험하며 민주적인 절차와 합리적 방법에 익숙해질 수 있다.

(10) 다양한 매체 활용하기

다양한 매체를 통해 유아는 수많은 정보를 생생하게 접한다. 교사나 부모와 함께 인터넷을 접할 때 세계화와 관련되어 넓은 시각을 얻을 수 있으며 최신 정보 등을 접할 수 있다(교육과학기술부, 2008).

(11) 전문 인력 및 시설 활용하기

전문 분야의 인사들을 교실에 초청하여 이야기를 듣고 직업에 관한 것을 듣거나 보여 주는 것은 세계시민교육의 유용한 방법이다. 다양한 분야에서 일하고 있는 전문 인력을 초청하여 그들과의 경험을 나누어 봄으로써 유아의 경험과 흥미를 확산시킬 수 있다.

5) 유아세계시민교육 프로그램의 교사의 역할

유아는 교사의 행동을 모방하면서 사회적 가치와 행동을 학습한다. 특히 교사가 매력적이거나 교사의 행동을 모방했을 때 긍정적인 보상이 뒤따르면 유아의 모방은 더 활발해진다. 유아는 친절하고 매력적인 교사를 존중하고 따르면서 강한 정서적 애착을 보인다. 또한, 유아는 교사의 관심과 사랑을 받기 위해 교사의 행동을 모방하기도 하고 자신의 옳지 못한 행동을 수정하기도 하며 친사회적 행동을 통해 교사로부터 칭찬을 얻으려고 노력을 한다.

교사가 자신의 여행 경험이나 친구 관계의 어려움과 해결방법, 물건 구입방법 등을 유아에게 들려주면 유아는 교사를 통해 이 부분의 경험을 확장할 수 있다. 또한, 직업으로서의 기술, 지식, 정보 등도 유아의 학습을 위한 잠재적인 요인이 된다.

무엇보다도 교사의 창의성은 학급의 가장 중요한 학습 자원이 된다. 따라서 교사의 지식과 기술, 다양한 수업방식이나 수업태도, 교사의 창의성은 훌륭한 자원이 될 수 있다.

유아의 학습을 지원하는 교사의 역할을 제시하면 다음과 같다(이영자·유효순·이정욱, 2001).

첫째, 교사가 유아를 독립적이고 자율적인 존재로 인정한다면 유아는 자기 일을 선택하고 스스로 수행할 수 있으며, 주변 환경에 호기심을 가지고 탐색하면서 자신의 능력에 긍정적인 확신을 하게 된다.

둘째, 유아는 자기 활동을 스스로 계획하고 수행하는 과정에서 책임감을 발달시킬 수 있다. 또한, 유아는 자신이 선택한 과제를 끝까지 수행할 기회를 제공함으로써 유아는 책임감과 자기 통제력을 가지게 될 것이다.

셋째, 교사의 비지시적 상호작용은 유아가 스스로 생각할 기회를 주고 스스로 자신의 행동을 조절할 수 있도록 돕기 때문에 유아의 사고와 학습 수준을 향상해 준다.

넷째, 유아는 주변 환경을 직접 탐색하고 조작하면서 새로운 개념을 학습한다. 사회과학적 지식이나 가치를 습득하도록 돕기 위해 교사는 유아가 주변 환경을 직접 경험할 기회를 제공한다.

다섯째, 교사는 유아의 감정에 대한 존중감 표현하기, 유아의 성격을 긍정적으로 표현하기, 충동을 조절하도록 돕기, 친사회적 성향 강화하기, 사건에 대처하도록 돕기, 기본 규칙 상기시키기 등의 방법으로 유아의 사회성 발달을 도울 수 있다.

여섯째, 교사는 상황에 따라 유아의 행동을 조정·관리할 학급 운영기술(허용, 인내, 간섭)을 적절히 사용한다.

세계시민교육을 위해서 무엇보다 교사 스스로 세계시민교육에 대한 중요성과 필요성을 인식하는 것이 중요하며, 교사 스스로 편견과 고정관념을 갖지 않도록 노력해야 하며, 다양한 문화에 관심을 갖고 존중하며 이해하려는 태도가 필요하며, 세계적인 문제나 이슈, 현상에 대해 관심을 갖는 자세가 요구된다. 또한, 교사나 성인은 유아의 행동이나 태도에 많은 영향력을 미치므로 세계시민교육 활동을 위한 끊임없는 연구와 노력이 요구된다.

세계시민교육을 위한 교사의 역할(한국보육진흥원, 2011)을 정리하면 다음과 같다.

첫째, 세계시민교육에 대한 전반적인 이해 전달자로서의 역할이다. 교사가 먼저 세계시민교육에 대한 전반적인 내용을 이해하고 있어야 하고, 그 내용을 유아와 부모에게 적절히 전달해야 한다.

둘째, 통합 보육 적용자로서의 역할이다. 교사는 유아의 나이와 발달에 적합한 세계시민적 지식, 기술, 태도를 보이고 모든 교육과정안에 통합적으로 적용해야 한다. 또한, 교육기관에서의 활동과 세계시민적 내용을 일과 운영에 자연스럽게 통합시켜 교육과정과 활동 영역 안에 문화 이해, 편견 감소, 평등성, 정체성 형성, 민족과 인종의 다양성, 공동체 사회를 위해 함께 노력하고 협력하는 것을 교육내용으로 통합하여 구성해야 한다.

셋째, 다양한 경험 제공자로서의 역할이다. 교사는 영유아가 세계를 바라보는 시야를 넓히고 다른 세계에 대한 긍정적인 태도를 형성할 수 있도록 다양한 경험을 제공하고 지도해야 한다. 이를 위해 여러 가지 인적·물적 자원을 활용하여 유아가 반편견적 태도를 갖게 한다.

넷째, 다양한 환경 제공자로서의 역할이다. 교사는 여러 나라의 문화, 정보, 이슈를 반영한 다양한 환경을 제공해야 한다. 따라서 유아가 생활하고 있는 교실 환경구성은 세계시민적 성격이 나타나도록 여러 나라의 문화, 정보, 이슈에 관한 지식과 이해를 높일 수 있는 신문이나 사진, 그림, 정보 자료, 생활 소품, 예술품 등의 구체적인 자료를 제시하여 다양한 지식과 이해를 높일 수 있도록 한다.

다섯째, 적극적인 상호작용자로서의 역할이다. 교사는 유아와 언어적, 사회적 상호작용을 통하여 사회적 지식, 기술, 태도가 긍정적으로 형성될 수 있도록 지도해야 한다. 즉, 유아와의 적극적인 상호작용을 통해 유아가 사회성을 발달시키는 데 도움을 주어야 한다.

서울특별시 교육청(2016)에서는 세계시민교육에 적합한 학습방법은 매우 다양하며 세계시민교육의 주제를 중심으로 학습을 전개할 때 교육적 효과를 높이기 위해 창의적인 프로그램을 개발하고 그것을 학생들이 잘 전개할 수 있도록 촉진하는 것이 교사의 역할이라고 하였다. 또한, 세계시민교육 활동에서의 교사는 일종의 촉진자이며 협력자로 위치하는 것이며, 학습 인프라를 구축하고 정보를 지원하며 그것이 올바르게 전개되고 있는지 점검하면서 돕는 역할이 교사가 할 일이라고 하였다. 이런 활동을 통해 교사는 세계화에 대한 이해와 적용에 자신감을 느끼는 동시에 세계화를 교육적으로 선도할 수 있는 세계시민으로서의 책임감과 성취감도 느끼게 될 것이라고 언급하였다.

아울러 세계시민교육을 교실 속에서 살려내기 위해 다음과 같은 교사의 역할을 언급하였다.

- 교사가 먼저 세계시민의식을 이해하고 세계시민이 되자.

- 교과에서 세계시민의식적 요소를 찾아내어 재구성하자.
- 교실과 학교, 교실과 지역사회가 연계되는 활동을 디자인하자.
- 촉진자로서의 교사, 내가 하지 말고 유아에게 맡기자.
- 유아와 함께 배우자.

유아가 지구촌 문제로 제시된 세계시민교육의 주제를 올바르게 이해할 수 있도록 돕는 교사와 그런 교사의 도움으로 스스로 주제와 관련된 지식과 정보를 찾아내고 비판적으로 사고하며 보편적 가치와 의미를 찾아내는 유아와의 학습 과정은 공동체적 노력의 첫걸음이라고 할 수 있다. 교사가 유아와 함께 비판적 사고, 타인과 의사소통 능력, 논리적 분석 능력 및 효과적인 토론 전개 방식, 그리고 협력과 분쟁 해결 능력을 키워나갈 수 있는 학습 현장을 만들어 가는 과정은, 바로 지속 가능한 미래를 위한 공동체로서의 연대 의식과 연결된다고 보기 때문이다.

그동안 세계시민교육을 교실 안으로 끌어들이기 어려웠던 이유는 세계시민교육에 대한 교사의 정체성 확립의 부족도 있었고, 지식 몰입 중심인 한국 교육의 입시 체제도 있었지만, 교육의 중심이 교사가 아니라 다변화된 방법으로 자신의 활동을 기획할 수 있는 유아가 되어야 한다는 점, 특히 교사와 유아가 함께 배우고 그것을 현실생활과 연계하여 실천해야 한다는 특성이 교실 속 세계시민교육 전개의 걸림돌이었는지도 모른다.

세계시민교육이 제대로 교실에 정착하기 위해서는 교육주제 선정, 교육방법의 적용도 중요하지만, 그보다 교사 스스로 배움에 대한 새로운 의욕과 세계화와 연관된 교육내용에 관한 진지한 탐구 및 재구성의 노력이 우선되어야 한다.

교실은 세계시민교육의 액션플랜(action plan)을 위한 하나의 실습장인 동시에 모의 현장이다. 인권, 평등, 다문화, 환경, 그리고 국제협력과 인류의 지속 가능한 발전을 이루기 위한 지구촌에 소속감과 책무감을 키우는 것이 세계시민교육의 진정한 목적이라고 할 때, 그 주인공은 학생일 뿐만 아니라 '교사도'라는 것을 잊어서는 안 된다.

즉, 유아와 교사 모두 세계시민이 되기 위해 배워야 하는 학습자임을 의미한다. 물론 교사가 지식적인 면에서 촉진자의 역할을 할 수는 있지만 스스로 학생과 함께 열린 마음으로 배우는 자세를 가지는 것이 좋다.

교육현장에서 세계시민교육이 제대로 자리 잡기 위해서는 교실의 활동이 기관의 행사나 모둠 활동과도 연계되어야 하고, 그것이 지역사회로 확대되어야 한다. 사회 교과나 과학, 예체능 교과에서까지도 세계시민교육을 통합적으로 운영할 수 있는데, 그것이 축제나 캠페인, 동아리 활동 전시 등 이 같은 영역으로 실현될 때 더 큰 효과를 가져올 수 있다. 유아가 배운 이론을 실제의 생활 속에 적용하고 스스로 체험하면서 깨닫는 것은 매우 의미 있는 일이다. 그뿐만 아니라 교실에서 배운 인권, 평화, 다문화, 환경 등에 관한 교육내용을 지역사회에서 참여와 실천을 유도할 수 있는 활동으로 전개하는 것도 매우 바람직한 교육이라고 할 수 있다. 그러므로 세계시민교육은 그동안 배웠던 국제이해의 여러 영역과 문화의 다양성을 이해하고, 환경과 생태계의 중요성을 인식하며, 지속 가능한 발전을 위한 새로운 국제질서를 현실 생활에 적용하여 체험하고 새롭게 창조해 내는 미래 지향적 교육 아이템이다.

유재경(2008)은 세계시민교육 프로그램의 모델을 강화하고 지원하기 위한 교사의 역할을 다음과 같이 제언하였다.

첫째, 유아가 세계화 시대에 요구되는 세계시민으로서 성장하기 위해서는 무엇보다도 교사가 세계시민의식을 가져야 한다. 주제 활동을 진행할 때, 세계시민교육의 내용 영역과 접목하여 활동을 전개할 수 있어야 한다.

둘째, 교실 환경 내에서 유아가 자신을 존중하고, 다른 사람을 존중하는 것이 인권교육의 출발점임을 인식하도록 돕는 역할을 해야 한다.

셋째, 교사가 전 지구적 시각을 가지며, 대한민국의 국민인 동시에 세계사회의 한 구성원으로서 바라보는 것이 중요하다.

넷째, 전통문화를 소중히 여기며, 자랑스러움 마음을 가짐으로 문화적 정체성을 형성하고, 다양한 문화를 수용하고 존중하는 태도를 갖도록 도와야 한다.

다섯째, 사람들이 함께 살아가는 곳에는 갈등이 항상 존재하지만, 이 갈등을 평화적으로 해결하는 방법에 대해 강조하는 역할을 해야 한다.

여섯째, 하나밖에 없는 지구의 환경을 보존하기 위해서 환경보호를 실천하며, 다른 사람과 협력이 필요함을 알고 협력할 수 있도록 돕는다.

일곱째, 세계시민으로서 당면한 문제를 혼자서는 해결할 수 없으므로 다양한 자원·인사와의 협력적 자원을 얻는 방안을 모색하는 역할을 해야 한다.

교육은 특정한 목적의식을 가지고 유아를 긍정적인 방향으로 변화시키려는 활동이다. 이러한 교육이 효과적으로 이루어질 수 있도록 실질적으로 교육이 이루어지는 공간 안에서의 교사와 유아의 상호작용이 매우 중요하다(차경수·모경환, 2008). 일반적으로 교육기관에서 시행하는 시민교육은 크게 민주주의에 관한 지식, 공동 생활에 대한 이해, 나아가 사회에 적극적으로 참여할 수 있는 능력을 가르친다. 민주적 생활양식은 실제적인 참여 경험에 의하여 반복적으로 이루어질 때 내면화될 수 있다는 점에서, 유아는 단순히 학문적으로 시민의식을 학습하기보다는 다양한 종류의 개인과 집단의 상호작용을 통하여 민주주의의 원리를 직접 실천하고 경험을 할 수 있어야 한다. 교사는 유아에게 추상적인 사고 과정의 기초가 되는 구체적인 자료와 직접적인 활동의 기회를 제공해야 할 것이다(배한동, 2006). 또한, 교사는 유아가 자기 관점을 합리화해 보거나 수정할 기회를 제공해 주어야 한다. 즉, 유아가 사회적 문제 및 시사에 관심을 두고 그 문제를 해결해 볼 수 있도록 한다. 시펠트(Seefeldt, 2005)는 유아의 사회 개념은 교사가 제공한 풍부한 환경과 비계 설정 속에서 유아와 그들의 일상생활에서 의미 있는 구성으로 진행해야 한다고 보았다. 이때 교사는 유아의 심리적 상태와 사전 경험을 고려해 교육함을 강조하였다. 즉, 효과적인 유아 시민교육을 위해서는 유아의 발달 수준에 맞게 비계를 설정하고 풍부한 환경을 제공하는 교사의 역할이 중요하다.

이를 토대로 유아 시민의식 함양 프로그램의 교사 역할을 다음과 같이 선정하였다.

첫째, 동기 유발자로서 교사는 유아가 주변 사회 자연스럽게 흥미를 느낄 수 있도록 유도하고, 이를 바탕으로 사전 경험 및 지식과 연계될 수 있도록 하며, 자유롭고 허용적인 분위기를 조성한다. 교사는 유아가 시민의식을 형성하여 자신과 타인을 존중하며 집단에 소속감 및 책임감을 가지도록 지도하여 교실 내에서 발생하는 다양한 갈등 상황에 적극적으로 의사소통 및 의사 결정할 수 있게 한다.

둘째, 언어적, 비언어적 지원자 및 시범자로서의 역할을 한다. 활동이 전개되는 동안 유아가 민주적 절차에 따른 의사 결정 과정에서 의견을 서로 교환하고 자기 생각을 표현할 수 있도록 하며, 필요할 경우 시범을 보여 주는 시범자로서의 역할도 한다. 무엇보다 교사가 시민적 태도를 보여야 하며 교사의 부정적인 말과 불공정한 태도, 비시민적 행동을 억제하여 바른 시민으로서의 모델이 되어 준다.

셋째, 비계 설정자로서, 시민의식 함양 활동을 진행하는 동안 유아의 발달 수준에 맞게 비계를 설정하여 유아의 사회 도덕적 지식을 바탕으로 시민교육 내용을 이해하고 의사 결정 과정에 참여할 수 있도록 도움을 준다. 교사는 일상생활 속에서 공동체 의식, 협동, 책임감, 존중을 함양할 수 있도록 교육적 실마리를 찾아 개별 유아의 실천적 참여와 의사 결정력을 강화하도록 한다.

넷째, 교사는 환경 준비자로서 유아가 자기 생각과 느낌을 자유롭게 표현하고 경험이 존중된다는 것을 경험할 수 있도록 하여야 한다. 또한, 사회 공동체 안에서 발생하는 다양한 문제에 대하여 생각해 볼 수 있도록 돕는 동화나 그림 자료 등을 제공하고 유아가 함께 협력하여 공동의 결과물을 제작할 수 있도록 하는 등 시민교육과 관련된 활동이 유의미한 학습이 될 수 있도록 적절한 환경을 준비해 주어야 한다.

다섯째, 활동하고 나서 유아와 함께 평가해 보는 시간을 갖도록 하여 유아에게 활동과정에서 학습한 내용을 상기시키고 내면화하도록 도우며, 흥미 있었던 점, 어려웠던 점, 새로 알게 된 점 등을 평가하여 다음 활동에 반영할 수 있도록 평가자의 역할을 수행한다.

6) 유아세계시민교육 프로그램의 환경구성

유아는 자기가 속한 민족문화와 세계 문화를 함께 접하면서 자연스럽게 사회화되어 간다. 유아교육기관에서는 유아가 자국 문화뿐만 아니라 세계 여러 나라의 문화도 수용하고 이해할 기회와 경험을 다양하게 제공해 주어야 한다.

세계시민교육 위한 영역별 환경구성을 알아보면 다음과 같다.

언어 영역에서는 유아가 방해를 받지 않고 안정된 분위기에서 세계시민의 교육내용을 포함하는 다양한 교수 자료를 제공하여 읽고, 쓰고, 말하고, 듣는 활동을 자유롭게 할 수 있도록 한다. 특히 성역할에 대한 동화책, 속담, 인종 관습, 생활 장면이 담긴 시청각 자료, 여러 나라의 문자와 그림책 등을 제공하는 것이 바람직하다. 그리고 동적 놀이가 이루어지는 영역과 떨어져 있고 왕래가 잦지 않은 밝고 조용한 장소에 배치한다. 또한, 편안하게 앉을 수 있는 의자나 방석, 쿠션을 준비하는 것이 좋다.

역할 영역에서는 유아가 역할 놀이를 통해 가족의 역할, 직업의 기능, 여러 인종을 경험하며 자기 생각이나 느낌을 재구성해 본다. 이 영역에서는 여러 가지 역할을 가작화하는 활동적인 놀이를 많이 하므로 동적 놀이 영역과 인접하게 배치하는 것이 좋다. 역할 영역에서는 여러 나라의 집 모형과 민족을 상징하는 인형, 전통의상 및 신발, 모자, 장신구, 전통음식 모형, 직업의 의상, 각 나라의 특징을 나타낸 그림 자료 및 사진, 꾸미기 도구 등을 갖추고, 각 지방 혹은 나라를 직접 꾸미는 활동을 제공해 준다.

또한, 조리 도구와 식사용 도구들을 준비한다. 다양한 상차림의 극놀이를 위한 여러 가지 채소와 과일 모형을 제공한다(김영옥 외, 2008).

쌓기 영역은 가장 가치 있는 사회 학습 자원 중 하나이다. 집단놀이를 통하여 협동심과 타인 조망 능력을 발달시킬 수 있다. 블록과 함께 주제와 관련 있는 크고 작은 소품을 제공해 주면 유아의 사고와 표현을 확장해 줄 수 있다.

음률 영역에서는 노래와 춤으로 자기 표현할 수가 있으며 새로운 음악과 춤을 창작할 수 있다. 유아는 함께 악기를 연주하고 춤을 추면서 서로 협조하고 조화를 이루는 것을 학습하게 된다. 그리고 다양한 문화권의 음악과 전통놀이의 정보가 담겨 있는 그림, 사진 자료를 포함하며 악기와 음악을 수록한 음향 자료, 음악 그림책 등이 갖춰져 있어야 한다.

요리 영역에서는 다양한 음식 사진, 요리사 모자, 우리나라 각 지방의 김치 그림, 세계 요리 축제 사진, 행사 때 먹는 음식 사진 및 요리 순서표 등을 게시한다(김영옥 외, 2008).

조형 영역에서는 자료를 공유하고 공동 작업을 하면서 양보하기와 협력하기의 사회적 기술을 연습할 수 있다. 유아의 미술작품을 감상하면서 타인의 표현방법을 이해하고 존중할 기회를 갖는다. 교사는 유아가 협력하여 미술 활동에 참여할 기회를 제공하고 사회적 경험을 미술로 표현할 수 있도록 격려한다. 또한, 다른 민족과 인종의 사진, 각국의 문화적 특징을 볼 수 있는 작품, 동일 주제를 다양하게 표현해 볼 수 있는 자료를 제공한다.

컴퓨터 영역에서는 인터넷으로 각 지방과 여러 나라의 사이트 안내, 사진 및 그림 등의 출력물 등을 제공한다.

세계시민교육을 위한 환경구성은 다음과 같이 정리할 수 있다.

- 교실 공간을 다양하게 구성하기(개방, 반개방, 사적 공간)
- 교실에 길 만들기 : 여러 가지 모양의 길을 만들기 위해 가구나 다른 물건 사용하기

- 교실 지도 만들기 : 유아와 함께 교실 지도를 그리고 게시하기
- 쌓기 놀이 영역의 다양한 블록을 이용하여 공간 개념 발달시키기
- 교실 내 동·식물 영역 설치하기
- 교실 문과 창문을 공간 확장방법으로 사용하기
- 교실 영역에 상징물로 이름 붙이기 : 표시판과 상징으로 방향감과 공간 개념을 발달시키기
- 지리 학습을 위한 자료(예 작은 그림지도, 세계지도, 여행안내 책자, 다른 지역 엽서, 주소록, 지구본 등)
- 인터넷 환경구성(예 외국 친구의 위치 인터넷 지도로 보기, 친구의 교육기관 홈페이지로 살펴보기, 외국 친구에게 이메일 보내기 등)

Part II
유아세계시민교육 프로그램

Chapter 4

유아세계시민교육 프로그램의 실제

1 유아세계시민교육 프로그램의 활동 목록

유아세계시민교육 활동은 〈표 4-1〉에서 제시한 것과 같이 '소중한 인권' 내용 범주에서 '인간 존중' 하위 내용에 '가족을 소개해요' 활동이 구성되었으며, '자유·평등' 하위 내용에서는 '마음껏 놀아야 해요, 교통 약자 편의시설' 두 가지 활동, '더불어 사는 세상' 하위 내용으로 '사랑의 밥그릇 저금통, 행복한 나눔 물품 기증, 해외결연아동에게 편지 쓰기'의 세 가지 활동이 구성되었다.

'타문화 이해' 내용 범주는 '자랑스러운 우리 문화'의 하위 내용에서 '세계 속의 자랑스러운 한국인, 전통은 소중해요' 두 가지 활동으로, '다양한 문화의 공통점과 차이점' 하위 내용에서는 '음식을 먹는 방법이 달라요' 활동이, '다양한 문화에 대한 이해와 존중' 하위 내용에서는 '세계 여러 나라의 다양한 콩 요리' 활동으로 구성되었다.

'갈등에 대한 평화적 해결' 내용 범주에서는 '평화로운 우리' 하위 내용으로 '친구야, 재미있게 놀이하자, 둘이서 한마음으로'으로 두 가지 활동, '평화를 위한 노력' 하위 내용으로는 '하나 된 우리나라, 평화의 의미를 알아요' 두 가지 활동, '전쟁과 평화' 하위 내용으로 '둘로 나뉜 우리나라, 북에서 온 내 친구' 활동이 구성되었다.

'함께 가꾸는 지구환경' 내용 범주에서는 '우리 생활과 환경' 하위 내용에서 '꿈틀꿈틀 흙이 있어요, 태양이 요리해 준 음식' 두 가지 활동, '자연의 보전과 보호' 하위 내용에서 '지구온난화로 바뀐 세계지도, 코끼리는 어디로 갔을까?' 활동, '지구를 살리기 위한 노력' 하위 내용에서 '친환경 자동차, 지구가 아파요' 활동으로 구성되었다.

〈표 4-1〉 유아세계시민교육 프로그램의 구성

내용 범주	하위 내용	활동명	관련 생활주제	활동유형	활동자료	대상연령
소중한 인권	인간 존중	가족을 소개해요	나와 가족	역할	다양한 일을 하는 가족 사진들, 역할 놀이 소품	만 3세
	자유·평등	마음껏 놀아야 해요	건강과 안전	이야기 나누기	다양한 놀잇감	만 4~5세
		교통 약자 편의시설	교통기관	쌓기	교통 약자 표지판 자료, 다양한 블록	만 3세
	더불어 사는 세상	사랑의 밥그릇 저금통	유치원/어린이집과 친구	이야기 나누기	저금통	만 3세
		행복한 나눔 물품기증	유치원/어린이집과 친구	견학	각 반에서 수거한 재활용 물품	만 3세
		해외결연아동에게 편지 쓰기	유치원/어린이집과 친구	언어	기아대책 자료, 편지 쓰기 재료	만 4~5세
타문화 이해	자랑스러운 우리 문화	세계 속의 자랑스러운 한국인	우리나라	미술	해시계 사진, 측우기 사진, 장영실 영정 그림, 해시계 만들기 재료	만 4~5세
		전통은 소중해요	우리나라	쌓기	한옥 사진 자료, 다양한 블록	만 3세
	다양한 문화의 공통점과 차이점	음식을 먹는 방법이 달라요	세계 여러 나라	역할	여러 나라의 음식 먹는 방법 사진 자료, 음식 먹을 때 사용하는 여러 도구	만 3세
	다양한 문화에 대한 이해와 존중	세계 여러 나라의 다양한 콩 요리	세계 여러 나라	요리	다양한 콩 실물 자료, 콩으로 만든 다양한 음식 사진 자료, 음식 만들기 재료	만 4~5세

내용 범주	하위 내용	활동명	관련 생활주제	활동유형	활동자료	대상연령
갈등에 대한 평화적 해결	평화로운 우리	친구야, 재미있게 놀이하자	유치원/어린이집과 친구	동시	동시 판	만 3세
		둘이서 한마음으로	유치원/어린이집과 친구	신체(게임)	친구들과 함께 놀이하는 사진 자료, 이인삼각 고리 줄	만 4~5세
	평화를 위한 노력	하나 된 우리나라	우리나라	수·조작	단군신화 동영상 자료, 남북한으로 나뉜 우리나라 지도 사진, 우리나라의 땅 모양 퍼즐	만 3세
		평화의 의미를 알아요	유치원/어린이집과 친구	미술	친구와 싸우는 그림 자료, 평화 스티커 만들기 재료	만 4~5세
	전쟁과 평화	둘로 나뉜 우리나라	우리나라	이야기 나누기	우리나라 지도, 한국전쟁 사진,	만 4~5세
		북에서 온 내 친구	유치원/어린이집과 친구	이야기 나누기	우리나라 지도	만 3세
함께 가꾸는 지구 환경	우리 생활과 환경	꿈틀꿈틀 흙이 있어요	환경과 생활	동극	동극 재료	만 4~5세
		태양이 요리해 준 음식	여름	과학	말린 식재료과 말리지 않은 식재료 비교 사진, 다양한 식재료, 쟁반	만 3세
	자연의 보전과 보호	지구온난화로 바뀐 세계지도	환경과 생활	토론	지구온난화로 변화하는 세계지도 자료, 빙하가 녹은 사진, 북극곰 사진, 지구온난화로 환경이 변하여 피해를 보는 나라의 영상	만 4~5세
		코끼리는 어디로 갔을까?	동·식물과 자연	미술	『코끼리는 어디로 갔을까?』 그림책, 자연에서 살아가는 동·식물 사진, 포스터 만들기 재료	만 3세
	지구를 살리기 위한 노력	친환경 자동차	교통기관	견학	일반 자동차 매연 사진 자료	만 4~5세
		지구가 아파요	환경과 생활	신체(게임)	분리수거함 만들기 재료	만 3세

2 유아세계시민교육 프로그램의 실제

1) 소중한 인권

아동은 성별, 국적, 종교, 인종, 사회적 신분에 따른 어떠한 차별도 받아서는 안 되며, 모든 아동 관련 활동에서 아동의 이익이 최우선으로 고려되어야 한다. 유엔은 아동권리협약에서 유아가 가정에서 성장하고 학대로부터 보호받으며, 자신의 견해를 표현하고, 부모의 양육과 사회제도가 유아에게 최선으로 이익이 이루어지도록 선언하였다(교육과학기술부, 2008).

본 프로그램에서 다루는 인권은 아동권리협약의 내용을 중심으로 하였다. 유아가 누려야 하는 권리에 대해 알고, 소중한 권리를 잘 누릴 수 있도록 노력하고, 타인을 배려하는 마음도 가질 수 있어야 함을 내용으로 다루었다. 유아는 일상에서 주변을 돌아보며 자신의 소중한 권리가 보호 혹은 침해받고 있다는 사실을 찾아보게 되어, 그 소중한 권리를 적극적으로 보호하고 주장하는 태도를 형성할 수 있게 될 것이다.

또한, 우리나라를 비롯하여 여러 나라에서 권리를 침해받는 아동을 돕기 위해 여러 사람과 기관이 유기적 관계로 활동함을 알려 주고, 이들에게 감사하는 마음을 가질 수 있도록 교육한다.

- 활동 1 : 가족을 소개해요
- 활동 2 : 마음껏 놀아야 해요
- 활동 3 : 교통 약자 편의시설
- 활동 4 : 사랑의 밥그릇 저금통
- 활동 5 : 행복한 나눔 물품 기증
- 활동 6 : 해외결연아동에게 편지 쓰기

활동 01 가족을 소개해요

만 3세

활동유형	역할	생활주제	나와 가족	시민교육 관련 요소	소중한 인권 〉 인간 존중
활동목표	• 가족 구성원 모두 소중한 존재임을 안다. • 우리 가족 구성원의 역할을 알고 역할 놀이로 표현할 수 있다.				
누리과정 관련 요소	• 사회관계 〉 가족을 소중히 여기기 〉 가족과 협력하기 • 예술경험 〉 예술적 표현하기 〉 극 놀이로 표현하기				

활동자료

다양한 일을 하는 가족 사진들, 역할 놀이 소품

활동내용 및 방법

1. 가족 구성원의 역할을 알아보고 중요성에 관해 이야기 나눈다.
   - 무슨 그림이니?
   - 가족이 다들 열심히 무언가를 하고 있구나.
   - 엄마는 무엇을 하고 계시지?
   - 아빠가 좋아하는 색깔은 무엇일까?

- 형은 집에서 무엇을 하는 걸 좋아하니?
- 동생은 주로 집에서 무엇을 하니?
- 가족이 각자 좋아하는 것도 다르고, 하는 일이 다르구나.
- 가족마다 자기의 역할(맡은 일)을 하지 않으면 어떤 일이 생길까?
- 맛있는 요리를 만들어 주는 가족이 없다면 우리는 어떻게 될까?
- 청소하지 않으면 우리 집은 어떻게 될까?
- 가족들이 각자 맡은 일을 하지 않으면 지금처럼 따뜻하고 깨끗한 집에서 재미있는 놀이도 못 하고 평안하게 잠을 자기도 어렵단다.

2. 가족 역할 놀이를 통해 가족 구성원의 역할을 직접 경험해 본다.
   - 가족 놀이를 하려면 어떤 것들이 필요할까?
   - 집에서 동생이 무엇을 하는지 어떻게 표현할까?
   - 무엇이 더 필요할까?
   - 엄마는 누가 해 볼까?
   - 아빠가 되면 무슨 일을 하고 싶니?
   - 형 역할은 어떻게 표현하면 좋을까?
   - □□은(는) 엄마가 되면 무슨 일을 할 거니?
   - □□은(는) 아빠가 되면 어떤 일을 하고 싶니?

3. 각자 맡은 가족 구성원이 되어서 자유롭게 역할 놀이를 해 본다.

가족 역할 놀이

4. 활동해 본 소감을 말해 보고 가족의 소중함에 관해 이야기 나눈다.
   - 가족 역할 놀이를 해 봤는데 어떤 기분이 드니?
   - ○○는 엄마 역할을 하면서 어떤 일들을 했었는지 말해 볼까?
   - 아빠 역할을 해 봤더니 아빠가 하는 일을 아는 데 도움이 되었니?
   - 많은 집안일을 하시는 엄마의 소중함을 느낄 수 있었니?
   - 또다시 역할 놀이를 하면 이번에는 어떤 역할을 하고 싶니?
   - 가족이 자기 역할을 열심히 해 나가야 행복한 가정을 만들 수 있단다.
   - 친구들도 자신의 가정에서 맡은 역할을 앞으로 잘할 수 있겠지?
   - 소중한 우리 가족에게 고마움을 표현해 보자.

활동의 유의점

1. 유아가 하고 싶은 역할뿐만 아니라 다양한 가족 구성원의 역할도 경험할 수 있도록 한다.
2. 역할 놀이 시, 성역할 고정관념에 치우치지 않고 서로 하는 일을 바꿔 볼 수 있도록 한다.
3. 역할 놀이에 필요한 가족 구성원을 상징하는 다양한 소품을 준비한다.

확장 활동

1. 가족 구성원의 수에 따라 분류해 보는 활동을 한다.
2. 가족사진을 이용해서 가족 신문을 만들어 본다.

가족신문 만들기 활동

도움 주머니 • • • '나와 가족' 생활주제의 의미

'나와 가족' 생활주제는 유아기에 호기심의 대상인 자신의 몸과 마음을 이해할 기회를 제공하며, 유아에게 긍정적인 자아 개념 및 능동적인 태도 발달을 돕는 주제이다. 또한, '나와 가족' 생활주제는 유아가 태어나서 가장 처음 접하게 되는 인간관계인 가족 안에서 가족 구성원으로서의 자신을 이해하고, 가족의 소중함을 생각할 수 있는 경험을 제공한다.

유아기는 감각 기능, 운동 능력, 협응력과 같은 신체 능력이 발달과 자신의 감정 변화, 감정 조절 및 표현 등을 구체적으로 경험하게 되는 시기이다. 이러한 발달 특성에 근거하여 유아가 자신의 몸과 마음에 관해 알아보고 '나의 몸과 마음'의 소중함을 인식하도록 하는 것이 필요하다. 또한, 이 시기는 가족 및 사회 구성원으로서의 나에 관한 인식이 형성되는 시기이므로, 유아가 자신과 타인의 몸에 관한 인식을 근거로 자신을 소중히 여기고, 유아가 남과 다른 자신만의 특별함을 알고 사랑하며, 스스로 할 수 있는 일에 적극적으로 참여하여 자신감을 가지도록 해야 한다. 그뿐만 아니라 나를 인식하고, 정체성이 발달하는 과정에서 사회화의 일차 집단인 가정 안에서 가족 구성원의 역할을 이해하고, 가족과의 원만한 관계를 유지하며 가족을 사랑하는 마음을 갖도록 하는 것이 중요하다. 특히 인간성 상실, 저출산 등의 심각한 현대사회의 문제에 대처하기 위해서도 유아기부터 가족의 소중함을 강조하는 가치관 교육이 생활화되어야 한다.

활동 02

만 4~5세

마음껏 놀아야 해요

활동유형	이야기 나누기	생활주제	건강과 안전	시민교육 관련 요소	소중한 인권 〉 자유·평등
활동목표	• 자신은 존중받아야 하는 소중한 존재임을 안다. • 세계 여러 나라에 사랑과 도움이 필요한 아동들이 있음을 알고 관심을 가진다.				
누리과정 관련 요소	• 의사소통 〉 말하기 〉 느낌, 생각, 경험 말하기 • 사회관계 〉 나를 알고 존중하기 〉 나를 알고 소중히 여기기				

활동자료

다양한 놀잇감

활동내용 및 방법

1. 아동의 권리에 관해 이야기를 나눈다.
   - '권리'라는 단어를 들어 본 적 있니?
   - 권리란 어떤 일을 할 때, 내가 당당하게 할 수 있는 것을 의미한단다.
   - 우리에게는 무슨 권리가 있을까?
   - 모든 아동은 안전한 환경에서 잘 먹고 잘 자라고 신나게 놀 권리가 있단다.
   - 너희처럼 유아시기에 친구들과 신나게 놀고 즐겁게 지내는 것이 이 시기에 하는 일이란다.

2. 내가 좋아하는 놀이의 종류에 관해 이야기 나눈다.
   - 어떤 놀이를 할 때가 가장 행복하니?
   - □□(이)는 뛰면서 노는 것이 가장 즐겁구나.

[친구와 함께 인형 놀이하기]

[신체 놀이]

[블록으로 로봇 만들기]

내가 좋아하는 놀이

- 우리가 재미있게 할 수 있는 놀이의 종류를 한번 말해 볼까?
- 내가 좋아하는 놀이를 누구와 함께 하고 싶니?
- 우리가 좋아하는 놀이에는 또 무엇이 있을까?

3. 좋아하는 놀이 활동이 끝난 후 평가한다.
   - 내가 좋아하는 놀이를 하니 어떤 기분이 드니?
   - 어떤 놀이를 할 때 가장 재미있었니?
   - 우리 친구들은 즐겁게 마음껏 놀이할 수 있는 권리를 갖고 있다고 생각하니 기분이 어떠니?
   - 내가 하고 싶은 놀이를 하지 못하는 기분이 어떨까?
   - 또 어떤 놀이를 하면 좋을까?

활동의 유의점

1. 유아가 좋아하는 놀이기구를 다양하게 준비하여 활동 시 유아가 자유롭게 선택할 수 있도록 한다.
2. 유아의 다양한 반응을 격려하여 자기 생각을 표현할 수 있도록 한다.

확장 활동

1. 미술 영역에서 내가 좋아하는 놀이 종류를 그림으로 표현할 수 있다.

도움 주머니 ••• 아동권리

아동권리는 1923년 세이브더칠드런(Save the children)의 창시자인 '에글렌타인 젭(Eglantyne Jebb)' 여사가 세계아동권리선언문의 초안을 작성하고 이듬해 1924년 그 문서가 제네바 아동권리선언문으로 채택된 것이 시작이다. 이후 1959년 5개 조항으로 이루어졌던 아동권리선언문이 7개 조항으로 보완되면서 세계 아동이 처한 기본 권리의 침해 상황에 관심을 두고 그 근본적인 해결 방안을 고민하기 시작하였다. 1979년 아동권리협약의 초안 제정을 위한 노력이 시작되나, 찬·반 논란으로 10년이 지난 1989년 11월 20일에서야 유엔 총회에서 만장일치로 유엔아동권리협약이 채택되는 결실을 보게 되었다.

유엔아동권리협약은 아동은 한 인간으로서 고유한 존재이며, 스스로 권리의 주체임을 인식하고 적극적인 참여를 통해 자신의 권리를 향유하고, 자신의 권리를 온전하게 보장받을 수 있어야 함을 담고 있는 국제적 약속이다(김인숙, 2006). 우리나라는 1990년 9월에 유엔아동권리협약에 서명하고 1991년 11월에 비준서를 기탁하였다. 그 후 협약 가입국의 의무 규정에 따라 1994년 1차 국가보고서를 시작으로 2008년도에 4차 국가보고서를 제출하였다. 우리나라 정부는 2000년대에 들어와 「아동복지법」을 개정하면서 유엔아동권리협약의 이행과 우리나라 아동의 권리 증진에 지속적인 노력을 기울이고 있다.

활동 03

만 3세

교통 약자 편의시설

활동유형	쌓기	생활주제	교통기관	시민교육 관련 요소	소중한 인권 〉 자유·평등
활동목표	• 교통 약자를 위한 교통 편의시설에 관심을 가진다. • 다른 사람을 배려하는 마음을 가진다. • 자신의 경험과 생각을 바른 태도로 말한다.				
누리과정 관련 요소	• 신체운동 〉 신체조절과 기본운동하기 〉 소근육 조절하기 • 사회관계 〉 더불어 생활하기 〉 또래와 관계하기 • 자연탐구 〉 수학적 탐구하기 〉 공간과 도형에 관심 가지기				

활동자료

교통 약자 표지판 자료, 다양한 블록

활동내용 및 방법

1. 다양한 교통수단 종류를 보여 주면서 이야기 나눈다.
   - 버스나 지하철을 타 본 적이 있니?
   - 버스나 지하철을 탈 때 불편한 점은 없었니?
   - 버스나 지하철 같은 교통수단을 왜 이용할까?
   - 그래, 먼 거리를 빠르고 안전하게 이동할 수 있도록 우리에게 도움을 주지.
   - 누구나 필요할 때 편하게 이용할 수 있는 교통수단이 우리 주변에는 많이 있지만, 몸이 불편한 사람들은 어떻게 이런 교통수단을 이용할까?

2. 교통 약자 그림을 보며 교통 약자가 누구인지, 무엇이 불편할지에 대해 생각해 본다.

교통 약자 시설 표시

- 버스나 지하철을 탈 때 이런 그림을 본 적 있니?
- 이 그림이 어떤 뜻인지 알고 있니?
- ○○(이)가 말한 대로 할아버지, 할머니처럼 몸이 약한 분들이 앉을 수 있도록 만든 자리란다.
- 할아버지, 할머니 말고 버스나 지하철 같은 교통수단을 이용하기 힘든 사람들은 누가 있을까?
- 다리가 아파서 걷지 못하는 사람도 버스나 지하철 타기가 힘들겠구나.
- 아기를 안고 있는 엄마들도 버스나 지하철 안에서 서 있기 힘들겠지?

3. 교통 약자와 함께 즐겁게 교통시설을 이용할 방법을 생각해 본다.
- 만약 버스나 지하철에서 몸이 불편한 할아버지, 할머니를 만나면 어떻게 하면 좋을까?
- 그래, 내가 앉은 자리를 양보해 주면 좋겠구나.
- 또 어떤 방법으로 도와주면 좋을까?
- 앞을 못 보는 친구가 있다면 어떻게 도움을 줄까?
- 잘 걷지 못하는 아기는 어떤 방법으로 도와줄까?
- 옆에서 부축해 주거나 잘 탈 수 있도록 도와주는 것도 좋은 방법이겠다.

4. 블록으로 교통 약자를 위한 편의시설을 만들어 보기 위해 이야기 나눈다.
- 우리가 직접 몸이 불편한 사람들을 위한 편의시설을 만들어 볼 수 있을까?
- 어떤 방법으로 만들면 좋을까?
- 어떤 모양으로 만들어 볼까?

[저상버스]

[노약자 표지판]

[임산부 표지판]

블록으로 다양한 교통 약자 편의시설 만들기

- □□(이)가 좋아하는 블록으로 만들어 보는 것도 좋은 방법이구나.
- 휠체어를 타는 사람들이 이용할 수 있는 버스를 만들어 볼까?
- 어린 친구들을 위한 편의시설에는 무엇이 있을까?
- 장애인이 주차할 수 있는 공간을 만들려면 무슨 블록을 이용해서 만들 수 있을까?
- 시각장애인에게 필요한 '시각장애인유도블록'은 어떻게 표현할 수 있을까?

5. 활동을 회상하며 평가한다.
   - 무엇에 관해 이야기 나누었지?
   - 교통 약자 편의시설을 우리가 직접 만들어서 이용해 보았는데 어떤 점이 기억나니?
   - 교통기관을 이용할 때 교통 약자를 위해 우리가 할 수 있는 일들이 무엇이었니?
   - 앞으로 교통기관을 이용할 때 할아버지, 할머니를 만나면 오늘 활동했던 것처럼 자리를 양보해 주거나 도움을 줄 수 있겠니?
   - 몸이 불편한 사람들도 편리하게 교통수단을 이용할 수 있도록 우리가 조금 더 배려할 수 있겠지?

활동의 유의점

1. 유아에게 충분한 사전정보를 제공하기 위해 교통 약자 편의시설에 관한 도서 및 사진 자료를 준비해 둔다.
2. 유아의 흥미와 집중도에 따라 이야기 나누기와 쌓기 활동으로 이틀에 나누어 활동할 수 있도록 한다.

확장 활동

1. 어린이집 밖 주변 도로에서 교통 약자 표지판을 찾아보는 활동을 해 본다.
2. 유아가 만들어 보고 싶은 교통 약자를 위한 편의시설을 생각하고 만들어 전시회를 연다.
3. 교통 약자가 편의시설을 이용할 때 유아가 배려할 수 있는 다양한 방법에 관해 이야기 나눈다.

도움 주머니 ••• 다양한 교통 약자 편의시설 종류

점형 블록

휠체어 리프트

활동 04

사랑의 밥그릇 저금통

만 3세

활동유형	이야기 나누기	생활주제	유치원/어린이집과 친구	시민교육 관련 요소	소중한 인권 〉 더불어 사는 세상
활동목표	• 지구촌 굶주린 이웃을 생각하며 '사랑의 밥그릇 저금통'에 동전을 모아 본다. • '사랑의 밥그릇 저금통'에 모은 동전들이 지구촌 곳곳 어려운 이웃들에게 어떤 방법으로 쓰이는지 알 수 있다.				
누리과정 관련 요소	• 사회관계 〉 사회적 지식 〉 세계와 여러 문화에 관심 가지기 • 사회관계 〉 사회적 지식 〉 경제생활에 관심 가지고 이해하기				

활동자료

저금통

활동내용 및 방법

1. '사랑의 밥그릇 저금통'에 관해 이야기를 나눈다.
    - (저금통을 보여 주며) 이것은 무엇일까?
    - 저금통에 동전을 넣어 본 적이 있니?
    - 왜 동전을 넣었니?

2. 지구촌 굶주린 이웃들에 관해 이야기 나눈다.
    - 우리는 배가 고프면 어떻게 하니?
    - 우리는 배고프면 밥을 먹고 맛있는 간식도 먹을 수 있지만, 가난하거나 먹을 음식이 없어 영양실조에 걸리는 친구들이 있어.

3. '사랑의 밥그릇 저금통'이 지구촌 곳곳의 어려운 이웃들에게 어떻게 쓰이는지 이야기를 나눈다.
   - 100원은 설사병에 걸려 배가 아픈 친구들에게 약을 보내 줄 수 있어.
   - 500원은 영양실조에 걸린 친구에게 맛있는 밥(한 끼)을 줄 수 있어.
   - 저금통 1개는 말라리아모기에 물리지 않도록 모기장을 줄 수 있단다.

4. 저금통에 동전을 모아온 유아가 한 명씩 앞으로 나와서 교사에게 저금통을 전달한다.
   - ○○(이)가 저금통에 동전을 모아왔구나.
   - ○○(이)가 앞에 나와 선생님에게 저금통을 줄 수 있니?

5. '사랑의 밥그릇 저금통'에 동전을 모아 지구촌 이웃들에게 도움을 준 것에 대해 마무리한 후 평가한다.
   - 저금통에 동전을 모으면서 어떤 걸 느꼈니?
   - 내가 모은 '사랑의 밥그릇 저금통'이 어려운 이웃들에게 도움이 된다고 생각하니 기분이 어떠니?
   - 어려운 친구들 도와주는 방법에는 또 어떤 게 있을까?

사랑의 밥그릇 저금통 기증 활동

활동의 유의점

1. '사랑의 밥그릇 저금통'을 준비한 후 미리 가정과 연계하여 안내문과 저금통을 각 가정에 보낸다.
2. 각 가정에서 유아가 꾸준하게 '사랑의 밥그릇 저금통'에 동전을 넣을 수 있도록 관심을 유지시켜 준다.

확장 활동

1. 미술 영역에서 '사랑의 밥그릇 저금통'을 직접 그려 본다.
2. 어려운 이웃을 도와주는 다른 방법도 이야기해 보는 활동을 진행한다.

도움 주머니 ••• 영유아 가족과 협력 체계

어린이집과 가정의 유대관계를 강화하기 위해 부모와 교사, 부모와 어린이집 간의 긍정적이며 지속적인 동반자적 협력이 필요하다. 어린이집은 부모에게 기관에서 진행하고자 하는 행사나 프로그램, 현장 체험 학습, 부모교육, 강연회, 워크숍, 봉사활동 등에 관한 목적과 내용, 일정 등을 자세히 알림으로써 원활한 영유아의 교육 활동을 할 수 있다. 부모에게 협력을 요하는 사항은 월간·주간 계획안, 가정통신문, 일일 보고서, 기관 현관 등을 통해 정보를 상세하게 알려 주어야 한다.

활동 05

만 3세

행복한 나눔 물품 기증

활동유형	견학	생활주제	유치원 / 어린이집과 친구	시민교육 관련 요소	소중한 인권 〉 더불어 사는 세상
활동목표	• 각 가정에서 기증한 재활용 가능한 물품을 모아 직접 '행복한 나눔' 가게에 전달한다. • 환경과 이웃을 사랑하는 아름다운 나눔을 실천해 본다.				
누리과정 관련 요소	• 기본생활 〉 바른생활 〉 아끼며 생활하기 • 자연탐구 〉 과학적 탐구 〉 자연현상 이해하기				

활동자료

각 반에서 수거한 재활용 물품

활동내용 및 방법

1. 각 반에서 '행복한 나눔' 가게 방문에 대한 이야기를 나눈다.
    - '행복한 나눔' 가게에 가 본 적이 있니?
    - '행복한 나눔' 가게는 어떤 곳일까?
    - ○○(이)는 어떤 물건을 가지고 왔을까?

2. 수거한 물품을 들고 '행복한 나눔' 가게로 이동한다.
    - 오늘은 함께 '행복한 나눔' 가게에 가 볼 거야.
    - 물품을 기증받아 그 물건을 다시 필요한 사람에게 판매하는 곳이야.
    - 판매하고 모인 돈은 어려운 이웃을 돕는 데 사용된단다.

3. 물품을 가져온 아동이 물품을 '행복한 나눔' 가게 매니저에게 전달한다.
   - ○○(이)가 가져온 물품을 매니저님께 직접 전달해 볼래?
   - 물품을 잘 전달할 수 있겠니?

4. '행복한 나눔' 가게를 구경해 본다.
   - 다른 사람들은 나눔 가게에 어떤 물건을 기증했을까?
   - 나눔 가게에는 어떤 물건들을 판매하고 있을까?

5. '행복한 나눔' 가게를 갔다 온 후 평가한다.
   - 나눔 가게에서 물품을 기증했을 때 기분이 어땠니?
   - 어떤 일이 가장 기억에 남았니?
   - 내가 나눔 가게에 기증한 물품이 어려운 이웃을 도와준다고 생각하니 느낌이 어떠니?
   - 나눔 가게에 갔다 와서 무엇을 느꼈니?
   - 또 기증하고 싶은 물품이 있니?
   - 물품을 기증하는 것 말고 어려운 사람들은 도와줄 방법이 또 있을까?

행복학 나눔 가게 가서 물품 기증 활동

활동의 유의점

1. '행복한 나눔' 가게 물품 기증에 관한 내용의 안내문을 가정에 배부하여 가정과 연계한다.
2. 미리 가정에서 기증한 재활용 가능한 물품을 반별로 모은다.

기증할 물품 분류

확장 활동

1. 물품 기증에 동참한 아이들에게 '행복한 나눔 물품 인수증' 전달한다.

도움 주머니 • • • 지역사회 프로그램

어린이집은 지역사회에 속해 있으므로 지역사회의 생활환경과 지리적 여건, 문화, 생태 환경 등을 반영한 프로그램을 구성하여야 한다.

지역사회와 협력의 필요성을 영유아 측면에서 보면, 지역사회는 영유아의 발달과 성장에 상호 영향을 주고받는 중요한 환경이므로 지역사회의 환경을 반영한 프로그램을 구성하여야 한다.

보육시설의 측면에서 보면, 지역사회는 보육시설이 갖고 있지 않는 다양한 인적·물적 자원을 보유하고 있으므로 더욱 질 높은 프로그램을 구성할 수 있을 뿐 아니라 자원 활용이 용이하다.

활동 06

만 4~5세

해외결연아동에게 편지 쓰기

활동유형	언어	생활주제	유치원 / 어린이집과 친구	시민교육 관련 요소	소중한 인권 〉 더불어 사는 세상
활동목표	• 해외에 도움이 필요한 아동을 도울 수 있음을 안다. • 결연을 한 해외 아동에 관심을 갖고, 그 마음을 표현한다. • 나와 다른 사람의 차이를 인식하고, 서로를 존중하는 태도를 기른다.				
누리과정 관련 요소	• 사회관계 〉 사회적 지식 〉 세계와 여러 문화에 관심 가지기 • 의사소통 〉 쓰기 도구와 매체 사용하기 • 예술경험 〉 예술적 표현 〉 여러 가지 미술 재료 사용하기				

활동자료

기아대책 자료, 편지 쓰기 재료

활동내용 및 방법

1. 해외결연아동을 소개한다.
   - 기아대책CDP(child development program) 1 : 1 어린이 결연 사업을 통해 어린이집이 후원하고 있는 해외결연아동에 대해 알아본다.

2. 해외결연아동에 관해 이야기 나눈다.
   - (아동 사진을 보여 주며) 이 친구의 이름은 무엇이니?
   - 몇 살일까?
   - 이 친구가 좋아하는 놀이는 무엇일까?

3. 편지 쓰기 활동을 소개한다.
   - 이 친구에게 우리를 소개하는 편지를 써 볼까?

- 색 도화지에 우리 반 단체 사진을 붙여 보자.
- 사진 옆에 우리 반을 소개하는 글을 적어 보자.
- 색 도화지에 편지도 써 보자.
- 그림 그리기, 색칠하기 등 다양한 방법으로 편지를 꾸며 보자.

4. 다 쓴 편지를 모아 편지 봉투에 넣는다.
   - 주소를 적은 종이를 편지 봉투 겉면에 붙여 보자.
   - 편지를 모아서 편지 봉투에 넣어 보자.

활동의 유의점

1. 편지에 쓰고 싶은 내용을 직접 글로 표현하기 어려워하는 유아가 있다면 교사가 대신 글씨를 써서 보여 주고 그 글씨를 따라 쓸 수 있도록 한다.
2. 글로 편지 쓰는 방법 외에 그림 그리기, 스티커로 꾸미기 등의 다양한 방법으로 유아가 자기 생각과 감정을 다채롭게 표현할 수 있도록 제시한다.

다양한 방법으로 편지 쓰기

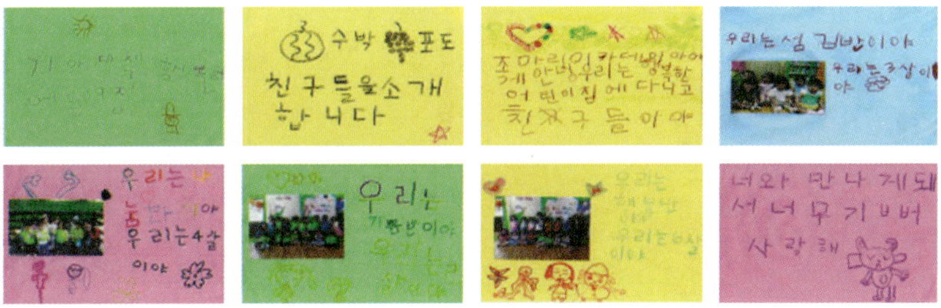

아이들이 다양하게 표현한 편지 내용

확장 활동

1. 기아대책CDP 후원자 관리팀에 직접 방문하여 해외결연아동에게 쓴 편지를 전달한다.

도움 주머니 ••• 알아두면 도움이 되는 국내외 아동후원단체 정보

단체 이름	사이트	단체 정보
기아대책	www.kfhi.or.kr	국제 개발 비정부기구, 긴급구호, 대북지원, 국내, 북한, 해외아동과 결연, 정기 후원, 자원봉사
월드비전	www.worldvision.or.kr	가난과 불의의 문제를 극복하기 위해 어린이, 가정, 지역사회와 함께 일하는 기독교 국제구호
굿네이버스	www.goodneighbors.kr	아동권리보호 및 해외 구호 개발사업, 해외아동과 결연, 긴급구호, 후원방법 안내
초록우산 어린이재단	www.childfund.or.kr	국내 최대 아동복지단체, 해외 빈곤 아동 후원 안내, 희망로드 대장정, 정기 후원
유니세프	www.unicef.or.kr	전쟁 피해 아동의 구호와 저개발국 아동의 복지 향상을 위해 설치된 국제연합 특별기구
유엔난민기구	www.unhcr.or.kr	피난길에 올라 구호 물품으로 생존하는 난민 어린이 후원, 긴급구호를 전담하는 공식 유엔기구
세이브더 칠드런	www.sc.or.kr	5천 원부터 시작하는 아이들을 위한 기부의 시작. 세이브더칠드런 아동 후원 단체
유네스코 한국위원회	peace.unesco.or.kr	교육으로 아프리카에 희망을 전하는 단체로 이영애 특별대사와 함께하는 기부 후원
밀알 복지재단	www.miral.org	국제개발협력 비정부기구 밀알복지재단, 국내아동과 결연, 해외아동과 결연, 독거노인 지원, 빈곤 장애아동 지원

2) 타문화 이해

21세기는 교통과 통신의 발달로 세계화가 급속히 진행되고 있고, 이에 따라 인적·물적·문화적 교류가 활발해지고 있다. 세계화 시대에 세계 여러 나라 문화의 다양성을 이해하고 존중하며, 다른 문화권의 사람들에 대해 개방적 태도를 가지는 것이 중요하다. 태도는 우리나라 문화에 관한 올바른 이해와 자긍심에서 출발한다. 따라서 미래의 세계시민인 유아가 우리나라 문화를 자랑스러워하며, 세계 여러 나라의 다양한 문화를 접함으로 다양한 문화에 대한 이해와 존중감을 갖고, 다른 문화권의 사람들과 함께 더불어 잘 살아갈 수 있도록 도와야 한다(교육과학기술부 2008).

본 프로그램에서는 세계 여러 나라 문화를 접하기 전에 유아가 우리나라 문화를 먼저 알고 이해할 수 있도록 구성하였다. 사전 활동에서 우리나라 문화를 경험함으로 우리 문화를 이해하고 자긍심을 갖고, 참여 활동에서 전문가가 우리나라 문화와 유사한 다른 나라 문화를 소개하도록 전개하였다. 연관 활동에서는 유사한 세계 여러 나라의 다양한 문화를 접해 볼 수 있도록 하였다.

그리고 다른 문화권에 속한 사람들과 더불어 사는 태도의 형성을 돕기 위한 활동은 사전 활동으로 주변에서 접하는 다양한 문화권의 사람들에게 관심을 갖고, 연계 활동에서는 전문가가 다양한 문화의 사람들의 삶을 소개하고, 연관 활동은 다양한 문화권의 사람들과 잘 지내기 위해서 실천할 수 있는 활동으로 전개하였다.

- 활동 1 : 세계 속의 자랑스러운 한국인
- 활동 2 : 전통은 소중해요
- 활동 3 : 음식을 먹는 방법이 달라요
- 활동 4 : 세계 여러 나라의 다양한 콩 요리

활동 01

만 4~5세

세계 속의 자랑스러운 한국인

활동유형	미술	생활주제	우리나라	시민교육 관련 요소	타문화 이해 〉 세계 속의 자랑스러운 한국인
활동목표	• 해시계를 만든 우리 조상의 지혜를 알고 흥미를 갖는다. • 해시계에 관심을 갖고 직접 만들어서 시간을 측정해 본다.				
누리과정 관련 요소	• 사회관계 〉 사회에 관심 갖기 〉 우리 전통문화에 관심 가지기 • 자연탐구 〉 과학적 탐구하기 〉 물체와 물질 알아보기 • 자연탐구 〉 수학적 탐구하기 〉 기초적인 측정하기				

활동자료

해시계 사진, 측우기 사진, 장영실 영정 그림, 해시계 만들기 재료

활동내용 및 방법

1. 우리 선조들의 발명품 및 발명가에 관해 이야기를 나눈다.
   - (해시계 사진을 보며) 이게 무엇일까?
   - 무엇처럼 보이니?
   - 옛날 우리 조상들이 사용했던 '해시계'란다.
   - 해시계는 지금 우리가 사용하는 시계처럼 시간을 알려 주는 기계란다.
   - (장영실의 영정 그림을 보며) 이 분이 해시계를 만든 '장영실'이라는 과학자란다.
   - (측우기 사진을 보며) 그럼, 이것은 무엇일까?
   - 이것도 장영실 과학자가 만든 물건이란다.
   - 옛날에는 비가 얼마만큼 왔는지 아는 방법이 없어서 농사짓기가 어려웠

는데, 장영실 과학자가 세계 최초로 비가 얼마만큼 왔는지 알려 주는 '측우기'를 만드셨단다.

- 이처럼 우리나라 조상 중에는 훌륭한 분이 많이 계시단다.

2. 해시계를 직접 만들어 보고 시간을 측정해 본다.
   - 우리도 해시계를 직접 만들어서 사용해 볼까?
   - 해시계를 만들려면 어떤 재료들이 필요할까?
   - 그림자를 만들기 위해서는 나무 막대를 어디에 세워야 할까?
   - 시간을 어떻게 표시하면 될까?
   - 해시계를 어디에 두어야 할까?

해시계 만들기 순서

① 동그란 반구 모양의 판 위에 시간을 표시한다.
② 반구 모양의 판 가운데에 나무 막대를 세운다.
③ 동그란 반구 모양의 판을 세우기 위한 네 개의 기둥을 만든다.
④ 네 개의 기둥 위에 동그란 반구 모양의 판을 올린다.
⑤ 빛이 비치는 곳에 놓거나 불빛을 비추어서 해시계의 그림자를 보며 시간을 알아본다.

3. 활동이 끝난 후 평가한다.
    - 해시계의 그림자가 시간에 따라 어떻게 변했니?
    - 해시계로 시간을 측정할 때 어려운 점은 없었니?
    - 장영실 과학자 외에도 훌륭한 분이 많단다. 또 어떤 분을 알고 있니?
    - 맞아. 한글을 만든 세종대왕도 계시단다.
    - 거북선을 만든 이순신 장군도 계시단다.
    - 이처럼 우리나라에 훌륭한 분이 많이 계시구나.
    - 그분들이 안 계셨다면 우리의 생활은 지금과 어떻게 다를까?
    - 우리나라의 훌륭한 분들을 알아보니 어떤 느낌이 드니?
    - 혹시 더 알아보고 싶은 분이 있니?

활동의 유의점

1. 해시계가 움직이지 않도록 고정해 준다.
2. 해시계 그림자의 변화를 시간마다 확인하기 어려우면 일정 시간대를 정하여 탐색하고 관찰할 수 있도록 한다.
3. 날씨가 흐리거나 비가 오면 해시계를 볼 수 없으므로 주간 날씨를 미리 알아보고 활동을 계획한다.

확장 활동

1. 박물관을 견학하여 해시계 외에 다양한 문화재를 직접 볼 기회를 준다.
2. 우리나라의 문화재를 직접 그려 보는 미술 활동 재료를 제시한다.

도움 주머니 ••• 과학자 장영실의 위대한 발명품들

해시계 (앙부일구)	세종대왕의 명령으로 장영실이 만든 '앙부일구'는 솥 모양의 해시계이다. 지구를 반으로 자른 듯한 모양인데, 청동으로 만들어졌다. 그 속에 침을 세워 놓아 그림자의 길이에 따라 절기를 재고, 그림자 끝의 위치에 따라 시간을 알 수 있게 만든 기구이다. 해시계는 사람들이 많이 오가는 큰길가인 종묘 앞에 세워 놓고 글을 모르는 백성들을 위해 시간 옆에는 쥐, 소, 호랑이, 말 등의 동물을 그려 두어 시간을 알려 주었다.
물시계 (자격루)	해시계는 밤이나 날씨가 흐리고 비가 오는 낮이면 시간을 잴 수 없다. 이 단점을 보완하기 위해 만든 것이 자격루이다. 자격루는 물을 넣은 항아리의 한쪽에 구멍을 뚫어 물이 흘러나오게 만든 기계이다. 규칙적으로 떨어지는 물방울의 양을 이용해 시각에 따라 저절로 울리게 만든 기계이다. 일종의 자동 시간 알림 장치이다.
측우기	농사에서는 비의 역할이 중요하다. 농업 국가인 조선에서도 비가 온 양을 정확하게 알려고 노력했다. 옛날에는 비가 내려도 정확한 강수량을 잴 수가 없었다. 그래서 흙을 파헤쳐 빗물이 스며든 깊이를 재 얼마나 많은 비가 내렸는지를 측정해야만 했다. 하지만 빗물이 스며든 깊이는 땅의 성질이나 위치에 따라 달랐다. 이를 답답하게 여긴 장영실은 물통에 떨어지는 빗물을 보고 아이디어를 얻어 만든 것이 바로 세계 최초의 우량계인 측우기이다. 높이 31.5cm, 지름 15.3cm의 측우기는 원통형으로 생겼고, 표면에 대나무처럼 도드라진 마디가 있다. 비가 와서 원통형의 측우기 안에 빗물이 고이면 주척이라 부르는 자로 측우기에 고인 물을 재서 강수량을 측정했다.

활동 02

전통은 소중해요

만 3세

활동유형	쌓기	생활주제	우리나라	시민교육 관련 요소	타문화 이해 〉 자랑스러운 우리 문화
활동목표	• 한옥의 형태를 블록을 이용해서 표현한다. • 한옥에 특징과 우수성을 안다.				
누리과정 관련 요소	• 사회관계 〉 사회에 관심 갖기 〉 우리나라에 관심 갖고 이해하기 • 자연탐구 〉 수학적 탐구하기 〉 공간과 도형의 기초 개념 알아보기				

활동자료

한옥 사진 자료, 다양한 블록

활동내용 및 방법

1. 한옥 사진을 보면서 한옥에 관해 이야기 나눈다.
   - 이런 집을 본 적 있니?
   - ○○(이)는 할머니 집을 본 적이 있구나.
   - 이 집을 뭐라고 부르는지 아니?

- 이건 우리나라의 전통가옥 '한옥'이란다.
- 한옥은 무엇으로 만들었을까?
- 한옥에 살아 보거나 들어가 본 적이 있니?
- 한옥에는 온돌과 마루가 있단다.

2. 유아들이 현재 사는 집과 한옥을 비교하면서 이야기 나눈다.
   - 너희가 사는 집은 어떻게 생겼니?
   - 너희가 사는 집에는 마루가 있니?
   - 한옥처럼 지붕이 있니?
   - 한옥의 대문과 우리가 사는 집의 문은 어떤 점이 다르니?
   - 현재 우리가 사는 집은 무엇으로 만들었을까?
   - 두 집을 비교하면 어떤 집에서 살고 싶니?
   - 한옥에서 살면 어떤 점이 좋을까?
   - 아파트에서 살면 어떤 점이 좋을까?
   - 한옥과 아파트의 차이점은 무엇일까?

3. 한옥의 특징과 우수성에 관해 이야기 나눈다.
   - 한옥은 어떤 점이 더 좋을까?
   - 더운 여름에는 앞과 뒤가 트여서 한옥의 마루에서 시원하게 지낼 수 있고, 추운 겨울에는 온돌이 있어서 따뜻하게 지낼 수 있단다.
   - 한옥은 종이, 흙, 돌, 황토 등의 자연물을 많이 사용해 만든 집이라서 건강에도 아주 좋은 집이란다.
   - 옛날 우리 조상들은 한옥을 지을 때 못을 사용하지 않고 나무와 재료를 연결하여 단단한 구조로 튼튼하게 지었대.
   - 한옥은 이렇게 좋은 점이 많은 집이란다.

4. 다양한 블록을 이용해서 한옥을 만들어 본다.
    - 우리나라의 전통 가옥인 '한옥'을 블록으로 만들어 보자.
    - 한옥의 마루를 어떻게 만들면 좋을까?
    - 한옥의 온돌방을 무슨 블록을 이용하여 만들 수 있을까?
    - 온돌방을 따뜻하게 하려면 어떻게 하면 좋을까?

5. 활동이 끝난 후 평가한다.
    - 블록을 이용해서 한옥을 만들었는데 어땠니?
    - 어떤 점이 가장 재미있었니?
    - 우리가 만든 한옥에서 어떤 놀이를 하면 좋을까?
    - 한옥처럼 여름에 시원한 집에서 살면 기분이 어떨까?
    - 한옥처럼, 우리 조상들이 생활하거나 사용했던 전통문화에는 또 어떤 것이 있을까?
    - 명절에 입는 예쁜 한복도 있고, 제기차기, 널뛰기, 그네타기, 강강술래 등 재미있는 민속놀이도 있단다.
    - 다음에는 너희들이 좋아하는 예쁜 한복에 관해 알아볼까?

블록으로 한옥 만들기 활동

활동의 유의점

1. 한옥에서 사용하는 생활용품 등 소품을 준비해서 활동 시 유아가 활용할 수 있도록 한다.
2. 사전에 유아가 다양한 한옥의 구조와 특징을 알 수 있도록 충분한 자료를 준비한다.

확장 활동

1. 한옥의 구조와 특징을 알아볼 수 있도록 한옥 터나 한옥으로 견학을 갈 수 있다.
2. 한옥 꾸미기 재료를 준비해 유아가 자유롭게 한옥을 꾸며 보는 수·조작 활동을 진행한다.

도움 주머니 ••• 한옥의 구조

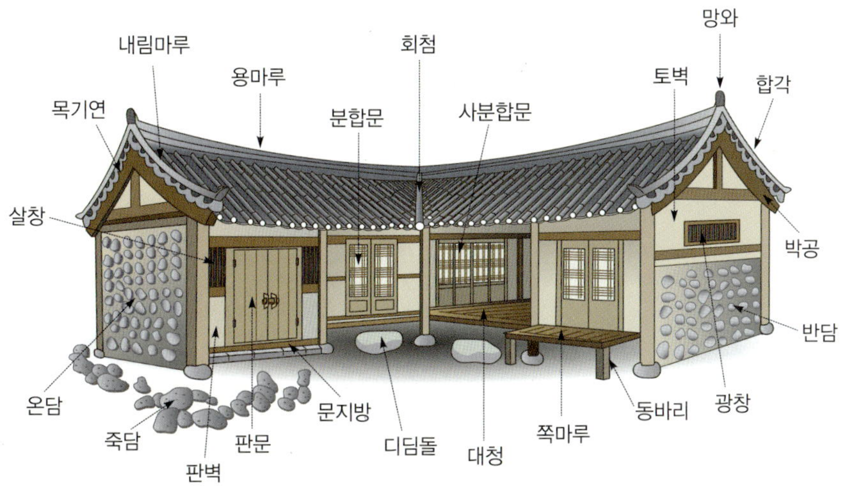

활동 03

만 3세

음식을 먹는 방법이 달라요

<table>
<tr><td>활동유형</td><td>역할</td><td>생활주제</td><td>세계
여러 나라</td><td>시민교육
관련 요소</td><td>타문화 이해 〉 다양한 문화의
공통점과 차이점</td></tr>
<tr><td>활동목표</td><td colspan="5">• 나라마다 음식 먹는 방법이 다름을 알고 관심을 갖는다.
• 음식을 먹을 때 사용하는 도구의 종류와 기능을 알아보고 직접 사용해 본다.
• 다른 나라의 음식 먹는 방법을 존중하고 이해하는 마음을 갖는다.</td></tr>
<tr><td>누리과정
관련 요소</td><td colspan="5">• 사회관계 〉 사회에 관심 갖기 〉 세계와 여러 문화에 관심 가지기
• 자연탐구 〉 과학적 탐구하기 〉 간단한 도구와 기계 활용하기
• 의사소통 〉 말하기 〉 느낌, 생각, 경험 말하기</td></tr>
</table>

활동자료

여러 나라의 음식 먹는 방법 사진 자료, 음식을 먹을 때 사용하는 여러 도구

활동내용 및 방법

1. 세계 여러 나라의 다양한 음식 먹는 모습의 사진을 보며 이야기 나눈다.
    - 무슨 사진이니?
    - 음식을 맛있게 먹는 모습이구나.
    - 조금 다른 점이 있다면 무엇일까?
    - 사진을 비교해 보자.
    - ○○(이)가 말한 대로 먹은 음식의 종류가 다르구나.
    - 맞아, 사용하는 도구들이 다르구나.
    - (우리나라의 음식 먹은 사진을 보며) 우리나라에서는 음식을 먹을 때 어떤 도구를 사용해서 먹니?

포크와 나이프

젓가락

- 숟가락과 젓가락을 주로 사용한단다.
- 우리나라처럼 음식을 먹을 때 숟가락과 젓가락을 사용하는 나라는 어디일까?
- 우리나라 주변에 있는 일본과 중국도 숟가락과 젓가락을 사용한단다.
- 다른 나라에서는 어떤 도구를 사용해서 음식을 먹을까?
- (미국의 음식 먹은 사진을 보며) 이것은 미국 사람이 음식을 먹은 사진이란다.
- 어떤 도구를 사용하니?
- 미국에서는 포크와 나이프를 주로 사용한단다.
- (인도 음식 먹은 사진을 보며) 여기는 인도란다.
- 인도 사람들은 어떤 방법으로 음식을 먹니?
- 손으로 음식을 먹는 나라는 인도 외에도 아주 많단다.
- 아프리카나 아시아에 있는 나라 중 일부도 손으로 음식을 먹는단다.
- '어떻게 손으로 음식을 먹지?' 하는 생각도 들겠지만, 손으로 음식을 먹는 것도 한 나라의 문화인 만큼 서로 존중해 주어야 해.

2. 음식을 먹을 때 사용하는 도구가 다른 이유에 관해 이야기를 나눈다.
   - 왜 나라마다 음식을 먹을 때 사용하는 도구가 다를까?
   - 우리나라는 왜 음식을 먹을 때 주로 숟가락과 젓가락을 사용할까?
   - 더운 나라인 아프리카 사람들은 왜 손으로 음식을 먹을까?
   - 미국은 왜 포크와 나이프를 이용해서 음식을 먹을까?
   - 주로 쌀을 주식으로 한 밥과 국, 반찬을 먹는 우리나라나 일본, 중국 같은

경우에는 밥과 국, 반찬을 먹기 편하게 숟가락과 젓가락을 사용한단다.

- 빵과 고기는 어떤 도구를 사용해야 편하게 먹을 수 있을까?
- 맞아. 빵과 고기 같은 경우에는 자르고 집기 편한 포크와 나이프를 사용하면 좋겠지.
- 나라마다 주로 먹는 음식 종류에 따라 사용하는 도구가 다른 거란다.

3. 음식을 먹을 때 사용하는 도구를 직접 경험해 본다.
   - 음식을 먹을 때 사용하는 도구로 무슨 놀이를 하면 좋을까?
   - ○○(이)가 말한 대로 역할 놀이 영역에서 음식 모형을 갖고 소꿉놀이해 보고 싶은 친구들이 있니?
   - 어떤 도구를 사용해서 음식을 먹어 보고 싶니?
   - 어떤 음식을 먹을 때 숟가락, 젓가락을 사용하면 좋을까?
   - 포크와 나이프는 어떤 음식을 먹을 때 사용할까?
   - 나이프로 음식을 자를 때 어떤 방법으로 자를까?
   - 국수 같은 면을 먹을 때는 어떤 도구를 사용하면 편리할까?
   - 국물을 떠먹을 때는 어떤 도구를 사용할까?
   - 숟가락을 사용해 보니 어땠니?

여러 가지 식사 도구를 사용한 역할 활동

- 손으로 직접 음식을 먹는다면 어떤 느낌을 들 것 같니?
- 젓가락 사용이 어렵지는 않았니?
- 가장 사용하기 어려운 도구는 어떤 것이니?
- 여러 가지 도구를 사용해 보니 어떤 느낌이 드니?

4. 음식을 먹을 때 사용하는 도구가 나라마다 다른 이유에 관해 이야기 나눈다.
   - 나라마다 음식을 먹을 때 사용하는 도구에 대해 알아봤는데, 왜 다른 도구를 사용할까?
   - 나라마다 주로 먹는 음식이나 그 문화에 따라서 사용하는 식사 도구가 달라진단다.
   - 주로 쌀을 먹는 나라에서는 숟가락과 젓가락을 사용하고, 미국처럼 고기와 빵을 주식으로 하는 나라는 고기를 자르고 집기 쉬운 나이프와 포크를 사용한단다.
   - 다른 나라에서 우리나라와 다른 도구를 사용한다고 해서 이상하게 생각하면 안 되고, 그 나라의 음식 먹는 방법을 존중해 주어야 해.

활동의 유의점

1. 실물 자료를 제시할 때는 안전에 유의하여 활동한다.
2. 실물 도구를 준비할 때 활동 후 유아가 안전하게 놀이할 수 있도록 안전한 플라스틱 빵칼로 준비한다.

확장 활동

1. 세계 여러 나라의 음식을 조사하는 활동으로 확장 활동을 진행한다.
2. 우리 주변에서 청소, 미용, 미술, 요리 등에 사용하는 다양한 생활도구를 알아보고, 직접 탐색하고, 사용해 보는 활동을 전개한다.

도움 주머니 ••• 식사 도구로 보는 문화권

우리나라 사람들은 주로 밥을 먹고 삽니다. 밥은 쌀로 만드는 음식입니다. 즉, 우리나라에서는 벼농사를 많이 지으므로 쌀을 주식으로 한 음식 문화가 형성되었습니다. 우리나라를 비롯하여 중국, 일본 등 주로 쌀을 소비하는 나라는 식사 도구로 젓가락이 많이 발달하였습니다. 특히, 전 세계에서 젓가락을 사용하는 나라는 한국, 중국, 일본 정도입니다. 이 세 나라는 거리도 가까울 뿐만 아니라 젓가락을 사용하는 공통점도 있습니다.

그렇다면, 다른 나라는 어떤 도구를 사용하여 음식을 먹을까요? 아마, 포크와 나이프를 쉽게 떠올릴 수 있습니다. 아메리카와 유럽의 대부분 지역, 오세아니아에서는 포크와 나이프를 사용합니다. 이 지역은 주로 빵과 고기를 먹기 때문에 포크와 나이프는 필수라고 할 수 있겠죠? 여기서 잠깐! 그럼, 젓가락도, 포크와 나이프도 사용하지 않는 나라에서는 어떻게 음식을 먹을까요? 또 다른 도구를 사용할까요, 그렇지 않으면 그냥 맨손으로 먹을까요?

동아시아를 제외한 아시아 대부분의 지역, 아프리카 전 지역과 극지방, 아마존 강 유역과 호주 일대는 바로 손으로 음식을 먹습니다. 물론, 이곳에서도 젓가락이나 포크, 나이프 등을 사용하여 음식을 먹기도 하지만, 손으로 음식을 먹는 문화가 일반적이지요. '이렇게 많은 지역에서 손으로 음식을 먹고 있구나!' 하는 생각도 들겠지만, 손으로 음식을 먹는 것도 엄연히 하나의 문화인만큼 서로 존중해 주는 자세가 바람직합니다.

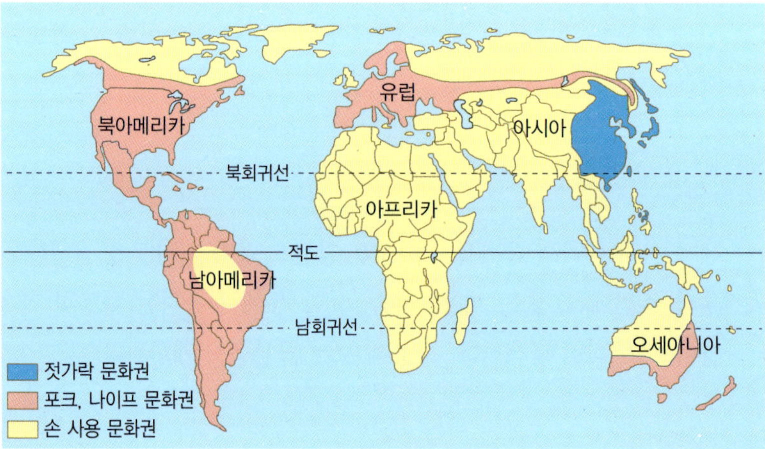

활동 04

세계 여러 나라의 다양한 콩 요리

만 4~5세

활동유형	요리	생활주제	세계 여러 나라	시민교육 관련 요소	타문화 이해 〉 다양한 문화에 대한 이해와 존중
활동목표	• 나라마다 콩으로 만드는 다양한 음식을 알아본다. • 오감을 활용해서 여러 식재료를 탐색한다. • 요리를 통해 세계 여러 나라의 음식을 경험한다.				
누리과정 관련 요소	• 자연탐구 〉 과학적 탐구하기 〉 물체와 물질 알아보기 • 사회관계 〉 사회에 관심 갖기 〉 세계와 여러 문화에 관심 가지기				

활동자료

다양한 콩 실물 자료, 콩으로 만든 다양한 음식 사진 자료, 음식 만들기 재료

활동내용 및 방법

1. 다양한 콩을 탐색하면서 이야기 나눈다.
   - 무엇일까?
   - 다양한 종류의 콩이구나. 만져 보니 느낌이 어떠니?
   - 콩을 먹어 본 적이 있니?
   - 콩은 직접 쪄서 먹을 수도 있지만, 콩은 다양한 음식으로 변신할 수 있단다.
   - 콩으로 만든 음식은 어떤 게 있을까?
   - 그래, 두부도 콩으로 만든단다.
   - ○○(이)가 좋아하는 된장찌개의 된장도 콩으로 만든단다.
   - 우리나라는 콩으로 두부도 만들어 먹고, 콩밥과 된장도 만든단다.
   - 다른 나라에는 콩으로 어떤 음식을 만들어 먹을까?

- (낫토 사진을 보여 주며) 이건 어떤 음식 같니?
- 된장이랑 비슷하게 생겼는데 이건 일본사람들이 먹는 '낫토'라는 콩으로 만든 음식이란다.
- (포두부 사진을 보여 주며) 이건 무엇일까?
- 어떤 모양처럼 생겼니?
- 중국 사람들이 콩으로 만든 '포두부'라는 음식이란다.
- 이처럼 콩으로 다양한 음식을 만들 수 있단다.

2. 콩으로 음식을 직접 만들어 보는 요리 활동으로 진행한다.
   - 우리가 직접 콩을 사용해 음식을 만들어 보자.
   - 어떤 음식을 만들어 볼까?

3. 소그룹으로 요리 활동을 한다.

[재료 탐색하기]

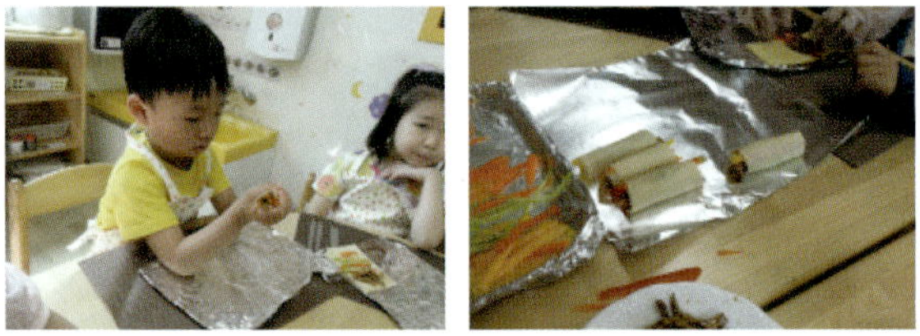

[포두부 쌈 만들기]

[함께 만들어요]

'포두부 쌈' 요리 활동

'장 담그기' 요리 활동

4. 포두부 쌈과 장 담그기 활동을 마친 후 소감을 이야기 나눈다.
   - 포두부 쌈을 만들어 보니 어땠니?
   - 친구의 포두부 쌈 맛이 어떤지 나눠 먹어 볼까?
   - 장 담그기를 할 때 어려운 점은 없었니?
   - 장은 어떤 맛이니?
   - 콩으로 만드는 요리 중에서 또 어떤 음식을 만들어 보고 싶니?

활동의 유의점

1. 교사가 요리과정을 미리 사진으로 찍어 요리 순서도를 준비한다.
2. 요리할 때 주의해야 할 점을 이야기한 후 요리 활동을 한다.

확장 활동

1. 함께 활동했던 포두부 쌈과 장 담그기의 '만드는 법'을 제작해 본다.
2. 콩으로 만드는 다른 음식도 요리해 본다.

도움 주머니 • • • 콩으로 만드는 다양한 음식

낫토	한국의 청국장과 비슷한 일본 전통의 발효 식품. 콩을 물에 불리고 삶아서 일정한 온도를 유지하여 발효시킨 후 먹는 일본의 전통식품
취두부	중국에서 취두부는 두부를 소금에 절여 오랫동안 삭혀 만든 것
청국장	무르게 익힌 콩을 뜨거운 곳에서 납두균이 생기도록 띄워 만든 한국 된장
두유	콩 우유라고 하는 액상 콩 가공제품으로 불용성 성분인 비지를 제거한 콩의 물 추출액
두부	콩을 물에 담갔다가 갈아 그 액을 가열하여 비지를 짜내고 응고제를 첨가하여 굳힌 식품. 콩 제품 가운데 가장 대중적인 가공품으로 양질의 식물성 단백질에 풍부한 식품
유부	두부를 기름에 튀긴 음식

3) 평화로운 세계

평화에는 소극적인 의미의 평화와 적극적인 의미의 평화가 있다. 소극적인 의미는 전쟁이나 폭력이 없는 상태를 말하고, 적극적인 의미는 모든 사람이 행복하게 살아가도록 인간의 기본적 권리 등이 보장되고 절대적 안정된 상태를 뜻한다(교육과학기술부, 2008).

적극적인 평화를 실현하기 위해 유아가 세계시민으로 평화를 사랑하는 마음과 인간의 기본적 권리와 행복을 추구하는 능력을 기르고 적극적인 평화를 실현할 수 있도록 해야 한다.

평화에 관해 알고, 다른 사람을 이해하고 존중하며, 평화적으로 문제를 해결하는 기술과 태도를 갖도록 한다. 더 나아가 국가 간 갈등·전쟁·폭력 등의 위험과 어려움이 있음을 알고 평화를 지키고자 노력하는 태도를 갖도록 한다.

- 활동 1 : 친구야, 재미있게 놀이하자
- 활동 2 : 둘이서 한마음으로
- 활동 3 : 하나 된 우리나라
- 활동 4 : 평화의 의미를 알아요
- 활동 5 : 둘로 나뉜 우리나라
- 활동 6 : 북에서 온 내 친구

활동 01

만 3세

친구야, 재미있게 놀이하자

활동유형	동시	생활주제	유치원 / 어린이집과 친구	시민교육 관련 요소	갈등에 대한 평화적 해결 〉 평화로운 우리
활동목표	• 사이좋게 함께 놀면 더 재미있다는 것을 알고 친구의 소중함을 안다. • 즐거운 마음으로 동시를 읊어 본다.				
누리과정 관련 요소	• 사회관계 〉 다른 사람과 더불어 생활하기 〉 친구와 사이좋게 지내기 • 의사소통 〉 듣기 〉 동요, 동시, 동화 듣고 이해하기				

활동자료

동시 판

활동내용 및 방법

1. 친구와 함께 한 놀이에 관해 이야기를 나눈다.
   - 친구와 어떤 놀이를 할 때 가장 재미있니?
   - 친구와 함께 놀이하면 기분이 어떠니?

2. 동시 판을 보면서 동시에 관해 이야기 나눈다.
   - 선생님이 무엇을 가져왔을까?
   - 동시 판이구나. 동시의 내용을 들어 볼까?
   - 친구와 함께 놀이하는 내용의 동시를 배워 볼 거야.
   - 동시 내용에 '친구'라는 단어가 나올 때는 여러분이 읊어 볼까?
   - (의태어, 의성어를 가린 곳을 가리키며) 종이로 가린 이 부분에는 어떤 표현이 있을까?

친구야, 재미있게 놀이하자

- 윤호성 -

인형을 쓰담쓰담 안아 보자.
친구야, 재미있게 놀이하자.

공을 높이높이 올려 보자.
친구야, 재미있게 놀이하자.

그네를 흔들흔들 타 보자.
친구야, 재미있게 놀이하자.

블록을 차곡차곡 쌓아 보자.
친구야, 재미있게 놀이하자.

종이를 슥싹슥싹 잘라 보자.
친구야, 재미있게 놀이하자.

'친구야, 재미있게 놀이하자' 동시

- 블록을 쌓는 모습을 어떤 말로 표현할 수 있을까?
- 가위로 종이를 자를 때 어떤 소리가 날까?

3. 동시를 직접 지어 본다.
    - 동시 내용에서 '친구와 함께 하는 놀이' 부분을 새로 지어 보도록 하자.
    - 어떤 놀이로 바꿀까?
    - 우리가 새로 지은 동시를 읊어 볼까?
    - 또 어떤 방법으로 읊어 볼까?

4. 활동을 마무리하고 평가한다.
    - 동시를 함께 읊어 보니 어땠니?
    - 어떤 부분이 좋았니?
    - 동시를 듣고 어떤 생각이 들었니?
    - 동시에서 기억에 남는 말은 무엇이니?

활동의 유의점

1. 동시의 느낌을 잘 나타낸 부분에 강조하며 읊어 준다.
2. 친구와 함께 하는 다양한 놀이 사진을 제시해 준다.
3. 또래와 긍정적인 관계를 맺을 수 있도록 언어적 상호작용을 촉진한다.

확장 활동

1. 동시에 율동을 지어서 표현해 본다.
2. 동시를 그림으로 표현해 본다.
3. 친구와 함께 할 수 있는 놀이를 조사해 본다.

도움 주머니 ••• 동시란?

어린이다운 심리와 정서로 어른이 어린이를 위하여 쓴 시이다. 그러므로 동시는 적어도 어린이들이 이해할 수 있는 언어와 소박하고 단순한 사상·감정을 담아야 한다. 동시가 성인시와 다른 점은 바로 이러한 '어린이답다'는 조건에 있다. 일반적으로 아동이 쓴 '아동시'까지도 동시의 범주에 포함시키는 경향이 있으나, 엄격한 의미에서는 성인이 쓴 것만을 의미한다. 학습의 방편으로 쓰인 '아동 동시'는 원칙적으로 아동문학의 한 장르로서 동시와는 구별하고 있는 실정이다. 동시의 모태가 되는 것은 동요이고, 동요의 정형률을 벗어난 내재율이나 산문율을 지닌 시가 동시이다.

활동 02

둘이서 한마음으로

만 4~5세

활동유형	신체(게임)	생활주제	유치원 / 어린이집과 친구	시민교육 관련 요소	갈등에 대한 평화적 해결 〉 평화로운 우리
활동목표	• 친구와 함께 마음을 모아 게임을 할 수 있다. • 친구와 함께 할 때의 즐거움을 안다.				
누리과정 관련 요소	• 사회관계 〉 다른 사람과 더불어 생활하기 〉 친구와 사이좋게 지내기 • 사회관계 〉 다른 사람과 더불어 생활하기 〉 공동체에서 화목하게 지내기				

활동자료

친구들과 함께 놀이하는 사진 자료, 이인삼각 고리 줄

활동내용 및 방법

1. 친구들과 함께 놀이하는 사진을 보며 함께 놀았던 경험을 이야기한다.
   - 무엇을 하는 사진이니?
   - 어린이집에서 친구와 어떤 놀이를 해 보았니?
   - 친구와 함께하는 놀이는 무엇이니?
   - ○○(이)가 말한 대로 함께 소꿉놀이도 하고, 블록놀이도 하면 멋진 걸 만들 수 있지.
   - 친구가 함께 놀아 주지 않으면 기분이 어떠니?
   - 혼자 노는 것과 친구와 함께 노는 것 중 어떤 게 더 좋니?

2. 함께해야 할 수 있는 일을 생각해 보고 이야기 나눈다.
    - 친구와 함께 할 수 있는 일이 무엇일까?
    - 그래. 줄다리기는 친구들과 함께해야 할 수 있구나.
    - 놀이터에 시소도 혼자서는 탈 수가 없어. 꼭 친구와 함께해야 재미있게 탈 수 있단다.
    - 명절 때 하는 윷놀이도 널뛰기도 혼자서는 할 수 없는 놀이란다.
    - 함께해야 할 놀이를 혼자 하면 어떤 기분이 들까?
    - 친구와 함께 놀이할 때 어떤 점이 중요할까?

3. 이인삼각 게임을 하면서 협동의 의미를 직접 경험해 본다.
    - 친구와 함께하는 게임을 해 볼거야.
    - 이인삼각 게임을 해 본 적이 있니?
    - 두 명의 친구가 다리 한쪽씩을 끈으로 묶고 달리는 게임이란다.
    - 한 친구의 오른쪽 다리와 다른 친구의 왼쪽 다리를 묶어서 함께 뛰는 게임이란다.

4. 이인삼각 게임 방법을 알아본다.
    - 이인삼각 게임은 짝꿍과 협동심을 요구하는 게임이란다.
    - 혼자만 빨리 가서는 안 되고 짝꿍의 발구르는 소리에 맞춰 함께 앞으로 나갈 때 비로소 앞으로 전진할 수 있단다.
    - 마음이 급해 혼자 간 친구들은 결국 넘어지게 된단다.

이인삼각 게임 방법

① 두 팀으로 나누고 두 명씩 짝을 맞춘다.
② 두 명씩 나와서 한 명은 오른쪽 다리를 다른 한 명은 왼쪽 다리를 이인삼각 고리줄로 묶는다.
③ 출발선에 나란히 서서 출발 신호에 맞춰 출발한 후, 반환점을 돌아 돌아온다.
④ 출발선으로 먼저 들어온 팀이 승리한다.

이인삼각 게임 활동

5. 활동을 끝난 후 평가한다.
   - 발을 묶고 함께 걸어 보니 어땠니?
   - 달려갈 때 자꾸 넘어지는 이유는 무엇일까?
   - 함께 협동하며 게임을 하니까 기분이 어떠니?
   - 어떻게 하면 넘어지지 않고 친구와 함께 움직일 수 있었니?
   - 친구와 함께하는 게임 중에서 또 어떤 것을 하고 싶니?

활동의 유의점

1. 게임 전에 게임 규칙을 정하고 규칙을 유아가 인지할 수 있도록 한다.
2. 게임을 하기 전에 연습할 시간을 충분히 준다.

확장 활동

1. 언어 영역에서 활동할 때, 게임 규칙을 글이나 그림으로 그려 본다.

도움 주머니 ••• 여럿이 함께 하는 놀이 종류

종류	놀이방법
파라슈트 놀이	낙하산처럼 생긴 모양의 기구를 유아들이 끝부분을 함께 잡고 하는 신체 활동 놀이
줄다리기	많은 사람이 두 편으로 나뉘어 줄을 마주 잡아당겨 승부를 겨루는 놀이
윷놀이	정월 초하루에서 보름까지 '윷'이라는 놀이 도구를 사용하여 남녀노소 누구나 어울려 즐기면서 노는 놀이
널뛰기	두툼하고 긴 널빤지 한복판의 밑을 괴어 중심을 잡은 다음, 널빤지 양쪽 끝에 한 사람씩 올라, 한 사람이 뛰어올랐다가 발을 구르면 상대방이 그 반동으로 뛰어오르는 것을 서로 반복하는 놀이
씨름	우리나라의 전통적 기예로, 두 사람이 샅바나 띠, 바지의 허리춤 등을 잡고 힘과 기술을 겨루어 상대를 먼저 땅에 넘어뜨리는 민속놀이
강강술래	전라남도 해안 지역에서 전해 내려오던 민속놀이로, 우리 고유의 정서와 말과 리듬이 잘 담겨 있는 무형 문화유산

활동 03

만 3세

하나 된 우리나라

활동유형	수·조작	생활주제	우리나라	시민교육 관련 요소	갈등에 대한 평화적 해결 〉 평화를 위한 노력
활동목표	• 우리나라 영토의 모양에 관심을 갖고 조각의 모양을 변별하여 전체를 구성한다. • 통일에 대해 관심을 갖는다.				
누리과정 관련 요소	• 사회관계 〉 사회에 관심 갖기 〉 우리나라에 관심 갖고 이해하기 • 자연탐구 〉 수학적 탐구하기 〉 공간과 도형의 기초 개념 알아보기				

활동자료

단군신화 동영상 자료, 남북한으로 나뉜 우리나라 지도 사진, 우리나라의 땅 모양 퍼즐

활동내용 및 방법

1. 단군신화 동영상을 보면서 이야기 나눈다.
    - 우리나라를 처음 세운 분은 누구였니?
    - 단군 할아버지가 세운 한반도의 처음 모습을 어떤 모양이었니?
    - 휴전선이 생긴 현재 우리나라 지도 모습은 어떻게 생겼니?
    - 왜 우리나라 지도의 모습이 바뀌었을까?

2. 남한과 북한으로 나뉜 우리나라의 지도 사진을 보면서 이야기 나눈다.
    - 이것은 무엇일까?
    - (북쪽을 가리키며) 여기는 어디일까?
    - 우리가 사는 ○○은 어디에 있을까?

- 왜 이렇게 지도가 반으로 갈라졌을까?
- 남한과 북한으로 나뉜 우리나라의 모습을 보니 어떠니?

3. 여러 조각으로 나눠진 우리나라 지도 조각을 보며 이야기 나눈다.
   - 이 조각은 어디일까?
   - 북한 땅은 어느 곳에 두어야 할까?
   - 독도는 어디에 있었지?
   - 한 개로 다시 합쳐 볼까?

4. 각각의 조각을 맞춰 우리나라를 완성하며 이야기 나눈다.
   - 조각으로 나눠진 우리나라 땅을 맞춰서 하나 된 우리나라를 만들어 보자.
   - 우리나라의 땅 모양을 기억하고 맞춰 볼까?
   - 기억이 안 나는 친구들은 우리나라 지도를 보고 비교하면서 맞춰 보자.
   - 하나로 된 우리나라의 모습을 보니 어떠니?

우리나라의 땅 모양 퍼즐 조각 맞추기 활동

5. 통일된 우리나라를 상상해 보고 통일이 될 경우 생기는 일에 대해 이야기 나눈다.
   - 우리나라가 퍼즐처럼 하나가 되면 어떤 일이 생길까?
   - 우리나라 땅이 넓어지면 어떤 일을 하고 싶니?
   - 북한의 어느 곳을 가 보고 싶니?
   - 남북한 땅이 하나가 되면 어떤 점이 좋을까?
   - 북한에 직접 가 보면 기분이 어떨까?
   - 퍼즐의 모양처럼 남북한이 하나가 되려면 서로 어떻게 해야 할까?
   - 하나 된 우리나라가 할 수 있는 일은 무엇일까?

활동의 유의점

1. 남북한 영토를 알려 줄 때 각 도의 명칭과 같은 지식 전달보다는 우리나라 영토에 관심을 가질 수 있도록 한다.
2. 퍼즐을 맞출 때 북한과 독도, 울릉도에 관심을 가질 수 있도록 하고, 관련된 책을 언어 영역에 배치한다.

확장 활동

1. 다른 나라와 우리나라의 땅 모양을 비교해 보고 이야기 나눈다.
2. 남북한이 통일하였을 때 함께 부를 수 있는 노래를 불러 본다.

도움 주머니 ••• 통일기란?

'한반도기' 또는 '통일기'는 남북통일을 상징하고, 대한민국과 조선민주주의인민공화국이 스포츠 대회 등에서 남북 단일팀을 이루거나 공동 입장을 할 때에 사용하는 기를 말한다.

활동 04

만 4~5세

평화의 의미를 알아요

활동유형	미술	생활주제	유치원/어린이집과 친구	시민교육 관련 요소	갈등에 대한 평화적 해결 〉 평화를 위한 노력
활동목표	• 평화의 의미를 생각해 보고 이야기 나눔으로써 평화를 이해한다. • 평화를 위해 우리가 해야 할 일에 관심을 갖는다.				
누리과정 관련 요소	• 사회관계 〉 사회에 관심 갖기 〉 우리나라에 관심 갖고 이해하기 • 예술경험 〉 예술적 표현하기 〉 미술 활동으로 표현하기				

활동자료

친구와 싸우는 그림 자료, 평화 스티커 만들기 재료

활동내용 및 방법

1. 친구와 싸우는 그림을 보면서 이야기 나눈다.
   - 무슨 그림이니?
   - 왜 이렇게 싸울까?
   - 어떻게 하면 싸우지 않고 사이좋게 지낼 수 있을까?
   - 친구들과 싸워 본 적이 있니?
   - 친구와 싸웠을 때 기분이 어땠니?
   - 어떤 방법으로 화해했니?
   - 어떻게 하면 평화롭게 화해할까?
   - 화해는 왜 필요할까?
   - 화해한 후, 기분이 어떨까?

2. 평화의 의미를 알아보고 이야기 나눈다.
   - '평화'라는 말을 들어 본 적 있니?
   - 어떤 뜻인 것 같니?
   - 전쟁, 싸움, 일체의 갈등 없이 평온하고 화목한 상태를 의미한단다.
   - 우리 주변에서도 평화로운 모습을 볼 수 있단다.
   - 언제 평화로운 느낌이 드니?
   - (친구끼리 싸우는 모습과 사이좋게 노는 모습의 그림을 비교하며) 두 사진 중 어떤 사진이 평화롭게 지내는 사진이니?
   - 친구와 싸우지 않고 서로 사이좋게 노는 것도 평화롭게 지내는 거란다.

3. 평화를 지키려는 방법에 관해 이야기 나눈다.
   - 우리가 할 수 있는 평화롭게 지내는 방법에는 어떤 게 있을까?
   - ○○(이)가 말한 대로 싸우지 않고 서로 화해하면서 사이좋게 지내는 방법이 있구나.
   - 친구들이 놀다가 싸웠을 때 서로 화해하도록 도와준 적이 있니?
   - 싸우더라도 서로 화해해야 하는 이유는 무엇일까?
   - 평화로운 우리 반을 만들기 위해서 어떤 일을 하면 될까?

4. 나만의 '평화 스티커'를 만들어 본다.
   - (비둘기 사진, 깃발 사진을 보여 주며) 비둘기와 깃발이 의미하는 것은 무엇일까?
   - 평화라는 단어를 그림으로 표현해 볼 거야.
   - 비둘기 말고 평화를 상징하는 나만의 그림을 그려 볼까?

5. 평화 스티커를 사용하는 방법에 관해 이야기 나눈다.
   - 평화 스티커를 언제 사용하면 좋을까?
   - 평화 스티커를 어떻게 사용하고 싶니?
   - 우리 반에서 평화를 지키기 위해 애쓴 친구들에게 평화 스티커를 주면 어떨까?

[엄마 배 속에 있는 아기로 평화를 표현] [교회 십자가로 평화를 표현] [동·식물로 평화를 표현]

평화 스티커 만들기 활동

- 평화 스티커를 또 어떨 때 사용하면 좋을까?
- 왜 그렇게 생각했니?

6. 활동을 마친 후 평가한다.
   - 누가 가장 많은 평화 스티커를 가지고 있니?
   - 어떤 친구에게 평화 스티커를 주었니?
   - 왜 평화 스티커를 주었니?
   - 평화 스티커를 주었을 때 기분이 어땠니?
   - 평화 스티커를 받았을 때 기분이 어땠니?

활동의 유의점

1. 평화 스티커를 사용해야 하는 상황과 기준을 구체적으로 이야기한다.
2. 자유 선택 활동 시 양보하고 배려하는 유아의 모습을 세세히 관찰하여 평화 스티커를 붙여 준다.

확장 활동

1. 세계 여러 나라의 평화의 상징을 알아본다.

도움 주머니 ••• 영유아를 존중하는 훈육과정

영유아를 존중하는 훈육은 교사와 영유아의 지속적인 관계 속에서 만들어 가는 과정이므로 일생생활에서 바람직한 행동을 배우도록 돕는 것을 목표로 설정하는 것부터 시작된다. 따라서 '장기적 목표 설정하기'부터 시작되고, 영유아의 삶 속에서 훈육의 상황이 발생하게 되면 '상황 분석하기'를 하게 되며, '영유아와 함께 해결 방안 모색하기'의 단계를 거치게 된다. 이러한 과정에서 가정과의 연계와 외부 전문가와의 '협력하기'를 통해 더욱 적극적인 지원을 꾀하게 된다.

출처 : 서울특별시육아정보지원센터(2015. 6.).

활동 05

만 4~5세

둘로 나뉜 우리나라

활동유형	이야기 나누기	생활주제	우리나라	시민교육 관련 요소	갈등에 대한 평화적 해결 〉 전쟁과 평화
활동목표	• 전쟁이 일어나게 된 원인을 이해하고, 통일에 대한 기대와 희망을 갖는다. • 남한과 북한으로 나뉜 우리나라의 상황에 관심을 갖는다.				
누리과정 관련 요소	• 사회관계 〉 사회에 관심 갖기 〉 우리나라에 관심 갖고 이해하기 • 사회관계 〉 다른 사람과 더불어 생활하기 〉 공동체에서 화목하게 지내기				

활동자료

우리나라 지도, 한국전쟁 사진

활동내용 및 방법

1. 우리나라 지도와 남북한으로 나뉜 지도에 관심을 갖는다.

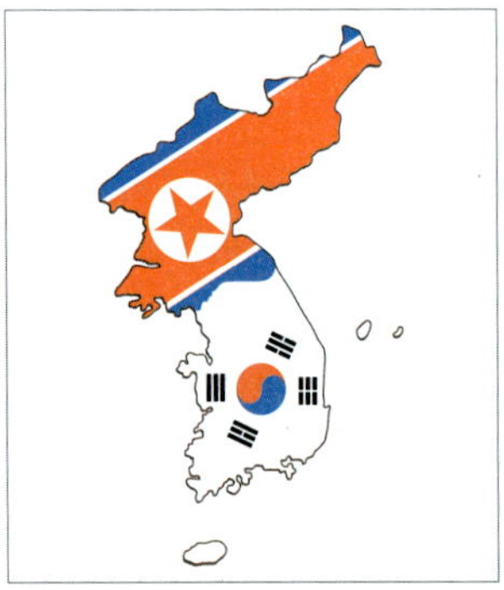

남북으로 나뉜 우리나라 지도

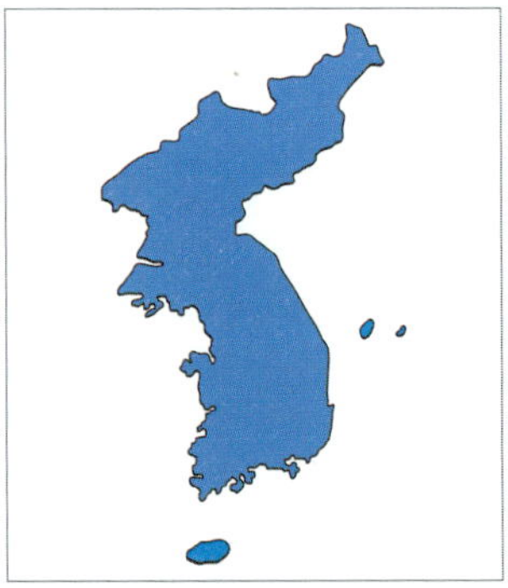

통일된 우리나라 지도

- 우리나라의 지도가 어떻게 생겼는지 알고 있니?
- 어떻게 생겼니?
- 우리나라 지도를 보니 이렇게 둘로 나뉘어 있구나.
- 우리가 사는 남한과 우리가 갈 수 없는 북한이 있단다.
- 왜 우리나라는 둘로 나뉘었을까?
- 처음부터 둘로 나뉘어 있었을까?
- 누가 나눈 걸까?

2. 우리나라 한국전쟁 사진을 보며 이야기 나눈다.
   - 북한에 살던 사람들과 남한에 살던 사람들이 서로 생각이 달라서 싸움이 난거야. 그것이 바로 한국전쟁이야.
   - 전쟁 때문에 휴전선이 생겨서 지금처럼 우리나라가 둘로 나뉜 거야.
   - 위쪽은 북한, 아래쪽은 남한. 하지만 원래는 하나의 나라였어.
   - 남한과 북한으로 나뉘게 되면서, 양쪽에 사는 사람들은 서로 만나거나 이야기를 나눌 수도 없게 되었단다.

3. 통일에 대해 생각해 보고 이야기 나눈다.
   - 원래 하나였던 우리나라의 모습을 되찾으려면 어떻게 해야 할까?
   - 남한과 북한이 하나가 되면 어떤 점이 좋을까?
   - 통일이 되면 우리는 무엇을 할 수 있을까?
   - 통일이 되면 무엇을 하고 싶니?

활동의 유의점

1. 전쟁과 통일의 바른 의미를 알도록 지도한다.
2. 전쟁으로 남북이 분단된 채로 현재 60년 이상 지났기 때문에 이질감이 크지만, 원래 한 나라라는 것을 알도록 지도한다.

확장 활동

1. 분단된 우리나라의 상황에 대한 이해를 돕기 위해 전쟁박물관 견학을 진행한다.
2. 유아의 조부모 혹은 주변에 한국전쟁을 경험했던 분을 초청하여 이야기를 들어 보는 시간을 가져 볼 수 있다.

도움 주머니 ••• 분단 이후 통일된 국가들 이야기

○ 독일의 무너진 베를린 장벽

베를린 장벽은 동독이 건설한 것으로 서베를린을 동베를린과 그 밖의 동독으로부터 분리하는 장벽이었다. 서베를린을 공산주의 국가 안의 유일한 자본주의 지역이라고 하여 '육지의 섬'이라고 불렀다. 하지만, 동독의 관리들은 이 장벽을 반 파시스트 보호벽이라고 불렀다. 냉전의 상징이자 독일의 분단을 상징하여 왔다. 동독 탈주자가 많아지자 이를 막으려고 1961년 8월 13일에 만들어진 이후 점차 이 장벽은 보강되었으며, 1989년 11월 9일 자유 왕래가 허용된 이후 차례로 장벽이 붕괴되었다. 일부는 기념으로 남아 있다.

○ 예멘의 남북통일

예멘은 과거에 오스만 제국으로부터 독립된 북예멘과, 영국으로부터 독립하여 사회주의 국가가 된 남예멘으로 분리되어 있었다. 1990년 양측의 합의로 통일 정부가 구성되었으나, 얼마 후 권력분배에 관한 갈등이 촉발하여 1994년에는 내전으로 비화했다. 내전은 군사력에서 우위에 있던 북예멘 군대가 남예멘의 수도 아덴을 점령하여 북 예멘의 승리로 끝나, 비로소 완전한 통일이 이루어졌다.

출처 : 위키 백과.

활동 06

만 3세

북에서 온 내 친구

활동유형	이야기 나누기	생활주제	유치원/어린이집과 친구	시민교육 관련 요소	갈등에 대한 평화적 해결 〉 전쟁과 평화
활동목표	• 새터민의 의미를 안다. • 새터민 생활에 관심을 갖고 도울 방법을 알아본다.				
누리과정 관련 요소	• 사회관계 〉 사회에 관심 갖기 〉 우리나라에 관심 갖고 이해하기 • 사회관계 〉 다른 사람과 더불어 생활하기 〉 공동체에서 화목하게 지내기				

활동자료

우리나라 지도

활동내용 및 방법

1. 우리나라 지도를 보며 이야기 나누다.
   - 무슨 사진이니?
   - 우리나라 지도 사진이구나.
   - 우리나라는 남한과 북한으로 나뉘어 있어.
   - 왜 우리나라는 남한과 북한으로 나뉘었을까?

2. 새터민의 의미에 관해 이야기 나눈다.
   - '새터민'이라는 말을 들어 본 적 있니?
   - 새터민은 북한에서 탈출한 후 우리나라에 와서 사는 사람들을 의미하는 단어란다.
   - 왜 그들은 북한에서 탈출했을까?

- 우리나라에 와서 무엇을 할까?
- 우리나라에 와서 어려운 점은 무엇일까?
- 새터민의 마음은 어떨까?
- 새터민에게 필요한 것은 무엇일까?
- 만약 새터민을 만나면 어떨 것 같니?

3. 새터민에게 하고 싶은 말을 이야기해 보고 우리가 도와줄 방법을 알아본다.
   - 새터민 친구가 있다면 우리(혹은 나)와 다른 점이 무엇일까?
   - 새터민 친구가 우리 반에 있다면 무슨 말을 해 주고 싶니?
   - 새터민 친구와 무슨 놀이를 함께하면 좋을까?
   - 새터민 친구가 잘 살 수 있도록 어떻게 도와줄 수 있을까?

4. 새터민 친구와 함께하고 싶은 일을 글이나 그림으로 표현해 본다.
   - 새터민 친구를 만난다면 함께하고 싶은 일을 생각해 보자.
   - 무엇을 하면 새터민 친구들이 좋아할까?
   - 새터민 친구와 하고 싶은 일이나 하고 싶은 말을 글로 표현해 볼까?
   - 글씨를 못 쓰는 친구들은 그림으로 표현해 보자.

5. 활동을 마친 후 평가한다.
   - 새터민에 관해 알아봤는데 느낌이 어떠니?
   - 새터민 친구와 하고 싶은 일을 표현할 때 어려운 점이 있었니?
   - 우리가 적은 글과 그림을 새터민 친구가 본다면 기분이 어떨까?
   - 우리 주변에 새터민 친구를 만난다면 우리의 마음을 직접 표현해 볼 수 있겠지?

새터민 친구에게 보내는 글과 그림 그리기 활동

활동의 유의점

1. '새터민'의 의미를 유아의 수준에 맞게 설명한다.
2. 새터민 가족은 우리 주변에서도 만날 수 있는 다양한 가족의 한 종류임을 이해하고, 존중할 수 있도록 한다.

확장 활동

1. 남북으로 나뉜 우리나라의 이산가족에 관한 내용에 대해 알아본다.

도움 주머니 ••• 새터민이란?

기존의 탈북자라는 용어를 대신하여 '새로운 터전에서 삶을 시작하는 사람'이라는 순 우리말로 2005년부터 사용했다. 새터민은 탈북자에 대한 부정적인 이미지를 불식하고 긍정적·미래 지향적 이미지 제고를 위해 선정하였다. 통일부는 공식적인 용어로 법률 용어인 '북한이탈주민'을 사용하되, 비공식적으로 '탈북자'를 대신하여 '새터민'을 상황에 맞게 사용하면서 장기적으로 사회적 합의를 거쳐 자연스럽게 정착될 수 있도록 하였다. 새터민 정착 지원제도는 초기 정착금 지급 제도, 취업 지원제도, 교육 지원제도, 사회보장 지원제도, 거주지 보호제도 등이 있다.

4) 함께 가꾸는 지구환경

인간의 생활은 환경과 밀접하게 관계를 맺으면서 끊임없이 변화하고 발전해 나간다(교육과학기술부, 2008).

이러한 환경은 자신이나 나라에만 국한되지 않고 전 세계가 경계를 초월하여 서로에게 영향을 미친다. 황사, 대기오염, 지구온난화와 같은 환경 문제는 더는 한 나라의 노력만으로 해결하기 어려우며 전 지구촌이 함께 협력해야 해결이 가능한 일이다. 그러므로 미래의 세계시민인 유아가 지구환경의 중요성을 인식하고 환경에 대한 바람직한 지식, 태도, 가치를 지닐 수 있도록 도와야 한다(교육과학기술부, 2008).

본 프로그램에서 다루고 있는 환경 영역은 '함께 가꾸는 지구환경'이란 주제로 행복한 삶을 살아가기 위해 자연을 소중히 여기고 환경을 보호하기 위해 실천할 수 있는 참여 활동으로 구성하였다. 그리고 유아기의 발달 특성을 고려하여 환경 문제의 심각성만을 부각해 부정적 이미지를 형성하지 않도록 유의하여 진행한다.

- 활동 1 : 꿈틀꿈틀 흙이 있어요
- 활동 2 : 태양이 요리해 준 음식
- 활동 3 : 지구온난화로 바뀐 세계지도
- 활동 4 : 코끼리는 어디로 갔을까?
- 활동 5 : 친환경 자동차
- 활동 6 : 지구가 아파요

활동 01

꿈틀꿈틀 흙이 있어요

만 4~5세

활동유형	동극	생활주제	환경과 생활	시민교육 관련 요소	함께 가꾸는 지구환경 〉 우리 생활과 환경
활동목표	• 흙에 관심을 갖고 흙의 소중함을 안다. • 건강한 흙이 되는 방법을 안다				
누리과정 관련 요소	• 의사소통 〉 말하기 〉 느낌, 생각, 경험 말하기 • 예술경험 〉 예술적 표현하기 〉 극놀이로 표현하기				

활동자료

동극 재료

활동내용 및 방법

1. 흙 속에 사는 동·식물의 사진을 보면서 이야기 나눈다.
    - 이것은 무엇일까?
    - 두더지구나. 지렁이도 있네?
    - 두더지와 지렁이는 어디에서 살고 있니?
    - 두더지와 지렁이는 흙 속에서 살고 있단다.
    - 두더지와 지렁이 말고 또 흙 속에서 사는 동·식물을 무엇이 있을까?
    - ○○(이)가 말한 대로 개미도 흙 속에서 살고 있단다.
    - 또, 어떤 동·식물이 있을까?
    - 식물들도 모두 흙 속에서 살고 있단다.
    - 우리가 맛있게 먹는 고구마, 감자도 모두 흙 속에서 살고 있단다.

- 이처럼 흙 속에는 많은 동·식물이 있어.

2. 흙의 필요성을 알아보고 이야기 나눈다.
   - 흙 속에 사는 친구들은 흙이 없으면 어떻게 될까?
   - 만약 흙이 없다면 지렁이는 어떻게 될까?
   - 흙이 없다면 새싹들은 자랄 수 있을까?
   - 흙이 없다면 많은 동·식물이 건강하게 자랄 수가 없단다.
   - 흙이 없다면 우리가 좋아하는 고구마와 감자도 자랄 수가 없어서 먹을 수 없게 되겠지?
   - 흙이 없다면 개미도, 두더지도, 지렁이도 집을 잃게 된단다.
   - 이처럼 흙은 우리 모두에게 아주 소중한 존재란다.
   - 흙이 있어야 식물도 자라고 열매도 맺고, 동물들은 안락하고 안전한 집을 가질 수 있단다.

3. 건강한 흙을 만들기 위한 방법에 관해 이야기 나눈다.
   - 흙은 우리 주변에서 좋은 일을 많이 한단다.
   - 우리에게 좋은 일을 많이 하는 흙이 건강하지 않으면 식물도 잘 자랄 수 없고 동물들에게 지금처럼 안락한 집을 줄 수 없어.
   - 어떻게 하면 건강한 흙이 될까?
   - 우리 주변에 있는 소중한 흙을 더럽히지 않고 깨끗하게 하려면, 우리가 무엇을 해야 할까?
   - ○○(이)가 말한 대로 쓰레기를 버리면 안 되겠구나.
   - 우리에게 필요한 건강한 흙을 만들기 위해서 또 할 수 있는 일은 무엇일까?

4. 건강한 흙 속에서 살아가는 동·식물을 동극 활동으로 계획해 본다.
   - 너희들이 직접 흙 속 동물과 식물이 되어 볼까?
   - 흙 속에 사는 동물과 식물이 되어 어떻게 흙 속에서 사는지 경험해 보자.
   - 흙 속을 표현하려면 어떤 게 필요할까?

동극을 계획하고 동극 활동하기

- 어떤 역할을 하고 싶니?
- 두더지를 하고 싶은 친구가 있니?
- 지렁이가 흙 속에서 하는 일을 어떤 방법으로 표현하면 좋을까?
- 새싹이 되면 무엇을 표현하고 싶니?
- 내가 맡은 역할을 소개하는 '역할 머리띠'를 써 보자.

5. 동극 활동을 할 때 지켜야 할 약속에 관해 이야기 나눈다.
   - 두더지는 어떻게 나오면 될까?
   - 자신의 역할이 끝나면 어떻게 무대에서 나오면 될까?
   - 동극을 볼 때 어떻게 해야 할까?
   - 무엇으로 동극의 시작과 끝을 알려 주는 것이 좋을까?

6. 동극이 끝나면 활동을 평가한다.
   - 동극으로 흙 속 동물과 식물 친구들을 표현해 봤는데 어땠니?
   - 직접 지렁이가 되어 흙 속에서 살아 보니 느낌이 어땠니?

- 흙 속에서 자라는 고구마들은 흙에 어떤 마음을 가질까?
- 이처럼 여러 동·식물이 살아가는 소중한 흙을 어떻게 사용해야 할까?
- 우리가 산책길이나 길가에서 볼 수 있는 흙을 건강하게 만들기 위해 할 수 있는 일들을 기억하고 실천할 수 있겠니?

활동의 유의점

1. 종이에 유아의 대화를 적어서 동극을 할 때 대사를 잊어버릴 경우 도움을 줄 수 있도록 준비한다.
2. 자신이 맡은 역할을 자신감 있게 잘 표현할 수 있도록 미리 연습해 본다.

확장 활동

1. 동극할 때 사용했던 소품 등을 역할 영역에 비치하여 유아가 자유롭게 이용할 수 있도록 해 준다.
2. 바깥놀이 시 유아가 흙을 이용해서 그림을 그리거나 또래 유아들과 협동해서 할 수 있는 놀이를 한다.
3. 흙을 이용해서 다양한 미술 활동에 활용한다.

도움 주머니 ••• 흙을 보호하는 방법 알아보기

1. 나무를 심어 숲을 가꾸기
2. 분리수거를 생활화하고, 쓰레기를 버리지 않기
3. 농약을 사용하지 않기
4. 나무를 베지 않기
5. 지렁이를 죽이지 않기

활동 02

태양이 요리해 준 음식

만 3세

활동유형	과학	생활주제	여름	시민교육 관련 요소	함께 가꾸는 지구환경 〉 우리 생활과 환경
활동목표	• 일상생활에 태양을 이용한 우리 주변 환경에 관심을 가진다. • 햇볕으로 말린 음식에 관심을 갖고 음식의 변화과정을 탐색한다. • 태양의 소중함을 안다.				
누리과정 관련 요소	• 자연탐구 〉 과학적 탐구하기 〉 생명체와 자연환경 알아보기 • 자연탐구 〉 탐구하는 태도 기르기 〉 탐구과정 즐기기				

활동자료

말린 식재료와 말리지 않은 식재료 비교 사진들, 다양한 식재료, 쟁반

활동내용 및 방법

1. 태양이 우리 생활에 미치는 영향에 관해 이야기 나눈다.
   - (태양 사진을 보며) 태양이 우리 주변에서 어떤 일을 하는지 아니?
   - 태양은 우리 주변의 꽃과 나무 같은 식물을 따뜻한 햇볕으로 무럭무럭 잘 자라게 해 준단다.
   - 햇볕을 받고 자란 식물에서 우리가 맛있게 먹는 과일, 쌀과 같은 열매와 곡식을 얻을 수 있지.
   - 태양은 우리의 몸도 튼튼하게 만들어 준대.
   - ○○(이)가 말한 대로 태양에서 태양열 에너지를 만들 수도 있단다.
   - 또 태양은 우리에게 어떤 일을 해 줄까?

2. 말린 식재료를 보여 주며 음식을 말리는 이유와 방법에 관해 이야기 나눈다.

- 이것은 무엇일까?
- 어떻게 보이니?
- 먹어 본 적이 있니?
- (말린 식재료를 보여 주며) 이것 역시 태양이 해 준 거란다.
- 냉장고가 없던 옛날에는 고사리나 호박 같은 채소를 보관하기 어려웠단다. 채소가 잘 자라는 봄, 여름에는 먹을 수가 있었지만, 식물이 자라지 못하는 추운 겨울에는 채소를 먹을 수가 없었어.
- 채소가 잘 자라는 계절에 햇볕으로 채소들을 말려서 보관하기 쉽게 만들어서 추운 겨울에도 채소를 먹을 수가 있었단다.
- 우리가 먹는 맛있는 곶감도 가을에 감을 딴 후 햇볕에 말려서 달콤한 곶감이 되는 거야.
- 어떤 방법으로 음식을 말릴 수 있을까?
- 혹시 집에서 음식을 말리는 모습을 본 적 있니?
- 음식을 햇볕이 내리쬐는 곳에 놓고 가만히 두면 서서히 음식이 마르게 된단다.
- 쨍쨍한 햇볕이 음식을 말리는 역할을 한단다.
- 이 음식들을 말리려면 시간이 얼마나 들까?
- 음식들이 마른 후 모양이 어떻게 변할까?
- 우리가 직접 말려 보면 어떨까?

[말릴 식재료를 선택한다] [말리기 쉽게 썰어 놓는다] [햇볕에 말린다]

햇볕으로 음식을 말리는 과학 활동

3. 과학 영역에 햇볕으로 말릴 식재료들을 준비해 보고 만들어 본다.
   - 어떤 음식을 말려 보고 싶니?
   - 음식을 말리려면 어디에 두면 좋을까?
   - 우리 교실 안에서 가장 햇볕이 잘 드는 곳을 찾아볼까?
   - 시간이 지날수록 음식들이 어떻게 변화하는지 어떤 기준으로 관찰하면 좋을까?
   - 매일 변화하는 모습을 관찰하는 건 어떨까?

4. 햇볕으로 말린 음식이 어떻게 변화하는지 관찰한다.
   - 음식을 말리기 시작한 지 이틀이 지났는데, 음식의 모습이 변한 것 같니?
   - 모양은 어떻게 변했니?
   - 색은 어떻게 변했니?
   - 만져 보니 느낌이 어떠니?
   - 색과 모양 말고 또 어떤 게 변했을까?

5. 활동을 마친 후 평가한다.
   - 햇볕으로 음식을 말려 보는 활동을 했었는데 어떤 점이 재미있었니?
   - 음식들이 변화하는 모습을 관찰할 때 궁금한 점은 없었니?
   - 태양이 없으면 어떻게 될까?
   - 태양이 없으면 식물도 잘 자라지 못하고, 우리 몸도 힘이 약해져서 건강이 나빠질 수 있단다.

- 태양이 없으면 주변이 컴컴해지고 전기도 얻을 수 없겠지.
- 우리 친구들이 좋아하는 그림자놀이도 할 수 없겠구나.
- 태양은 이처럼 우리 주변에서 참 고마운 일을 많이 하는구나.
- 다음에는 태양을 이용해서 어떤 활동을 하면 좋을까?

활동의 유의점

1. 햇볕으로 음식을 말리는 과정은 지속적으로 관찰해야 하는 활동이므로 날짜와 시간대를 정하여 일정하게 관찰이 진행될 수 있도록 한다.
2. 유아가 먹어 본 경험이 있는 식재료를 준비하여 활동한다.

확장 활동

1. 태양을 생활에 유용하게 활용하는 내용과 사례를 더 알아본다.
2. 말린 식재료로 음식을 만들어 보는 요리 활동을 한다.
3. 햇볕으로 음식을 말리는 과정을 관찰할 뿐만 아니라 음식이 변화하는 모습을 그림으로도 그려 본다.

도움 주머니 ••• **태양으로 말린 음식들**

활동 03

지구온난화로 바뀐 세계지도

만 4~5세

활동유형	토론	생활주제	환경과 생활	시민교육 관련 요소	함께 가꾸는 지구환경 〉 자연의 보전과 보호
활동목표	• 지구온난화에 의미를 안다. • 소중한 지구에 관심을 갖고 자연을 보호할 방법을 알아본다.				
누리과정 관련 요소	• 자연탐구 〉 과학적 탐구하기 〉 생명체와 자연환경 알아보기 • 의사소통 〉 말하기 〉 자신의 느낌, 생각, 경험을 말하기				

활동자료

지구온난화로 변화하는 세계지도 자료, 빙하가 녹은 사진, 북극곰 사진, 지구온난화로 환경이 변하여 피해를 보는 나라의 영상

활동내용 및 방법

1. 북극곰 사진과 빙하가 녹은 사진을 보면서 이야기 나눈다.
   - (북극곰 사진을 보며) 무슨 사진 같니?
   - 여기가 어디일까?
   - 추운 곳에 사는 '북극곰'과 북극곰이 사는 곳인 '북극'의 사진이란다.
   - 북극은 몹시 추운 나라로 얼음덩어리인 '빙하'가 많아서 북극곰이 살기 좋은 환경이란다.
   - (빙하가 녹은 사진을 보며) 그런데 이 사진을 보면 빙하가 어떻게 되고 있니?

- 아이스크림처럼 녹고 있네.
- 빙하는 왜 녹는 걸까?
- 빙하에서 사는 북극곰은 빙하가 녹으면 어떻게 될까?

2. 지구온난화로 환경이 변하여 피해를 보는 나라의 영상을 보면서 이야기 나눈다.
   - 지구온난화로 우리 주변에는 많은 변화가 있단다.
   - (영상을 보며) 그중에서 여기에 나오는 나라처럼, 나라의 땅이 서서히 없어져 가는 곳도 있단다.
   - 영상에서 본 나라 이름이 기억나니?
   - '방글라데시'라는 나라의 '쿠툽디아' 섬은 지구온난화로 바닷물의 표면인 해수면이 올라가서 땅이 점점 물에 잠기고 있단다.
   - (몰디브 섬 사진을 보면서) 여기는 어디인 것 같니?
   - '몰디브'라는 섬인데, 무척 아름답고 작은 섬들이 모여 있는 곳이란다.
   - 현재는 몰디브를 볼 수도 있고 그곳에 갈 수도 있지만, 30년 후면 바닷속으로 가라앉아서 볼 수도, 갈 수도 없게 된단다.
   - 왜 그렇게 되는지 그 이유를 알고 있니?

3. 지구온난화의 의미를 알아본다.
   - 너희들은 '지구온난화'라는 단어를 들어 본 적 있니?
   - 지구온난화란 지구가 점점 뜨거워지고 더워지는 거란다.
   - 지구가 점점 뜨거워지고 더워지면 어떻게 될까?
   - 추운 나라인 북극과 남극에 있는 많은 빙하가 지구온난화로 계속 녹고 있단다.
   - 빙하가 녹게 되면 추위를 좋아하는 북극에 사는 북극곰이 살 수 있는 땅이 줄어들어서 그곳에서 살기 어려워진단다.
   - 그뿐만 아니라 지구 전체 해수면이 상승하여서 바다와 가까운 땅과 작은 섬들이 조금씩 가라앉기 시작하고, 사진처럼 점점 땅이 줄어들거나 섬들이 없어지고 있단다.

4. 지구온난화가 일어나는 이유에 관해 이야기 나눈다.
   - 지구온난화를 막기 위한 방법이 무엇인지 친구들과 토론하는 시간을 가질 거야.
   - 먼저, 지구온난화는 왜 일어나는지 알고 있니?
   - 우리가 자동차, 에어컨, 혹은 공장 등에서 기계를 돌릴 때 사용하는 석탄, 석유, 가스 등과 같은 화석연료를 많이 사용해서 지구가 계속 뜨거워지는 거란다.
   - 전기를 많이 사용하는 것도 지구를 뜨겁게 만든단다.

5. 지구온난화를 막는 방법에 관해 이야기 나눈다.
   - 지구가 계속 뜨거워지지 않도록 우리가 할 수 있는 것은 무엇일까?
   - 지구를 시원하게 해 주면 되겠구나.
   - 지구를 시원하게 하려면 무엇이 필요할까?
   - 우리가 할 수 있는 일은 무엇일까?
   - ○○(이)가 말한 대로 물을 마시면 시원해지니까 지구가 물을 많이 마실 수 있도록 우리가 물을 아껴 주는 방법도 있구나.
   - 쓰레기를 줄여서 지구가 아프지 않게 하는 것도 좋은 방법이구나.
   - 또 어떤 방법이 있을까?
   - 수도꼭지를 꼭 잠그고, 급식도 남기지 않고 맛있게 먹는 것도 방법이란다.
   - 우리가 말했던 방법들을 잘 기억하고 지구가 더 뜨거워지지 않도록 실천할 수 있겠지?

지구온난화를 막기 위한 방법에 관한 유아의 토론 활동

활동의 유의점

1. 지구온난화로 발생하는 문제점을 다룬 동영상을 제시하여 유아의 이해를 돕는다.

확장 활동

1. 미술 영역에서 뜨거워지는 지구의 모습을 그림으로 다양하게 표현해 본다.
2. 실외 활동 시 주변에 버려진 쓰레기를 줍는 활동을 한다.

도움 주머니 ••• 지구온난화의 의미

○ 지구온난화의 원인

산업혁명 이후 인구 증가와 산업화로 화석연료의 사용이 늘어나 온실가스 배출량이 증가하고, 무분별한 삼림 벌채로 대기 중 온실가스 농도가 높아지면서 지구의 평균 기온이 상승하는 지구온난화 현상이 나타나고 있다.

○ 온실 효과

지구에서 복사되는 열이 온실가스에 의해 다시 지구로 흡수되는 현상이다. 과도한 온실가스 배출은 지구온난화의 원인이 된다.

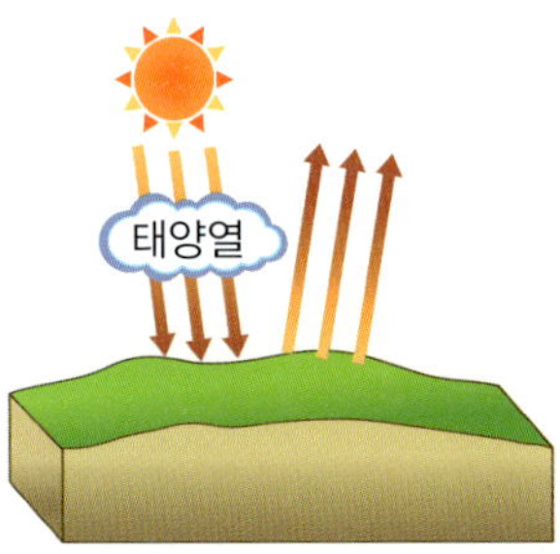

[온실가스가 적을 때]

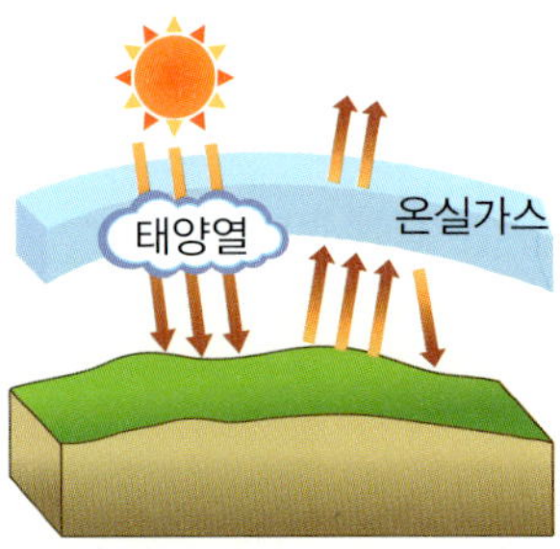

[온실가스가 늘어날 때]

활동 04

만 3세

코끼리는 어디로 갔을까?

활동유형	미술	생활주제	동·식물과 자연	시민교육 관련 요소	함께 가꾸는 지구환경 〉 자연의 보전과 보호
활동목표	• 동물을 보호하기 위해 주변에 환경을 소중히 여긴다. • 동물도 우리와 함께 살아가는 생명체임을 알며 사랑하고 보호하는 마음을 가진다. • 자연은 동·식물이 살아가는 터전이라는 것을 안다.				
누리과정 관련 요소	• 자연탐구 〉 과학적 탐구하기 〉 생명체와 자연환경 알아보기 • 의사소통 〉 말하기 〉 느낌, 생각, 경험 말하기 • 예술경험 〉 예술적 표현하기 〉 미술 활동으로 표현하기				

활동자료

『코끼리는 어디로 갔을까?』 그림책, 자연에서 살아가는 동·식물 사진, 포스터 만들기 재료

활동내용 및 방법

1. 동화책을 보면서 이야기를 나눈다.
    - (『코끼리는 어디로 갔을까?』 그림책 표지를 제시하며) 이것은 무엇일까?
    - 책의 표지를 자세히 살펴볼까?
    - 표지에서 무엇을 볼 수 있니?
    - 표지를 살펴보니 어떤 느낌이 드니?
    - 표지를 보니 어떤 내용의 이야기일 것 같니?

2. 책의 제목, 지은이를 소개한다.
    - 표지에서 제목을 찾아볼 수 있니?

- 이 동화의 제목은 무엇일까?
- 『코끼리는 어디로 갔을까?』라는 제목을 들어 보니 어떤 내용일 것 같니?
- 이 동화의 작가는 누구일까?

3. 동화를 감상한다.
   - 지금부터 선생님이 들려주는 동화를 바른 자세로 감상할 수 있겠니?
   - 어떤 자세로 동화를 감상해야 할까?
   - 바른 자세로 동화를 감상하면 어떤 점이 좋을까?

4. 동화의 내용을 회상하며 이야기 나눈다.
   - 동화를 잘 감상해 보았니?
   - 동화 속에서 어떤 이야기가 나왔니?
   - 동화 속에서 어떤 일들이 생겼니?
   - 너희들은 어디에서 사니?
   - 집이 없다면 어떨 것 같니?
   - 코끼리의 집은 어디일까?
   - 그림책에 나오는 동물처럼 우리가 집 말고 동물원에 살면 어떤 기분일까?

5. 자연이 오염되면 동·식물이 어떻게 될지에 대해 이야기 나눈다.
   - 나무와 꽃이 사는 흙이 더러워지면 어떻게 될까?
   - 물고기가 사는 물이 더러워지면 어떻게 될까?
   - 새가 날아다니는 하늘의 공기가 더러워지면 어떻게 될까?

6. 깨끗한 자연을 만들기 위해서 할 수 있는 일을 생각하며 이야기 나눈다.
   - 깨끗한 흙을 만들기 위해서 우리가 할 수 있는 일이 무엇이 있을까?
   - 맑은 물을 만들기 위해선 어떤 일을 해야 할까?
   - 깨끗한 자연을 위해서 어떤 일을 하면 될까?
   - 자연이 깨끗해지면 어떤 게 좋아질까?
   - 동물과 식물이 깨끗한 자연 속에서 살아가게 된다면 무척 좋아하겠구나.

7. 자연을 보호하는 포스터를 어떻게 만들지 계획한다.
   - 우리가 자연을 보호하는 방법을 포스터로 만들어 보면 어떨까?
   - 어떤 내용으로 포스터를 만들고 싶니?
   - 포스터에 어떤 글을 적을까?
   - 어떤 그림을 그리면 좋을까?
   - 포스터에 무엇을 더 그리면 좋을까?

8. 내가 만든 포스터를 친구들에게 소개해 본다.
   - 내가 만든 포스터를 친구들에게 소개해 볼까?
   - 어떤 내용인지 설명해 줄 수 있니?
   - 친구의 포스터를 보고 궁금한 점이 있니?

9. 정리한 후 평가하는 시간을 갖는다.
   - 포스터를 만들 때 어떤 점이 가장 재미있었니?

자연보호 포스터 만들기 활동

포스터 만들기 제작방법

① 동·식물 사진을 오려서 붙인다.
② 동·식물이 사는 집을 그려 준다.
③ 동·식물이 살아가는 자연을 보호하는 방법에 대해 나만의 생각을 적어 본다.
④ 꾸밈 재료를 더 이용하여 꾸민다.

- 어려웠던 점은 없었니?
- 친구들에게 내가 만든 자연보호 포스터를 소개하니 어땠니?
- 오늘 우리가 무엇에 관해 이야기를 나누었지?
- 이야기 나누기를 하며 새롭게 알게 된 점이 무엇이니?
- 자연을 보호하기 위해 우리가 만든 포스터의 내용을 잘 실천할 수 있겠니?

활동의 유의점

1. 유아가 만든 포스터를 들고 어린이집 주변에서 자연보호 캠페인을 해 본다.
2. 유아와 함께 자연으로 나가 동·식물이 살아가는 모습을 관찰한다.
3. 유아가 자연을 보호하고 사랑하는 방법을 자유롭게 이야기하도록 격려한다.

확장 활동

1. 동·식물 삶의 터전인 자연을 보호하기 위해 할 수 있는 일을 생각해 보고 실천하도록 격려한다.

도움 주머니 ••• 우리에게 고마운 동·식물 이야기

종류	특징
지렁이	땅 속을 다니며 흙에 공기가 들어갈 수 있도록 도와주고, 똥을 눠서 땅을 기름지게 만든다.
무당벌레	식물을 병들게 만드는 진딧물을 잡아먹는다.
벌	꽃가루를 옮겨 열매를 맺도록 돕고, 달콤한 꿀을 모은다.
거미	해로운 벌레를 잡아먹는다.
목화	면 섬유의 원료로 옷과 솜을 만든다.
누에	비단을 생산한다.

활동 05

친환경 자동차

만 4~5세

활동유형	견학	생활주제	교통기관	시민교육 관련 요소	함께 가꾸는 지구환경 〉 지구를 살리기 위한 노력
활동목표	• 환경을 오염시키지 않는 친환경 자동차에 관심을 갖는다. • 다양한 자연물을 이용해 창의적으로 표현한다.				
누리과정 관련 요소	• 자연탐구 〉 과학적 탐구하기 〉 생명체와 자연환경 알아보기 • 예술경험 〉 예술적 표현하기 〉 미술 활동으로 표현하기				

활동자료

일반 자동차 매연 사진

활동내용 및 방법

1. 일반 자동차 매연 사진을 보면서 대기 오염에 관해 이야기 나눈다.
   - 차에서 나오는 검은 연기를 본 적이 있니?
   - 왜 자동차에서 연기가 날까?
   - 왜 이렇게 공기가 오염되었을까?
   - 휘발유와 같은 연료를 사용하는 자동차는 매연과 배기가스를 내뿜는단다.

- 매연과 배기가스는 공기를 나쁘게 만드는 주범이란다.
- 공기가 나빠지게 되면 우리에게 어떤 일이 생길까?
- 공기가 나쁘면 땅과 바다가 오염될 뿐만 아니라 오염된 공기는 사람의 건강도 해친단다.

2. 대기 오염을 막은 방법에 관해 이야기 나눈다.
   - 공기의 오염을 막는 방법에는 무엇이 있을까?
   - 맑고 깨끗한 공기는 누가 좋아할까?
   - 공기를 깨끗이 하는 방법은 무엇일까?
   - 나쁜 가스와 매연이 나오는 자동차를 이용하지 말아야겠지.
   - 그런데 차를 사용하지 못하면 가족과 함께 놀러 가거나 먼 거리를 이동할 때 어떻게 될까?
   - 먼 거리를 걸어서 가면 시간이 오래 걸리고 힘들겠지?
   - 그럼, 어떤 방법이 있을까?
   - 자전거를 이용하는 방법도 있겠구나. 자전거를 못 타는 사람들은 어떻게 이동하면 좋을까?
   - 공기를 오염시키는 나쁜 가스와 매연이 나오지 않는 자동차가 있으면 좋겠구나.
   - 가스와 매연이 나오지 않는 자동차가 있다면 안전하고 빠르게 먼 거리를 이동할 수 있겠지.
   - 가스와 매연이 나오지 않은 자동차가 있는데 무엇인지 알고 있니?

3. 친환경 자동차에 관해 이야기 나눈다.
   - 가스와 매연이 나오지 않는 자동차를 '친환경 자동차'라고 부른단다.
   - 친환경 자동차라는 말을 들어 본 적이 있니?
   - (친환경 자동차 사진을 보여 주며) 친환경 자동차를 본 적이 있니?
   - 친환경 자동차를 타 본 적이 있니?
   - 친환경 자동차의 좋은 점은 무엇일까?
   - 친환경 자동차는 어떤 에너지를 이용해서 움직일까?

- 친환경 자동차가 필요한 이유는 무엇일까?
- 친환경 자동차의 좋은 점은 무엇일까?
- 친환경 자동차는 가스나 매연이 안 나온대.
- 매연이 안 나오는 친환경 자동차를 사용하면 어떤 점이 좋을까?

4. 친환경 자동차를 직접 볼 수 있는 곳으로 견학 활동을 간다.
   - 전기로 움직이는 자동차나 버스를 직접 볼 수 있는 곳에 가 보자.
   - 전기로 움직이는 자동차와 버스는 어떻게 생겼을까?
   - 직접 타 보면 기분이 어떨까?

5. 견학 활동한 후 평가한다.
   - 우리 주변에도 이렇게 친환경 자동차와 버스 등을 이용하는 사람들이 많구나.
   - 전기 버스를 직접 보니 어떠니?
   - 버스를 직접 타 보니 어떤 느낌이 들었니?
   - 일반 버스와 어떤 차이가 있었니?
   - 전기를 이용한 친환경 자동차나 버스 말고 또 매연이 안 나오는 깨끗한 에너지는 무엇일까?
   - ○○(이)가 말한 대로 물을 이용한 친환경 자동차가 있었으면 좋겠구나.
   - 또 어떤 것으로 움직이는 친환경 자동차를 만들 수 있을까?
   - 현재 전기를 이용한 친환경 자동차 말고 친구들이 생각하는 물, 바람, 흙으로 움직이는 자동차가 나오면 어떨까?
   - 우리가 좋은 에너지를 많이 사용하면 환경은 어떻게 될까?
   - 좋은 에너지를 만들고 사용하는 사람들에게 우리는 어떤 마음을 가져야 할까?

활동의 유의점

1. 유아가 친환경 에너지를 이해할 수 있도록 친환경 에너지에 관한 책들을 미리 준비하여 언어 영역에 비치해 둔다.

2. 견학을 가기 전에 친환경 자동차나 버스를 볼 수 있는 장소를 미리 확인하고 견학 준비를 한다.

확장 활동

1. 언어 영역에 친환경 자동차에 관한 동화책을 비치해 둔다.
2. 산책 활동 시 유아가 주변에서 볼 수 있는 친환경 에너지를 찾아본다.
3. 미술 영역에서 유아가 생각하는 친환경 자동차를 그려 본다.

유아들이 생각하는 친환경 자동차 그리기 활동

도움 주머니 ••• 하이브리드 자동차

내연 엔진과 전기 자동차의 배터리 엔진을 동시에 장착하여 일반 차보다 유해 가스 배출량을 줄이고 연비를 높인 차세대 환경 자동차다. 전기 모터는 차량 내부에 장착된 고전압 배터리로부터 전원을 공급받고, 배터리는 자동차가 움직일 때 다시 충전된다. 차량 속도나 주행 상태 등에 따라 엔진과 모터의 힘을 적절하게 제어하여 효율성을 극대화한 것이다.

활동 06

지구가 아파요

만 3세

활동유형	신체(게임)	생활주제	환경과 생활	시민교육 관련 요소	함께 가꾸는 지구환경 〉 지구를 살리기 위한 노력
활동목표	• 사람들의 잘못된 습관으로 환경이 오염되는 것을 안다. • 쓰레기는 분리수거하여 쓰레기통에 버려야 함을 안다. • 환경오염을 해결하기 위한 방법을 안다.				
누리과정 관련 요소	• 사회관계 〉 다른 사람과 더불어 생활하기 〉 친구와 사이좋게 지내기 • 신체운동·건강 〉 건강하게 생활하기 〉 몸과 주변을 깨끗이 하기 • 신체운동·건강 〉 건강하게 생활하기 〉 건강한 일상생활하기				

활동자료

분리수거함 만들기 재료

활동내용 및 방법

1. 쓰레기를 함부로 버리면 일어날 수 있는 상황을 예측하여 본다.
    - 쓰레기를 쓰레기통이 아닌 곳에 버려 본 적이 있니?
    - 쓰레기를 함부로 버리면 어떻게 될까?
    - 공원이나 길가에서 쓰레기가 떨어진 것을 본 적이 있니?
    - 함부로 버린 쓰레기를 보면 어떤 생각과 느낌이 들었니?
    - 쓰레기가 많은 곳이나 쓰레기통 옆에 가면 어떤 냄새가 나니?
    - 사람들이 쓰레기를 함부로 버리면 어떻게 될까?

    (지저분해서 보기 싫다. / 썩으면서 이상한 냄새가 난다. / 해로운 벌레들이 들끓게 된다.)

- 잘 썩지 않는 쓰레기가 흙 속에 있으면 식물들이 잘 자랄 수 있을까?
- 만약 너희들이 꽃이라면 사람들이 주변에 쓰레기를 버리고 갔을 때 어떤 기분이 들 것 같니?
- 쓰레기에서 냄새가 나면 그 주위에 무엇이 생길까?
- 해로운 벌레들이 쓰레기를 좋아하는 이유는 무엇일까?
- 쓰레기에서 나오는 해로운 것이 땅으로 스며들면 어떤 일이 일어날까? (땅을 오염시켜, 식물이나 동물이 살기 어려워진다.)

2. 쓰레기를 바르게 처리하는 방법을 알아본다.
   - 쓰레기는 어디에 버려야 할까?
   - 분리수거를 해 본 적이 있니?
   - 분리수거는 어떻게 해야 할까?
   - 쓰레기 분리수거를 해야 하는 이유는 무엇일까? (건전지, 플라스틱, 유리, 고철, 종이는 재활용 통에 모으면 새 것으로 만들 수 있다.)
   - 주변에서 분리수거함을 본 적 있니?

3. 유아가 직접 분리수거 게임을 한다.
   - 우리가 직접 분리수거함을 만들 수 있을까?
   - 어떤 방법으로 만들면 좋을까?

협동하여 분리수거함을 만드는 활동

[분리수거용 쓰레기 선택하기]

[분리수거 게임하기]

'분리수거 게임' 활동

4. 분리수거 게임 방법을 알아보고 유아가 만든 분리수거함으로 분리수거 게임을 한다.
   - 우리가 만든 분리수거함을 어떻게 사용할까?
   - ○○(이)가 말한 대로 교실에 두고 쓰레기를 버릴 때 사용하면 어떨까?
   - □□(이)는 분리수거함으로 놀이해 보고 싶다고 했는데, 어떤 놀이를 하면 좋을까?
   - 친구 말처럼 쓰레기를 버리고 오는 게임을 해 볼까?
   - 게임 규칙을 어떻게 정하면 좋을까?

분리수거 게임 방법

① 유아가 각자 분리수거용 쓰레기를 한 개씩 준비한다.
② 두 팀으로 나눠서 출발선에 나란히 줄을 선다.
③ 출발신호에 맞춰 분리수거함으로 달려간다.
④ 쓰레기를 분리수거의 용도에 맞게 넣고 돌아온다.
⑤ 출발 위치로 돌아온 후 다음 유아가 출발한다.
⑥ 모두 분리수거를 맞게 하고 돌아온 팀이 승리한다.

5. 게임이 끝난 후 오늘의 활동에 관해 이야기 나눈다.
   - 분리수거 게임을 했는데 어려웠던 점이 무엇이니?
   - 쓰레기 종류에 따라 분리수거하는 데 어려운 점은 없었니?

- 게임처럼 우리가 생활에서도 쓰레기를 분리수거를 잘 지키면 어떤 일이 일어날까?
- 친구들이 분리수거를 하고 환경을 보호하면 지구는 어떻게 생각할까?
- 환경이 오염되어 아파하는 지구를 위해 우리가 해 줄 수 있는 일이 또 무엇일까?

활동의 유의점

1. 일회성 활동으로 끝나는 것이 아니라 유아가 분리수거를 일상에서도 계속 실천할 수 있도록 한다.
2. 게임 규칙을 정하거나 활동을 진행할 때 모든 유아가 자신의 의견을 서로 나눌 수 있도록 충분한 시간을 마련해 준다.
3. 왜 분리수거를 해야 하는지 이야기를 충분히 나누고 게임 목표를 잘 전달하도록 한다.

확장 활동

1. 언어 영역에서 '분리수거 운동'을 홍보하기 위한 홍보 문구를 만든다.
2. 분리수거함을 교실에 비치하여 쓰레기 분리수거를 직접 경험한다.

도움 주머니 ••• 분리수거함을 이용한 교구

○ 낚시를 하며 분리수거를 하는 교구
- 다양한 종류의 쓰레기를 낚시대를 이용해서 분리수거함에 넣을 수 있다.
- 주사위를 던져 나오는 분리수거에 맞게 분리수거 게임으로 즐길 수 있다.

○ 분리수거를 하는 교구
- 우유팩을 이용해서 분리수거함을 만들어 유아가 분리수거를 해 본다.

참고 문헌

강기수 (2006). 철학적 탐구공동체의 교육적 의의. 교육사상연구, 19, 1-22.

강동연 (2000). 세계시민교육을 위한 사회과 교육의 방향에 대한 연구. 이화여자대학교 대학원석사학위논문.

강성훈 (2010). 국제이해교육과 관련된 이론적 문제. 교육발전연구(경희대학교 교육발전연구소), 26(2), 149-172.

강순원 (2000). 평화, 인권, 교육. 경기: 한울아카데미.

경기도교육청 (2014). 더불어 사는 민주시민교육. 경기: 경기도교육청.

고병헌 (2006). 평화교육사상. 서울: 학지사.

교육개혁위원회 (1995). 2000년대 교육과정을 위한 개혁의 방향. 서울: 교육개혁위원회.

교육과학기술부 (2008). 유아세계시민교육 활동자료. 서울: 교육과학기술부.

교육과학기술부 (2008). 유아세계시민교육. 서울: 교육과학기술부.

교육과학기술부 (2008). 종일반 특성화 교육과정 운영을 위한 유아세계시민교육 활동자료. 서울: 교육과학기술부.

교육과학기술부 (2009). 유아세계시민교육 활동자료. 서울: 교육과학기술부.

교육과학기술부 (2011). 사회과교육과정(교육인적자원부 고시 제2011-361).

교육과학기술부 (2012). 5세 누리과정 교사용 지도서(제 1~11권). 서울: 교육과학기술부.

교육과학기술부 (2012). 종일반 특성화 교육과정 운영을 위한 유아 에너지교육 활동자료. 서울: 교육과학기술부.

교육과학기술부 (2012a). 5세 누리과정 교사용 지도서(제 3권 우리 동네). 서울: 교육과학기술부.

교육과학기술부 (2012d). 5세 누리과정 교사용 지도서(제 9권 세계 여러 나라). 서울: 교육과학기술부.

교육과학기술부 (2012e). 5세 누리과정 교사용 지도서(제 10권 환경과 생활). 서울: 교육과학기술부.

교육과학기술부 (2013a). 3세 누리과정 교사용 지도서(제 1~10권). 서울: 교육과학기술부.

교육과학기술부 (2013b). 4세 누리과정 교사용 지도서(제 1~11권). 서울: 교육과학기술부.

교육과학기술부·보건복지부 (2012). 5세 누리과정 해설서. 서울: 교육과학기술부.

교육과학기술부·보건복지부 (2013a). 3~5세 누리과정 교사용 지침서. 서울: 교육과학기술부.

교육부 (1999). 유아를 위한 세계이해 교육활동 지도자료.

교육인적자원부 (2002). 초등 사회교과서. 서울: 대한교과서주식회사.

교육인적자원부 (2007). 유아를 위한 세계이해 및 다문화 교육 활동자료. 서울: 교육인적자원부.

교육인적자원부 (2007). 유치원교육과정 해설(교육인적자원부 고시 제2007-153).

구정화·설규주·송현정 (2004). 교사를 위한 학교인권교육의 이해. 서울: 국가인권위원회.

국가인권위원회 (2006). 국내의 공공분야 인권교육 실태조사.

권오정 (1986). 국제화 시대의 인간형성. 서울: 배영사.

권오정 (1987). 국제화 시대의 인간형성. 서울: 배영사.

김경수·김석우 (2009). 10학년 사회교과서의 국제이해교육에 대한 서술내용 분석. 교과교육학연구, 13(2), 279-298.

김경은·이나라 (2012). 사회과 세계시민교육을 위한 교수-학습 방안: 세계적 문제에 대한 민감성 함양을 중심으로. 교과교육학연구, 16(1), 231-256.

김선미 (2000). 다문화 교육의 개념과 사회과 적용에 따른 문제. 사회과교육연구, 4, 64-81.

김선미 (2002). 정보사회의 사회과교육과 다문화 교육. 일반사회연수교재(공주대학교 교육연수원), 89-108.

김선미·김영순(2008). 다문화 교육의 이해. 서울: 한국문화사.

김숙자·고정리 (2004). 유아 민주시민교육에 대한 유치원 교사의 인식 연구. 미래유아교육학회지, 11(3), 191-215.

김숙자·김현정 (2008). 유아 인권교육 프로그램 개발을 위한 기초 연구. 한국아동권리학회, 12(2), 117-134.

김영옥 (2002). 유아 다문화 교육 프로그램 모델 개발 연구. 유아교육연구, 6(2), 5-38.

김영옥 (2002b). 유아를 위한 다문화 교육. 서울: 정민사.

김영옥 (2014). 유아사회교육. 서울: 양서원.

김영옥·서현·박형신·정상녀·윤경선·박미자·이나영 (2008). 유아 다문화 교육의 통합적 적용. 서울: 학지사.

김영옥·서현·박형신·정상녀·윤경선·박미자·이나영 (2010). 유아 다문화 교육의 통합적 적용. 서울: 학지사.

김영인·설규주 (2008). 시민교육론. 서울: 서울방송대출판부.

김왕근 (1995a). 사회과교육의 정체성에 대한 재해석. 교육연구, 21.

김왕근 (1999). 세계화와 다중 시민성 교육의 관계에 관한 연구. 시민교육연구, 28(1), 45-68.

김용신 (2008). 초등 사회과교육과정의 다문화 개념 분석. 사회과교육, 47(2), 5-29.

김용신 (2013). 2011 초등 사회과교육과정의 글로벌 교육 지향성 분석. 사회과교육연구, 20(1), 1-11.

김정원·남규·이정아 (2010). 유아 다문화 교육 프로그램. 서울: 공동체.

김정화·박선혜·조상미. (2010). 한국 대학생의 세계시민의식과 문화 다양성 태도 영향. 청소년학연구, 17(4), 183-210.

김지현·손철성(2009). 세계시민주의, 공동체주의, 자유주의. 시대와 철학, 20(2), 102.

김진희 (2011). 다문화 시대의 한국과 호주의 국제이해교육 특성과 과제. 비교교육연구, 21(1), 31-63.

김진희 (2015). Post 2015 맥락의 세계시민교육 담론 동향과 쟁점 분석. 시민교육연구, 47(1), 59-88.

김항원 (2002). 학교에서의 세계시민교육을 위한 방안. 백록논총, 4(1), 73-90.

김현덕 (1997). 학교에서의 세계교육 어떻게 할 것인가?(미국에서의 세계교육 성공사례). 서울: 도서출판 오름.

김현덕 (2000). 국제이해교육의 개념과 방향. 국제이해교육, 창간호, 102-103.

김현덕 (2007). 다문화 교육과 국제이해교육의 관계 정립을 위한 연구. 국제이해교육연구, 2, 59-74.

김현덕 (2009). 미국에서의 다문화 교육과 국제이해교육과의 통합에 관한 연구 – 교사교육과 대학교육을 중심으로 – . 비교교육연구, 19(4), 29-51.

김현덕·문영주·김현숙 (2005). 교실에서의 국제이해교육: 학생 중심의 다양한 프로그램. 서울: 교육과학사.

김혜숙 (2011). 생활주제와 통합된 유아 다문화 교육의 이론과 실제. 서울: 양서원.

나귀옥 (2013). 핵심역량의 관점에서 본 누리과정의 방향. 미래유아교육학회지, 20(2), 425-447.

남상준 (2010). 환경교육론. 서울: 대학사.

노숙영 (2005). 한국, 미국, 프랑스 사회과 교과서를 통해 본 국제이해교육. 교육학연구, 43(3), 57-85.

노찬옥 (2001). 세계시민교육에 대한 시안적 연구-세계 시민의 위상과 세계시민교육의 방향 탐색. 시민교육연구, 33, 89-108.

노찬옥 (2005). 다원주의 사회에 적합한 세계시민 개념의 모색. 시민교육연구, 37(1), 35-54.

노혜정 (2008). 세계시민교육의 관점에서 세계지리 교과서 다시 읽기. 대한지리학회지, 43(1), 154-169.

모경환·임정수 (2010). 글로벌 사회 청소년 시민교육의 전략과 방법. 시민청소년학연구, 1(1), 37-57.

문영희 (2003). 유아를 위한 생태학적 관점의 교육에 대한 프로그램 운영의 실제. 한국영유아보육학회, 33, 337-247.

문용린 (2003). 유·초·중·고 인권교육과정 개발연구. 국가인권위원회, 129-130.

박남수 (2005). 다문화 교육의 관점이 특수학교 사회과교육과정 재구성에 주는 함의. 사회과교육연구, 12(2), 37-54.

박남수·정수권·서경석 (2007). 초등학생들의 세계시민성 육성을 위한 지역사회연계 세계교육 모형 및 프로그램 개발. 사회과교육연구, 14(4), 213-240.

박보영 (2009). 평화역량 강화를 위한 교육방안의 탐색. 교육사상연구, 23(1), 1-16.

박상준 (2012). 공적 시민성의 육성을 위한 사회과 교육의 방안. 사회과교육연구, 19(3), 11-28.

박선영 (2009). 세계화를 대비하는 지구시민교육의 필요성: 영국 사례를 중심으로. 청소년시설환경, 7(3), 13-24.

박성구 (1991). 사회과와 평화교육 – 더불어 사는 삶을 위한 사회교육. 경기: 푸른나무.

박성인 (2012). 글로벌 사회의 시민성 교육 접근 방법. 글로벌교육연구, 4(1), 17-34.

박찬옥 (1995). 반편견 교육과정의 정의 및 필요성. 한국어린이육영회 연수자료집, 13-34.

박찬옥·서동미·엄은나 (2016). 유아사회교육. 경기: 양서원.

박찬옥·지성애·김미경·이부미·채영란·김현경·김순자 (2011). 유아다문화교육. 서울: 창지사.

배영주 (2013). 세계시민의 역할 과제를 중심으로 한 세계시민교육의 재구상. 교육과학연구, 44(2), 145-167.

배지현 (2013). 유아세계시민교육을 위한 '글로벌 친구 만들기 프로젝트' 적용에 관한 실행연구. 다문화교육연구, 6(2), 59-81.

배한동 (2006). 민주시민교육론. 대구: 경북대학교출판부.

변종헌 (2001). 세계시민교육의 방향과 과제. 아시아교육연구, 2(2), 65-85.

변종헌 (2012). 지구적 시민성과 초등 도덕교육의 과제. 초등도덕교육, 38, 177-203.

보건복지부 (2011). 초·중등학교 교육과정 총론(교육과학기술부 고시 제2011-361호, 별책 1).

서용선 (2008). 1916년 사회과 보고서에 나타난 시민성 개념의 특징. 사회과교육, 47(4), 205-229.

서용선 (2010). 듀이 철학에 나타난 시민성 개념의 교육적 재해석. 한국교원대학교 대학원 박사학위청구논문.

서울시교육청 (2016). 교실에서 만나는 세계시민교육.

서울특별시 (2013). 환이랑 경이랑 함께하는 초록 서울. 서울특별시교육청·서울특별시청.

서울특별시육아정보지원센터(2015. 6.). 선생님-아이-엄마아빠 함께 배워요(제2권: 영유아를 존중하는 훈육 실천하기).

서태열 (2004). 세계화, 국가 정체성 그리고 지역 정체성과 사회과교육. 사회과교육, 43(4), 5-29.

설규주 (2001). 탈국가적 시민성의 대두와 시민교육의 새로운 방향: 세계시민성과 지역시민성의 조화로운 함양을 위한 후천적 보편주의 시민교육. 시민교육연구, 32, 151-178.

설규주 (2009). 학교급에 따른 학교 평화교육 실태의 차이와 의미 연구: 평화교육의 관점에서 본 사회과를 중심으로. 통일과 평화, 1(2), 231-244.

손경원 (2013). 세계화의 양면성과 세계시민주의의 전망. 윤리교육연구, 30, 273-298.

신금호 (2009). 유아의 환경 친화적 태도, 환경보전지식, 환경 친화적 행동에 관한 연구. 유아교육학논집, 13(2), 143-160.

신세호·최석진·권치순·최돈형·조난심 (1987). 학교 환경교육의 강화 방안에 관한 연구. 서울: 한국환경과학연구협의회.

신현경 (2009). 유아기에 적합한 다문화 교육: 유아교육기관의 다문화 교육활동 사례. 다문화콘텐츠연구, 7, 81-97.

심정은·이두곤 (2008). 초등 환경교육에서 가지는 환경교육을 위한 환경학의 함의. 한국환경교육학회 전반기 학술발표회 발표논문집, 161-169.

아시아·태평양 국제이해교육원 엮음(2005). 세계화 시대의 국제이해교육 (개인 저자: 이삼열·강순원·한경구 외). 서울: 한울.

안종협 (2008). 국제어로서의 영어(EIL) 교육과 국제이해교육: 세계시민성 함량과 의사소통능력 향상을 위한 문화교육의 새로운 방향. 영미문화, 8(1), 153-178.

양시내 (2014). 유아 시민의식 함양 프로그램개발 및 적용 효과. 전남대학교 대학원 박사학위청구논문

양영자 (2008). 한국 다문화 교육의 개념 정립과 교육과정 개발 방향 탐색. 이화여자대학교 대학원 박사학위논문.

양옥승 (1997). 유아교육과정 연구의 재 개념화 Ⅲ: 다문화주의의 적용. 교육연구, 5, 49-66.

양옥승 (1997). 유아교육연구방법. 서울: 양서원.

오은순 (2009). 다문화 사회에서의 학교 교육. 젠더리뷰, 13(여름), 35-43.

오은순·홍선주·김민정·모경환·김선혜 (2008). 다문화 교육을 위한 교수·학습 지원방안 연구(Ⅱ) (연구보고 RRI 2008-5). 한국교육과정평가원: http://www.nime.or.kr의 20160118074228-0298-1.pdf에서 검색.

옥일남 (2014). 글로벌 시민성 함양을 위한 사회과 교수·학습 방안. 시민교육연구, 46(3), 105-140.

우정희 (2007) 유아의 지역사회 시민의식 함양 프로그램 구성 및 적용. 중앙대학교 대학원 박사학위논문.

월드비전 (2012). 월드비전 세계시민교육(ver. 1.4). 서울: 월드비전 세계시민학교.

유네스코 21세기 세계교육위원회 (1997). 21세기 교육을 위한 새로운 관점과 전망. 서울: 도서출판 오름.

유네스코 아시아·태평양 국제이해교육원 (2014). 글로벌 시민교육: 21세기 새로운 인재 기르기.

서울: 유네스코 아시아·태평양 국제이해교육원.
유네스코 아태교육원 (2003). 세계시민을 위한 국제이해교육. 서울: 사람생각.
유네스코 아태교육원 편저(2003). 국제이해교육의 동향: 미국, 일본, 호주, 한국. 서울: 정민사.
유네스코 아태교육원 (2009). 한눈에 보는 지속 가능발전교육 10년(한국어 번역본).
유네스코 한국위원회 (1988). 국제이해교육의 길잡이. 서울: 구미무역.
유네스코 한국위원회 (1996). 학교에서의 국제이해교육. 서울: 도서출판 오름.
유연옥·박인숙 (2014). 3~5세 누리과정 교사용 지도서에서의 세계시민 교육내용과 교육방법 분석. 어린이문학교육연구, 15(4), 465-480
유재경 (2008). 유아세계시민교육 프로그램 모델 개발 연구. 한국유아교육·보육행정연구, 12(4), 295-315.
유흥옥·강대옥·김은정 (2009). 유아를 위한 다문화 교육. 서울: 양서원.
윤기영·조경희 (1993). 유치원의 환경교육. 서울: 교문사.
이경우·이은화 (1998). 반편견 교육과정 : 어린이에게 대응 능력을 길러 주는 도구. 서울: 창지사.
이경태 (1995). 세계화를 위한 민주시민교육의 방향. 사회과학연구, 2(1), 399-419.
이동수·손혁상 (2008). 세계시민사회와 지구적 윤리. 한국정치연구, 17(1), 271-289.
이명준 (2014). 도덕적 핵심역량으로 본 도덕과 교육과정의 시대적 특성과 미래. 도덕윤리과교육, 44, 145-189.
이민경 (2010). 한국 다문화 교육정책 전개과정과 담론분석: 교과부의 다문화 가정 자녀 교육지원정책(2006~2009)을 중심으로. 한국교육, 37(2), 155-176.
이민경 (2013). 다문화 사회에서의 시민성 교육: 세계시민성과 환대의 개념을 중심으로. 교육문제연구, 26(2) (통권 제47집), 115-136.
이성회·김미숙·정바울·박영·조윤정·송수희·이승진 (2015). 세계시민교육의 실태와 실천과제. 서울: 한국교육개발원.
이양희 (1999). 유아용 권리교육 프로그램. UN 아동권리협약 10주년 기념학술대회. 한국아동권리학회 1999년도 추계학술대회 발표자료집, 49-73.
이영석 (2007). 다문화 시대 현장유아교육의 나아갈 길. 미래유아교육학회지, 14(1), 55-75.
이영자·유효숙·이정욱 (2001). 주제 중심의 통합적 접근 방법에 의한 유아사회교육. 서울: 교문사.
이원영·박찬옥·노영희 (1993). 유아의 사회성 발달을 위한 프로그램 개발 연구. 유아교육연구, 13, 65-92.
이주옥 (2010). 유네스코 Inclusive Education: 배경과 현황. 국제이해교육연구, 5(2). 120-133.

이태주 (2000). 시민사회가 보는 한국의 ODA. 국제협력과 전망(한국국제협력단), 163-177.

인권운동사랑방 (2001). 인권교육길잡이. 서울: 사람생각.

임명희·최안복 (2007). 다문화 교육과 관련 변인에 관한 이론적 고찰. 한국보육학회지, 7(1), 1-24.

임성택·주동범 (2000). 세계시민교육의 방향 탐색. 비교교육연구, 10(2), 33-60.

장원순 (2004). 다문화적 시민교육의 성격과 방법. 사회과교육연구, 11(2).

장원순 (2009). 한국 사회과 시민성 교육의 계보학 형성과 역학 그리고 방향. 한국사회과교육회 제 7차 학술대회자료.

장인실 (2006). 미국 다문화 교육과 교육과정. 교육과정연구, 26(4), 27-53.

장혜진 (2010). 유아를 위한 다문화 교육의 새로운 방향성 탐색. 유아교육학논총, 14(2), 101-123.

전숙자 (2002). 사회과교육의 통합적 구성과 교수-학습 설계. 경기: 교육과학사.

전희옥 (2006). 학교 문화교육에서 세계시민교육 내용요소 분석: 초등학교 사회교과서 분석을 중심으로. 사회과교육연구, 13(3), 123-146.

정두용·신은숙·정득진 편저 (2003). 세계시민교육을 위한 국제이해교육. 서울: 정민사.

정순미 (2008). 다문화 적응을 위한 윤리교육. 윤리연구, 69, 153~159.

정용교 (2013). 다문화 시대 세계시민교육의 현황과 대안 모색: 사회과교육을 중심으로. 사회과교육연구, 20(2), 109-123.

정우탁 (2015). 세계시민교육이란 무엇인가?. 후마니타스 포럼, 1(2), 9-30.

정은주 (2010) 비판적 관점에서 본 유아 다문화 교육의 방향. 변형영유아교육연구, 8(4), 95-114.

정정희 (2006). 결혼이주여성 자녀교육 프로그램 개발과 교육지원방안(다문화교육연수자료). 경북대학교 생활과학대학.

정탁준 (2007). 다문화 교육의 도덕과 교과교육적 적용에 대한 연구. 교육과정평가연구, 10(1), 121-143.

정현백·김엘리·김정수 (2002). 통일교육과 평화교육의 만남. 통일부 통일교육원(편).

조연순 (1996). 세계교육(global education) 프로그램의 비교 분석: 미국·동남아시아 한국을 중심으로. 교육학연구, 34(3), 359-383.

주해연 (2006). UNESCO 국제이해교육의 전개과정과 발전방향. 사회과학연구(전북대학교 사회과학연구소), 30, 99-124.

지은림·선광식 (2007). 세계시민의식 구성요인 탐색 및 관련 변인 분석. 시민교육연구, 39(4), 115-134.

진시원 (2009). 국제정치교육과 국제이해교육의 관계 – 세계관계교육을 위한 시론(試論). 한국시민윤리학회보, 22(1), 1-23.

차경수 (2000). 21세기 사회과교육과정 지도법. 서울: 학문사.

차경수·모경환 (2008). 사회과교육. 서울: 동문사.

창신제일어린이집 (2015). 운영계획서에서 발췌하여 보완함.

창신제일어린이집 (2016). 운영계획서에서 발췌하여 보완함.

채영란·임성혜·박유영 (2011). 환경동화에 기초한 극놀이 활동이 유아의 환경친화적 태도 및 환경보존지식에 미치는 영향. 유아교육학논집, 15(1), 351-369.

천희영·좌승화·최미현·서현아 (2008). 국내 유아교육 분야 학술지에 개재된 다문화 교육 관련 연구의 경향 분석. 유아교육연구, 17(3), 29-39.

최돈형·남상준·김영란·김도희 (1992). 학교 환경교육의 내실화를 위한 교사연수와 양성. 환경교육, 2, 33-46.

최돈형·손연아·이미옥·이성희 (2010). 환경교육 교수·학습론. 서울: 교육과학사.

최정숙·조철기 (2009). 지리를 통한 세계시민성교육의 전략 및 효과분석 – 커피와 공정무역을 사례로. 한국지리환경교육학회지, 17(3), 239-257.

최종덕 (2014). 글로벌 시민교육의 쟁점과 과제. 시민교육연구, 46(4), 207-227.

한국국제이해교육학회 (2015). 모두를 위한 국제이해교육: 소통과 공감을 생각하는 새로운 교육 의제. 서울: 살림터.

한국보육진흥원 (2011). 다문화 보육의 이해와 적용. 서울: 한국보육진흥원.

한국환경교육학회 (2000). 친환경적 행동양식으로 전환을 위한 환경교육혁신 방안 연구. 서울: 한국환경교육학회.

허영식 (2003). 세계시민의 개념에 관한 시론: 세계시민교육의 이론적 기초. 한국민주시민교육학회보, 8, 31-64.

허영식 (2012). 다문화·세계화시대를 위한 세계시민주의의 담론과 함의. 한독사회과학논총, 22(3), 57-86.

현대다솜어린이집 (2013). 운영계획서에서 발췌하여 보완함.

현온강·이완정·김영명 (2003). 유아교육환경 교육활동 프로그램. 서울: 동문사.

현은자·김현경·박현경·오정옥·윤현민·조은숙·최혜정 (2013). 그림책을 활용한 세계시민교육. 서울: 학지사.

홍순정·최석란·신은수 (1999). 평화를 사랑하는 어린이. 서울: 학지사.

환경부 (2002). 국가 지속가능발전을 위한 환경교육추진 전략개발 연구. 서울: 환경교육학회.

환경부 (2006). 유아 환경교육 프로그램. 서울: 환경부.

Andreotti, V. (2006). Soft versus critical global citizenship education. *Policy & Practice: A Development Education Review*, *3*, 40-51.

Armstrong, C. (2006). Global civil society and the question of global citizenship. *Voluntas*, *17*, 49-357.

Baker, G. C. (1994). *Planning and organizing for multicultural instruction*. Boston: Addison-Wesley.

Banks, J. A. & Banks, C. A. M. (Eds.) (2001). *Multicultural education: Issues and perspectives(4th edition)*. NY : John Wiley & Sons, Inc.

Banks, J. A. (1994). *Multicultural education: Theory and practice*. Boston: Allyn & Bacon.

Banks, J. A. (2004). Teaching for social justice, diversity, and citizenship in a global world. *The Educational Forum*, *Vol. 68*, 296-305.

Banks, J. A. (2004a). *Handbook of research on multicultural education(2nd edition)*. San Francisco: Jossey-Bass.

Banks, J. A. (2008). *An introduction to multicultural education*. London: Pearson Education, Inc.

Banks, J. A. (2008). 다문화 교육 입문 (모경환·최충옥·김명정·임정수 역). 경기: 아카데미프레스.

Banks, J. A. (2008a). Diversity, group identity, and citizenship education in a global age. *Educational Researcher*, *37*(3), 129-139.

Bates, S. & Tragenza, N. (2006). Education for sustainability in the early years: Case from the Hallet Cove Preschool.

Bennett, C. I. (2007). *Comprehensive multicultural education(6th edition)*. London: Pearson Education, Inc.

Bennett, C. I. (2009). 다문화 교육: 이론과 실제 (김옥순·김진호·신인순·안선영·이경화·이채식·전성민·조아미·최상호·최순종 역). 서울 : 학지사.

Brown, E. J. & Morgan, W. J. (2008). A culture of peace via global citizenship education. *Journal of Social Justice*, *20*(3), 283-291.

Cleveland, H. (1986). The world we're preparing our school children for. *Social Education*, *50*(6), p416-23.

Collins, M. (2012). 아동을 위한 세계시민교육 (박명순·김현경 역). 서울: 학지사. (원서 2008년 출판).

de Melendez, W. R. & Ostertag, V. (1997). *Teaching young children in multicultural classrooms*. Albany: International Thomson Publishing.

de Melendez, W. R., Beck, V., & Fletcher, M. (2000). *Teaching social studies in early education*. Albany: Delmar Thomson Learning.

Demaine, J. (2005). Education and global citizenship. *International Journal of the diversity*, *5*(3), 103-109.

Derman Spark., & The A.B.C. Task Force (1999). 반편견 교육과정-어린이에게 대응능력을 길러 주는 도구 (이경우·이은화 역). 서울: 창지사. (원서출판 1989년).

Derman-Sparks, L, & The ABC Task Force (1989). *Anti-bias curriculum: Tools for empowering young children*. Washington, D. C.: NAEYC.

Dewey, J. (1966). *Democracy and education*. NY: The Free Press.

Dominiques, S. R, & Laura, H. S. (2003). *Key competencies for a successful life and a well-functioning society*. MA: Hogrefe & Huber Publishers.

Durkheim, E. (1985). Definition of education. In J. Ballanine(Eds.), *Schools & society: A reader in education and sociology* (pp. 19-22). CA: Mayfield.

Evans, C. S. (1987). Teaching a global perspective in elementary classrooms. *Elementary School Journal*, *87*(5), 545-555.

Falk, R. (1994). The making of global citizenship. In B. van Steenbergen(Eds.), *The Condition of Citizenship*. London: Sage Publications.

Fujikane, H. (2003). Approaches to global education in the United States, the United Kingdom and Japan. *International Review of Education*, *49*(1/2), 133-152.

Galtung, J. (2000). 평화적 수단에 의한 평화 (강종일·이재봉·정대화·임성호·김승채 역). 경기: 들녘.

Gay, G. (1992). Fabric of pluralism common concerns and divergent of multicultural and global education. In D. Bragaw & S. Thomson(Eds.), *Multicultural education a global approach* (pp. 15-17). NY: The American Forum for Global Education.

Green, M. F. (2012). Global citizenship: What are we talking about and why does it matter?. *International Educator*, *May/Jun*, 124-127.

Hägglund, S. & Samuelsson, I. P. (2009). Early childhood education and learning for sustainable development and citizenship. *International Journal of Early Childhood*, *41*(2), 49-63.

Hall, N. S. & Rhomberg, V. (1995). *The affective curriculum: Teaching the anti-bias approach to young children*. Toronto: Nelson Canada.

Hanvey, R. G. (1976). An Attainable Global Perspective. NY: The American Forum for Global Education, 163.

Harris, I. M. & Morrison, M. L. (2011). 평화교육: 미래를 위한 교육, 세계를 위한 비전 (박정원 역). 서울: 도서출판 오름.

Harvey, R. (1993). *An attainable global perspectives*. Denver: Center for Teaching International Relations.

Hayen, M. (2013). A review of curriculum in the UK: internationalising in a changing context. *The Curriculum Journal*, *24*(1), 8-26.

Heater, D. (1996). *World citizenship and government*. London: Macmillan Press.

Heater, D. (1999). *What is citizenship?*. Cambridge: Polity Press.

Heater, D. (2007). 시민교육의 역사 (김해성 역). 경기: 한울아카데미. (원서출판 2004)

Hicks, D. (2003). Thirty years of global education. *Educational Review*, *55*(3), 265-275.

Hicks. D. (1993). 평화교육의 이론과 실천 (고병헌 역). 도서출판 서원.

Ibrahim, T. (2005). Global citizenship education: Mainstreaming the curriculum?. *Cambridge Journal of Education*, *35*(2), 177-194.

Izzoi, L, A. (1989). What research says to the educator Part two: Environmental education and the affective domain. *The Journal of Environmental Education*, *20*(4), 7-8.

Joyce, B. R. & Nicholson, A. M. (1979). Imperative for Global Education. schooling for Global age. In J. M. Becker(Eds.). Lawrence Erlbaum Associates(Taylor & Francis Group), 95-109.

Juanes Garcíia, A., Garcíia, T. & Péerez-Manjarrez, E. (2013). Citizenship education and social justice: From theory to practice. In P. Cunningham(Eds.), *Identities and citizenship education: Controversy, crisis, and challenges* (pp. 505-510). London: CiCe.

Keeping, J. & Shapiro, D. (2008). Global citizenship: What is it, and what are our ethical obiligations as global citizens?. *Law Now*, *July/August*, 1-5.

Kinghorn, J. R. (1979). School improvement through global education. A Guide to For Essential Themes The Charles F., Kettering Foundation.

Klein, M. D. & Chen, D. (2001). *Working with children form culturally diverse background*. Boston: Cengage Learning.

Kniep, W. M. (1986). Social studies within a global education. *Social Education*, *50*(7), 536-542.

Kniep, W. M. (1990). Social studies within a global education. Social Studies Curriculum Planning Resources(NCSS).

Kronfli, M. (2011). Educating for global citizenship: An exploration of two curricular methods. Master Thesis University of Toronto.

Larson, L. R., Castleberry, S. B., & Green, G. T. (2010). Effect of an environmental education program on the environmental orientations of children from gender ethnic groups. *Journal of Park & Recreation Administration*, *28*(3), 9-113.

Lister, I. (1984). Teaching and Learning about Human Rights. Stasboug: School Education Division, Council of Europe.

Lister, R. (2007). Why citizenship: where, when and how children. *Theoretical Inquiries in Law*, *8*(2), 693-718.

Mannion, G., Biesta, G., Priestley, M., & Ross, H. (2011). The global dimension in education and education for global citizenship: Genealogy and critique. globalization. *Societies and Education*, *9*(3-4), 443-456.

Martiniello, M. (2002). 현대 사회와 다문화주의 (윤진 역). 서울: 한울출판사.

Melendez, W. R., Beck, V., & Fletcher, M. (2000). T*echniques for teaching young children*. Australia: Longman Pub.

Merryfield, M. (1998) Pedagogy for global perspectives in education: Studies of teachers' thing and practice. *Theory and Research in Social Education*, *26*(3), 342-379.

Merryfield, M. M. & Kasai, M. (2010). How are teachers responding to globalization. In W. C. Parker(Eds.), *Social Studies Today: Research and Practice*. NY: Routledge.

Merryfield, M. M. (1997). Infusing global perspectives into the social studies curriculum. In E. W. Ross(Eds.), *The social studies curriculum: Purposes problems and possibilites*. NY: State University of New York Press.

NCSS (1994). *Expectations of excellence: Curriculum standards for social studies*. NCSS Publications.

Noddins, N. (Eds.). (2009). 글로벌 시민의식: 가능성과 한계 (연세기독교교육학포럼 역). 서울: 학이당. (원서출판 2005년).

Nussbaum, M. C. (2003). 나라를 사랑한다는 것: 애국주의와 세계시민주의의 한계 논쟁 (오인영 역). 서울: 삼인. (원서출판 1996년)

Osler, A. & Starkey, H. (2003). Learning for cosmopolitan citizenship: Theoretical debates and young people's experiences. *Educational Review*, *55*(3), 243-254.

Osler, A. & Vincent, K. (2002). *Citizenship and the challenge of global education*. London: Trentham Books.

Oxfam (2006). *Education for global citizenship: A guide for schools*. Oxford: Oxfam.

Oxfam (2015). *Education for global citizenship: A guide for schools*. Oxford: Oxfam.

Parker, W. C. (1991). *Renewing the social studies curriculum.* Alexandria, VA: Association for Supervision and Curriculum Development.

Peters, M. A., Britton, A., & Blee, H. (2008). *Global citizenship education: Philosophy, theory, and pedagogy*. Rotterdam: Sense Publisher.

Pigozzi, M. J. (2006). A UNESCO view of global citizenship education. *Educational Review*, *58*(1), 1-4.

Pike, G. (2000). Global education and national identity: In pursuit of meaning. *Theory into Practice*, *39*(2), 64-73.

Pratt, R. (2010). Practical possibilities and pedagogical approaches for early childhood education for sustainability. In J. M. Davis(Eds.), *Young children and the environment: Early education for sustainability* (pp. 104-153). NY: Cambridge University Press.

Prentice, D. H. (2005). Examining the value of, and possible content for global citizenship curriculum for junior students. Master Thesis University of Toronto.

Ramsey, P. G. (1987). *Teaching and learning in a diverse world: Multicultural education for young children*. NY: Teacher College press.

Robinson, L. & Vaealiki, S. (2010). Ethics and pedagogy at the heart of early childhood education for sustainability. In J. M. Davis(Eds.), *Young children and the environment: Early education for sustainability* (pp. 154-181). NY: Cambridge University Press.

Schattle, H. (2008). Education for global citizenship: Illustrations of ideological pluralism and adaptation. *Journal of Political Ideologies*, *13*(1), 73-94.

Sleeter, C. E & Grant, C. A. (2009). 다문화 교육의 탐구: 다섯 가지 방법들 (문승호·김영천·정정훈 역). 서울: 아카데미프레스.

Stockard, J. W.(2007). *Handbook for teaching secondary school Social Studies*. IL: Waveland Press.

Tarrow, N. (1991). Human right education alternative conception. Paper presented at the training session in human rights education. Montrral: Concordia University.

Tarrow, N. B. (1987). *Human rights and education*. CA: California State University.

Tawil, S. (2013). Education for global citizenship: A framework for discussion. *ERF Working*

Papers Series, No. 7. UNESCO Education Research and Foresight(France Paris).

Thomas, G. (2009). Global citizenship goes beyond the classroom. *ATA Magazine, Winter*, 90, 2.

Tiedt, P. L. & Tiedt, I. M. (1992). *Multicultural Teaching*. Boston: Simon & Schuster.

Tiedt, P. L. & Tiedt, I. M. (1998). *Multicultural Teaching*. Boston: Allyn & Bacon.

Tudball, l. (June, 2003). Reflection on journey-peace education in school. *Ethos, 11*(2).

Tye, K. A. (1999). *Global education a world wide movement*. CA: Interdependence Press.

UNESCO (2009). Defining an inclusive education. Paris: UNESCO.

UNESCO (2013). Global citizenship education: An emerging perspective.

UNESCO (2015). Global citizenship education: Topics and learning objectives. Paris: UNESCO.

UNESCO-UNEP (1990). Environmental education: A special study for the world conference on education for all(ED 361165).

Yamashita, H. (2006). Global citizenship education and war: The needs of teachers and learners. *Education Review, 58*(1), 27-39.

Zahabioun, S., Yousefy, A., Yarmohammadian, M. H., & Keshtiaray, N. (2013). Global citizenship education and its implications for curriculum goals at the age of globalization. *International Education Studies, 6*(1), 195-206.

Zong, G., Garcia, J., & Wilson, A. (2002) Multicultural education in social studies. *Social Education, 66*(7) (MLA 8th edition), 447-448.

위키 백과. https://ko.wikipedia.org.

저자 소개

김영아

연세대학교 교육대학원 유아교육학과 석사
덕성여자대학교 대학원 유아교육학과 박사 수료

덕성여자대학교 시간강사
대원대학교 시간강사
연세대학교 생활과학연구소 연구원
서울시 육아종합지원센터 누리과정 컨설턴트
강서구 육아종합지원센터 평가인증 조력전문가
안양시 육아종합지원센터 교육과정 컨설턴트
현) 구립창신제일어린이집 원장
서울폴리텍 원격평생교육원 영아발달 운영교수
한국원격평생교육원 보육과정 개발 및 운영교수
종로구육아종합지원센터 보육과정 컨설턴트

허미경

경남대학교 사범대학 유아교육학과 학사
국립한국방송통신대학교 대학원 유아교육학과 석사
덕성여자대학교 대학원 유아교육학과 박사

경복대학교 겸임교수
덕성여자대학교 외래교수
국립한국방송통신대학교 외래교수
국립한국방송통신대학교 대학원 튜터
한국아동교육연구소 책임연구원
예원사랑어린이집 원장
국립과천과학관 인간의 감각 전시기획자문
현) 경희대학교 평생교육원 강사

교육과정에 기초한

유아세계시민교육

초판 1쇄 인쇄 2017년 2월 20일
초판 1쇄 발행 2017년 2월 24일

지 은 이 | 김영아 · 허미경
펴 낸 이 | 김기섭
편 집 인 | 김민수
펴 낸 곳 | 창지사 www.changjisa.com
08589 서울시 금천구 가산디지털 1로 83 파트너스타워 1차 9층
전화 (02)719-2211~3
팩스 (02)701-9386
등 록 | 1977년 4월 28일 · 제1-421호

ISBN 978-89-426-0915-4 (93370)
값 18,000원

이 도서의 국립중앙도서관 출판예정도서목록(CIP)은 서지정보유통지원시스템 홈페이지(http://seoji.nl.go.kr)와 국가자료공동목록시스템(http://www.nl.go.kr/kolisnet)에서 이용하실 수 있습니다(CIP제어번호: CIP2017004275).